根据教育部《大中小学劳动教育指导纲要（试行

大学生劳动教育概论

DAXUESHENG LAODONG JIAOYU GAILUN

主　编　陈　伟　郑　文

高等教育出版社·北京

内容提要

本书根据教育部《大中小学劳动教育指导纲要(试行)》编写。本书围绕"劳动是什么""劳动如何保障""劳动做什么""劳动教育如何学、如何教"等问题,系统讲授了马克思主义劳动教育、劳动精神、劳动安全、劳动法律法规、日常生活劳动、服务性劳动、生产劳动、面向未来的劳动、劳动教育的方法与评价等内容。

图书在版编目(CIP)数据

大学生劳动教育概论/陈伟,郑文主编.—北京:
高等教育出版社,2021.11(2023.2重印)
ISBN 978-7-04-057201-8

Ⅰ.①大… Ⅱ.①陈… ②郑… Ⅲ.①大学生-劳动
教育-高等学校-教材 Ⅳ.①G40-015

中国版本图书馆CIP数据核字(2021)第213536号

策划编辑 宇文晓健 徐 瑜 **责任编辑** 宇文晓健 **封面设计** 张文豪 **责任印制** 高忠富

出版发行	高等教育出版社	网 址	http://www.hep.edu.cn	
社 址	北京市西城区德外大街4号		http://www.hep.com.cn	
邮政编码	100120	网上订购	http://www.hepmall.com.cn	
印 刷	杭州广育多莉印刷有限公司		http://www.hepmall.com	
开 本	787 mm×1092 mm 1/16		http://www.hepmall.cn	
印 张	14.25			
字 数	291千字	版 次	2021年11月第1版	
购书热线	010-58581118	印 次	2023年2月第2次印刷	
咨询电话	400-810-0598	定 价	36.00元	

本书如有缺页、倒页、脱页等质量问题,请到所购图书销售部门联系调换
版权所有 侵权必究
物 料 号 57201-00

编 委 会

编 写 组

前　　言

　　劳动，创造了人，进而创造了世界，创造了历史。劳动是人的本能，因此人应生而劳动；以体力劳动为基础，劳动已进化出非常复杂的高阶脑力活动，因此劳动需要以日益专业化的高等教育、职业教育为基础。接受过高等教育、具有强烈劳动渴求的高素质人才，将日益自觉地从事复杂且有益的劳动。简言之，劳动，与人、与教育之间存在着非常复杂、深刻且多元的联系。

　　为了落实立德树人根本任务，为了培养广大青年大学生的社会责任感、创新精神和实践能力，党和政府教育行政部门全面号召、积极推动各级各类学校组织学生参加类型多样的劳动。《教育部等部门关于进一步加强高校实践育人工作的若干意见》（教思政〔2012〕1号）要求："各高校要结合专业特点和人才培养要求，分类制订实践教学标准，增加实践教学比重，确保人文社会科学类本科专业不少于总学分（学时）的15%、理工农医类本科专业不少于25%、高职高专类专业不少于50%，师范类学生教育实践不少于一个学期，专业学位硕士研究生不少于半年。要全面落实本科专业类教学质量国家标准对实践教学的基本要求，加强实践教学管理，提高实验、实习、实践和毕业设计（论文）质量。支持高等职业学校学生参加企业技改、工艺创新等实践活动。"

　　习近平总书记在2018年的全国教育大会上明确提出了把劳动教育纳入培养社会主义建设者和接班人的总体要求，强调构建德智体美劳全面培养的教育体系。2020年3月颁发的《中共中央　国务院关于全面加强新时代大中小学劳动教育的意见》明确指出："劳动教育是中国特色社会主义教育制度的重要内容，直接决定社会主义建设者和接班人的劳动精神面貌、劳动价值取向和劳动技能水平。""以习近平新时代中国特色社会主义思想为指导，全面贯彻党的教育方针，落实全国教育大会精神，坚持立德树人，坚持培育和践行社会主义核心价值观，把劳动教育纳入人才培养全过程，贯通大中小学各学段，贯穿家庭、学校、社会各方面，与德育、智育、体育、美育相融合，紧密结合经济社会发展变化和学生生活实际，积极探索具有中国特色的劳动教育模式，创新体制机制，注重教育实效，实现知行合一，促进学生形成正确的世界观、人生观、价值观。""职业院校以实习实训课为主要载体开展劳动教育，其中劳动精神、劳模精神、工匠精神专题教育不少于16学时。普通高等学校要明确劳动教育主要依托课程，其中本科阶段不少于32学时。"2020年7月，教育部制定了《大中小学劳动教育指导纲要（试行）》，主要面向学校，重点针对劳动教育是什么、教什么、怎么教等问题，细化有关要求，加强专业指导。

基于上述时代背景和政策要求，本编写组成员合作编写了这部教材，以满足高等院校组织开展劳动教育的需要。教材编写坚持了以下原则：第一，坚持科学性原则，以彰显劳动教育的基本规律。第二，坚持教育性原则，以彰显劳动教育的立德育人旨趣。第三，坚持时代性原则，以满足劳动教育教材因时而生、应需而变的现实要求。第四，坚持实践性原则，以彰显劳动教育学以致用的核心特征。

本教材是多所高等院校通力合作的集体成果。相关高校的校领导积极组织校内劳动教育的师资力量，多次参加教材研讨，为本教材厘定编写原则、确定编写逻辑、建构编写框架、遴选教材内容、分配编写任务等出谋划策，以保证本教材的编写质量。

全书由陈伟、郑文整体策划、拟订提纲，以及统稿、定稿。各章分工如下：第一章由陈伟（惠州学院教育科学学院院长、教授、博士生导师）、郑文（惠州学院副校长，教授、博士生导师）、袁双（华南师范大学）、谭雅诗（华南师范大学）编写，第二章由黄英霞（广东轻工职业技术学院）、袁双（华南师范大学）、谭雅诗（华南师范大学）编写，第三章由陈大力（佛山职业技术学院）编写，第四章由林培晓（顺德职业技术学院）编写，第五章由江君（广东食品药品职业学院）编写，第六章由张谦明（广东食品药品职业学院）编写，第七章由王迪（广东省外语艺术职业学院）编写，第八章由欧阳育良（中山职业技术学院）、林仕彬（中山职业技术学院）编写，第九章由管弦（广东交通职业技术学院）编写。

由于劳动教育领域的学术探究尚待深化，也由于劳动教育教材的编写仍处于起步阶段，已出版的劳动教育教材既需要接受学术和学科的考验，也需要接受教学活动的检验和实践的检验，因此本教材仍需与时俱进地修改和完善。虽然说，物之初生其形必丑，但初生之物，必有其朝气和活力。本编写组非常期待这部具有"初生"特征的教材能为推动中国高等院校的劳动教育作出应有的贡献。

本教材是在高等教育出版社相关领导和专家、编辑的信任、指导、支持和帮助下完稿并出版。谨致谢意！

本教材大量参考了劳动教育研究、劳动教育教材的相关成果。在此，谨致谢忱！

陈　伟　郑　文

于 2021 年"五一"劳动节

目　录

第一章　　马克思主义劳动教育

学习目标

1. 理解劳动的内涵、外延及价值。
2. 理解马克思主义劳动教育观及其在中国的发展。
3. 理解马克思主义劳动教育观指导下的中国劳动教育实践探索经验。

案例导入

首届全国技能大赛的"赛场英雄"如何脱颖而出？

从"智者创物，巧者述之守之"的技术追求到"庖丁解牛"对"道技合一"境界的形象表达。自古以来，这种精益求精的精神品质早已融入中华民族的文化血液，根植于我们的文化传统。2020年12月，中华人民共和国第一届职业技能大赛落幕，举办大赛有利于弘扬劳动精神和工匠精神，推动高素质技能人才队伍建设，在全社会树立"劳动光荣、技能宝贵、创造伟大"的社会价值观念。2 500多位选手经过三天激烈角逐，"赛场英雄"凭借"绝活"脱颖而出。

凭借近乎完美的表现，上海市城市科技学校的学生孙岩成功摘得第一届全国技能大赛"精细木工"项目冠军。"这是定制窗户，它里面有非常漂亮的花形，同时还有包括不同镶板的处理。"在精细木工项目的裁判长余继宏看来，眼前的这件作品是22位参赛选手中完成度最高的一件。"之所以它叫精细木工，是因为在这么大工件的前后处理方面，每一个缝隙要求都在0.2毫米以内，这就要求很高了。"

19岁的小将周新东在本届全国技能大赛中，摘得建筑金属构造项目金牌。他家在山东聊城，17岁进入山东工程技师学院，成为该校创立建筑金属构造专业后的第一批学生。入校之后，他迎来的是魔鬼式训练。

周新东： 早上八点，上午四个小时，下午一点到五点也是四个小时，晚上两个小时或者三个小时，一个月休息一天。

记者： 你从2018年入学开始一直到现在，一个月休息一天？

周新东： 对。

2000 年出生的张洪豪，比赛中颇有大将风度，作为热门选手，他的工位前始终站满人，拍照快门声不绝于耳，然而他的动作有条不紊，张洪豪说，埋头比赛是他取得胜利的诀窍。"我没有抬头看过，也不知道有多少人，我基本是直接忽略掉的，因为那些噪声在我脑子里面就是嗡嗡声。"信息网络布线是智能时代的工业基础，关乎着千家万户的用网安全，容不得丝毫差错。能够在比赛中获胜，张洪豪有着自己的"绝活"。他说："我的绝活就是细心，把每一个东西都做到特别细致。"这份细心的背后，是五年如一日的紧张训练。张洪豪说："最初很紧凑，每天休息时间都不超过 7 个小时。"张洪豪师从第 45 届世界技能大赛信息网络布线项目银牌获得者韦国发（天津市电子信息技师学院计算机网络专业的实训指导教师），他俩一边研究、一边训练，在实战中不停积累经验，改进技术。张洪豪说："我们删减了很多动作，使每熔接一芯快 0.5 秒左右。一共要熔 48 芯，每次增加 0.5 秒，就会增加 24 秒，24 秒足够多熔一根光纤。"正是对技术的这份执着，让张洪豪的专业技术和综合能力都突飞猛进，成功在天津市第 46 届世界技能大赛的该项目选拔赛中夺得第一名，代表天津市参加第一届全国技能大赛，并摘取金牌。

（资料来源：央广网，2020 年 12 月 15 日，http：//china.cnr.cn/yaowen/20201215/t20201215 _ 525362843.shtml）

思考：

作为青年大学生，你如何看待劳动以及劳动的价值？

第一节　劳　动

一、劳动的内涵

马克思和恩格斯创立了唯物史观，人类认识史上第一次有了真正的科学劳动观。他们对劳动的定义是：劳动首先是人和自然之间的过程，是人以自身的活动来中介、调整和控制人和自然之间的物质变换的过程。（《马克思恩格斯文集》）也就是说，劳动是发生在人与自然界之间的活动。人通过有意识的、有一定目的的自身活动来调整、控制自然界，使之发生物质变换，即通过改变自然物的形态或性质，为人类的生产生活和自己的需要服务。

劳动是人类特有的基本的社会实践活动，是人类凭借工具改造自然物，使之适合自己需要，同时改造人自身的有目的的活动。劳动过程最基本的要素有三：①有目的的活动或劳动本身；②劳动对象或人作用于其上的自然物（客体）；③劳动资料或工具。在劳动过程中，人们按照预定的目的，借助一定的劳动资料（主要是生产工具）作用于劳动对象，使劳动对象发生变化，生产出满足人们某种需要的产品。

从人与动物区别的角度对劳动的内涵进行分析，有助于进一步理解劳动的概念。首先，人的劳动是有意识、有目的的活动。人们按照预定的目的，借助一定的生产工具，改变自然物，以满足人类的某种需要。"蜘蛛的活动与织工的活动相似，蜜蜂建筑蜂房的本领使人间的许多建筑师感到惭愧。但是，最蹩脚的建筑师从一开始就比最灵巧的蜜蜂高明的地方，是他在用蜂蜡建筑蜂房以前，已经在自己的头脑中把它建成了。"（《马克思恩格斯全集》）其次，人的劳动是从制造和使用生产工具开始的。一般动物只能利用自然界现成的东西，不能制造工具。制造和使用生产工具是人类独有的特点，是人和其他动物的本质区别。最后，人的劳动总是在一定的生产资料占有方式的基础上，在相互结成的一定的社会生产关系中进行的。因此，人的劳动具有社会性质，一般动物的活动则不具备这个特点。

马克思对劳动概念的理解，存在着哲学和经济学两种不同的解释。从哲学上讲，强调劳动是人的本质、人的自我实现。从经济学上讲，劳动是人类改造自然的物质活动，重点关注劳动的二重属性。[①]从不同的视角出发，人们存在对劳动的不同理解，"劳动力"也提供了理解劳动的一个视角。在《中国伦理学百科全书·职业伦理学卷》中对劳动的界定是：劳动力的使用或消费。《文史哲百科词典》指出：劳动是人们使用工具改造自然物，使之适合自己需要的有目的的活动，劳动力的使用或消费，包括脑力劳动和体力劳动。

二、劳动的外延

劳动是人的基本机能与生存方式，是人认识世界和改造世界的社会活动。劳动工具的更新，劳动内容的丰富（如创造劳动、智慧劳动），劳动对象趋向虚拟化的变革使得劳动的外延不断扩大。劳动的外延是人类实践活动的一种特殊形式，多指创造物质财富和精神财富的活动。"实践"一词也可指"劳动"。实践是人能主动地改造客观世界的物质活动，是人所特有的对象性活动。人的实践活动具有自主性，人通过实践不仅能够认识客观规律，而且能够利用客观规律，使客观规律为人所用。在《中国大百科全书（哲学卷）》中，劳动被定义为：人类特有的基本的社会实践活动，也是人通过有目的的活动改造自然对象并在这一活动中改造人自身的过程。

"劳动"本身是一个文化语境依赖的概念，在不同的历史语境与研究视域内，

① 孙家学，耿艳丽，邵珠平.新时代高校劳动教育通论［M］.北京：高等教育出版社，2021：20—21.

劳动的定义不尽相同。因此，有学者提出，在当代社会，劳动可概括为任何个体通过发挥自身智力和体力而展现有益性的过程，只要不违反法律和道德伦理，都应被看作诚实的创造性劳动。换句话说，人类遵纪守法的一切活动，无论体力还是智力，或者是混合性的，都可以称为劳动。①

第二节　劳动的价值

劳动是马克思用以分析人类历史发展的核心范畴之一。劳动价值观与劳动教育观是马克思主义教育理论的重要内容，马克思、恩格斯曾从历史唯物主义、政治经济学和教育学原理三个维度出发对劳动价值观、劳动教育观进行过十分重要的论述。其中，历史唯物主义视域主要是一种将人类物质劳动作为出发点的劳动史观，政治经济学视域主要是一种基于劳动创造商品价值的劳动政治经济学，而教育学视域则主要是一种强调通过教育与生产劳动相结合来实现人的全面发展的劳动解放学说。

一、历史唯物主义视域的劳动价值

（一）劳动创造人本身

这是劳动的本体性价值。马克思认为："劳动首先是人和自然之间的过程，是人以自身的活动来中介、调整和控制人和自然之间的物质交换的过程。"（《马克思恩格斯文集》）为了能够在对自身生活有用的形式上占有自然物质，人类必须使得他身上的自然力——臂和腿、头和手运动起来，而当人类通过这种运动作用于他身外的自然并改变自然时，也就同时改变了他自身所处的社会生活以及人类本身。马克思在《1844年经济学哲学手稿》中指出："正是在改造对象世界中，人才真正地证明自己是类存在物。这种生产是人的能动的类生活。通过这种生产，自然界才表现为他的作品和他的现实。因此，劳动的对象是人的类生活的对象化：人不仅像在意识中那样理智地复现自己，而且能动地、现实地复现自己，从而在他所创造的世界中直观自身。"所以，劳动彻底将人与猿区别开来，在劳动的直接推动下，人类经历了从早期猿人到晚期智人的发展过程，使得人类的脑量不断增大和优化，体态特征愈来愈区别于猿而近似于现代人。

恩格斯在《劳动在从猿到人转变过程中的作用》中指出："其实劳动和自然界

---

① 何云峰.马克思劳动幸福理论的当代诠释和时代价值：再论劳动人权马克思主义［J］.上海师范大学学报：哲学社会科学版，2018（5）.

一起才是一切财富的源泉，自然界为劳动提供材料，劳动把材料变为财富。但是劳动还远不止如此。它是整个人类生活的第一个基本条件，而且达到这样的程度，以致我们在某种意义上不得不说：劳动创造了人本身。"总之，劳动在从猿到人的转变过程中起着决定性意义，劳动不仅是人的本质规定，更是人类自身生产和再生产的创造过程。

（二）劳动创造世界

这是劳动的空间价值。马克思认为构成人类赖以存在的现实世界的关键要素之一正是人的劳动，并且这种劳动并不是抽象层面的劳动，而是现实生活中的人的感性物质劳动，即作为人类实践活动最基本形式的"生产劳动"。马克思认为这是区分人与动物的关键。"一当人开始生产自己的生活资料，即迈出由他们的肉体组织所决定的这一步的时候，人本身就开始把自己和动物区别开来。人们生产自己的生活资料，同时间接地生产着自己的物质生活本身。"（《马克思恩格斯文集》）从这里可以看出，人类的生产劳动都是有意识、有目的的活动，其试图创造出一个可以满足人类生活需要的物质世界。人们通过劳动建立了人类社会，人类社会包含的方方面面，也都是人们在劳动实践中总结并加以传承的。人类社会在发展中面临的种种问题，最终也是要靠劳动去一一解决的，且在这个过程中不断地创新劳动，催生着新事物的出现、成熟与进一步地向前发展，不断地促进人们意识的改变，理论的与时俱进，最终促进整个人类社会的向前发展。

对于马克思而言，从事生产劳动的个体并"不是处在某种虚幻的离群索居和固定不变状态中的人，而是处在现实的、可以通过经验观察到的、在一定条件下进行的发展过程中的人"（《马克思恩格斯选集》），这使得劳动个体的生产劳动并不只是单一地生产出外部物质世界的现实性，还生产出人类社会生活的现实性。因此，马克思历史唯物主义所理解的"世界"，本身是人类的现实生产劳动的结果，而不是与人类的现实生产劳动无关的抽象的外在实体。

也正是通过劳动，人类和外部世界的关系才发生了根本性的转变，原先自在意义的自然世界逐渐成为自为意义的人类世界。在这一世界中，关键性的问题不再是通过劳动来"解释"或"直观"，而是"改变"或"改造"世界。作为人类最基本实践活动形式的劳动，也不再只是单纯地依靠人的感性活动，而是将感性活动转变为人的现实社会劳动。由此，马克思正式揭示了劳动的社会规定性，并从人与人的社会关系层面来理解和把握劳动，从而实现了历史唯物主义对之前一切旧唯物主义的根本性超越。

（三）劳动创造历史

这是劳动的时间价值。马克思深刻指出：劳动不仅创造了人本身，创造了人类的精神世界和物质世界，而且还创造了人类的社会历史。在马克思看来，只有人类的生产劳动才真正构成了人类历史的基础，才是解开人类历史发展秘密的钥匙。他在《德意志意识形态》一书中指出："人们为了能够'创造历史'，必须能够生活。但是为了生活，首先就需要吃喝住穿以及其他一些东西。因此第一个历史活动就是生产满足这些需要的资料，即生产物质生活本身，而且，这是人们从几千年前直到今天单是为了维持生活就必须每日每时从事的历史活动，是一切历史的基本条件。"由此可见，劳动是"一切历史的基本条件"，是人类及其历史产生、存在和发展的基础。有了人类的劳动，有了满足人类生存必需的前提，才产生了生活和历史，广大的劳动人民才是历史的创造者。基于此，马克思彻底批判了各种独立于人的生产劳动之外的唯心主义历史观，将人从彼岸世界拉回到此岸世界，并将劳动看成建立历史唯物主义的基石，人类历史发展的一切现实性都离不开人的劳动过程。

对于马克思的这一伟大发现，恩格斯曾经鲜明地指出："历史破天荒第一次被置于它的真正基础上；一个很明显的而以前完全被人忽略的事实，即人们首先必须吃、喝、住、穿，就是说首先必须劳动，然后才能争取统治，从事政治、宗教和哲学等等，——这一很明显的事实在历史上的应有之义此时终于获得了承认。"（《马克思恩格斯选集》）总体来看，在马克思的历史唯物主义中，劳动被看成"一切历史的基本条件"和"人类的第一个历史性活动"，其既是人类历史发展的事实起点，也是整个历史唯物主义建构的逻辑起点。马克思正是通过劳动来揭示物质资料生产的作用，发现了人类社会关系发展的客观规律，并由此肯定了人的主体地位，继而发现劳动人民在历史发展中的伟大作用。

二、政治经济学视域的劳动价值

（一）劳动是商品价值的唯一源泉

马克思在《资本论》中提出了较为完整的劳动二重性理论，即把劳动区分为具体劳动和抽象劳动，劳动的二重性统一于劳动过程之中。马克思把商品看作使用价值和价值的统一体，拥有不同形式的具体劳动主要决定使用价值，而凝结在商品中的一般的、无差别的抽象劳动则是形成商品价值的唯一源泉。由此，马克思将抽象劳动的价值视为商品价值的一般尺度，而劳动的自然尺度则是劳动时间，因而就可以用抽象劳动时间量来衡量商品的价值量。"商品具有价值，因为它是社会劳动的结晶。商品的价值的大小或它的相对价值，取决于它所含的社会实体量的大小，也就是说，取决于生产它所必需的相对劳动量。所以各个商品的相对价值，是由耗费于、体现于、凝固于该商品中的相应的劳动数量或劳动量决定的。"（《马克思恩格斯选集》）可以看出，马克思非常强调商品的价值是由劳动者创造的，要生产出一个商品，就必须在这个商品上投入或耗费一定量的劳动。而如果承认某种商品具有价值，也就是承认在这种商品中有着一种凝固了或所谓结晶了的社会劳动。虽然当代社会的劳动形态已经发生了巨大变化，但劳动是商品价值的唯一源泉仍然是颠扑不破的真理。

（二）劳动剥削揭示了资本主义的社会本性

马克思通过对资本主义社会生产过程的全面剖析，认为资本主义社会生产过程的"价值增殖"和资本财富快速积累的基础，就在于资本家对于雇佣工人剩余劳动的剥削。这里的"剩余劳动"主要是指"一切为养活不劳动的人而从事的劳动"，而且"支配着这种剩余劳动的不是工人，而是资本家"（《资本论》），因此，所谓的"劳动剥削"就是指资本家对雇佣工人的剩余劳动的无偿占有。这是因为在资本主义社会中，资本家占有资本，土地所有者占有土地，而工人阶级除自身劳动力外一无所有，这使得工人阶级被迫以商品的形式出卖剩余劳动，而资本家和土地所有者正是依靠占有工人阶级的剩余劳动才得以生存。可见，正是有了剩余劳动的存在，才会产生被剥削者与剥削者的社会关系。这里面的逻辑顺序是：劳动创造价值——剩余劳动创造剩余价值——资本主义社会的资本家凭借对生产资料的所有权占有雇佣工人的剩余价值。而资本主义社会全部的秘密就隐藏在剩余价值之中，马克思正是通过剩余价值的研究考察了劳动者受资本家剥削的程度。由此发现了劳动剥削就是资本主义的社会本性，正是劳动剥削导致了资本主义社会不同阶级的对立，即必要劳动和剩余劳动的分裂直接形成了劳动者阶级与剥削阶级的对立。总体来看，马克思认为，劳动剥削在资本主义社会中起着支配作用，劳动逐渐成为"资本增殖"的工具，劳动在资本主义生产过程中也逐渐演变为异化劳动，而异化劳动的实质就是劳动的社会雇佣关系对于劳动的强制。

（三）按劳分配是实现社会正义的重要原则

按劳分配是马克思关于社会分配制度的一个重要构想：在以生产资料公有制为基础的集体社会中，"不管他所创造的或协助创造的产品的特殊物质形式如何，他用自己的劳动所购买的不是一定的特殊产品，而是共同生产中的一定份额"（《马克思恩格斯全集》）。马克思认为，应该按照劳动者个人所提供的劳动量的比例，在劳动者之间进行分配。马克思同时指出："分配的结构完全决定于生产的结构。分配本身是生产的产物，不仅就对象说是如此，而且就形式说也是如此。就对象说，能分配的只是生产的成果，就形式说，参与生产的一定方式决定分配的特殊形式，决定参与分配的形式。"（《马克思恩格斯选集》）这里面的"生产"就是指人类的劳动活动。人类如何参与劳动的形式直接决定了人类如何进行劳动成果分配的形式，而这就是马克思按劳分配理念中多劳多得、少劳少得、不劳不得的最初原型。可见，这种"劳动者得其应得"的分配方式关注的是对分配行为的道德衡量和价值评价，是从根本上否定不劳而获的剥削分配制度，故而被马克思看作实现社会正义的重要原则，其体现了对具备不同劳动能力的劳动者有效劳动的承认，也体现了对不同劳动者之间劳动正当、合理性差异的承认。①

三、教育学视域的劳动价值

（一）劳动形成人的本质

"人的本质不是单个人所固有的抽象物，在其现实性上，它是一切社会关系的总和。"（《马克思恩格斯选集》）教育的对象是人，因此，面向人的教育也同时面向人身上所带有的社会关系，这就要求，当我们考察教育对人的作用时就必须以人的社会关系作为考察的起点。而在人的社会关系建构中，人的生产劳动是建构其社会关系的主要载体，人正是通过生产劳动才形成了现实的社会关系。社会关系并不是一种独立于或强加于人的事物，而是内生于人的生产劳动之中。基于此，马克思认为，生产劳动对于个人具有决定性的意义。他说："个人怎样表现自己的生命，他们自己就是怎样。因此，他们是什么样的，这同他们的生产是一致的——既和他们生产什么一致，又和他们怎样生产一致。"（《马克思恩格斯选集》）因此，研究发生在人身上的教育，就是研究人是如何学会通过劳动来生产自己需要的生活资料，就是研究人与人之间具体的生产劳动关系如何影响人自身的生产。在马克思、恩格斯看来，劳动形成人的本质，劳动也是发生在人身上的教育。教育既承载于劳动，又服务于劳动，一方面教育的目的就是提高人的劳动能力，另一方面承载着教育功能的劳动本身也使人能够不断丰富自己的精神、拓展自己的才能和实现自己的成长。

（二）劳动是实现人的全面发展的重要途径

马克思、恩格斯通过对人类社会发展的历史考察，特别是对工场手工业取代个体手工业、进而走向机器大工业历史进程的考察发现，不合理的社会分工会造成人的片面发展，从而提出现代教育的目标就在于实现人的全面发展。马克思、恩格斯特别强调人的劳动能力的全面发展，主要是因为当时社会分工的精细化已经导致人的劳动能力逐渐丧失整体性。体力劳动和脑力劳动的分离，以及体力、脑力的各自片面发展在一定程度上都将限制和破坏人发展的全面性，而"当一切专门发展一旦停止，个人对普遍性的要求以及全面发展的趋势就开始显露出来"（《马克思恩格斯选集》）。因此，只有提高人各方面的劳动能力才能使人有能力适应工种的变化和创造出更多的劳动财富。这启示我们，社会生产劳动对人的全面发展起着重大作用，也要求我们实现教育与生产劳动的内在结合。总体来看，劳动作为人类实践活动的最集中表现，促进人的劳动能力的充分发展意味着劳动的内容和形式达到了完整性、丰富性和可变性，这无疑能够进一步实现人的自觉能动性、创造性和自主

---

① 赵云伟.论劳动正义的逻辑框架：基于政治经济学的分析视角［J］.学术论坛，2013（9）.

性的全面发展。①

（三）教育与生产劳动相结合是社会主义教育的重要原则

马克思在教育思想上特别强调教育要与生产劳动相结合，其形式主要是指"教育要使儿童和少年了解生产各个过程的基本原理，同时使他们获得运用各种生产的最简单的工具的技能"。②之所以强调这一点，主要基于两方面的理由：一是教育和生产劳动相结合是现代社会发展的基本要求，其既适应现代社会劳动形式的变化，又使工人获得尽可能多方面的发展；二是在马克思构想的社会主义社会中，由于消灭了剥削制度，这就为教育和生产劳动的普遍结合提供了现实的可能。在马克思看来，教育与生产劳动相结合是社会主义教育基本性质的体现。这正如列宁所言："没有年轻一代的教育和生产劳动的结合，未来社会的理想是不能想象的：无论是脱离生产劳动的教学和教育，或是没有同时进行教学和教育的生产劳动，都不能达到现代技术水平和科学知识现状所要求的高度。"（《列宁全集》）总之，我们必须从根本上理解教育与生产劳动相结合的含义，将教育与生产劳动相结合视为社会主义教育的重要原则和重要途径。③

第三节　劳动教育观

一、中国传统劳动教育

在中国古代，教育和生产劳动并未完全分化，而是两位一体、彼此促进。它借助中华民族勤劳的品质，在五千年的历史长河中，积淀了丰富的劳动教育思想，孕育了墨子、颜元等著名的思想家。中国传统的劳动教育观，值得借鉴。

（一）传统劳动价值观

中华民族一直是一个崇尚劳动的民族，劳动及劳动教育不仅被视为生存之道，也是道德的源泉。早在先秦时期，人们已经认识到，粮食、衣物、器具等物质财富都是劳动的成果。《诗经》中收录的大量诗歌反映了当时的生活与劳动状况，生动再现了人们通过劳动创造和获取生存资料的场景。如《诗经》中的《七月》就详细描述了一年中每个月农民的劳动安排，从劳作工具、耕作方式、收获到宴饮都有涉及。墨子教育弟子说，"食者，国之宝也""民无食，则不可事，故食不可不务也"。意思是说，民不可无食，食必须通过劳动获得。儒家思想强调独立人格的养成，如：穷则独善其身，达则兼济天下（《孟子·尽心上》）；富贵不能淫，贫贱不能移，威武

---

① 吴向东.论马克思人的全面发展理论［J］.马克思主义研究，2005（1）.
② 高放.马克思恩格斯要论精选［M］.北京：中央编译出版社，2016：426.
③ 胡君进，檀传宝.马克思主义的劳动价值观与劳动教育观：经典文献的研析［J］.教育研究，2018（5）.

不能屈（《孟子·滕文公下》）。而躬耕于畎亩，才能独善其身，耕读结合也就成为古代很多知识分子的理想生活状态。与此同时，古代学者也非常重视劳动本身对于提升品德修养、实现人生价值的重要意义。《管子》开篇即有记载："仓廪实，则知礼节；衣食足，则知荣辱。"春秋时期的敬姜在教育儿子时说：夫民劳则思，思则善心生；逸则淫，淫则忘善，忘善则恶心生。清代学者汪辉祖指出：欲望子弟大成，当先令其习劳。由此可知古代的思想家们已经认识到劳动是形成道德的基础及途径。

早在春秋战国时期，中国的思想家们就已经提出了劳动分工的观点。如《墨子·尚贤上》中记载：凡天下群百工，轮、车、鞼、匏、陶、冶、梓、匠，使各从事其所能。管仲提出将民众分为士农工商四类。《管子·小匡》中有记载，"士农工商四民者，国之石民也"，"是故圣王之处士必于闲燕，处农必就田野，处工必就官府，处商必就市井"。劳动分工反映了当时生产力的发展程度，且通过分工能使劳动效率提高，又进一步促进生产力的发展。孔子在《论语·卫灵公》中指出："君子谋道不谋食。耕也，馁在其中矣；学也，禄在其中矣。君子忧道不忧贫。"在这里，孔子就区分了两种不同的劳动，即脑力劳动与体力劳动，并提出君子从事的是脑力劳动。孟子讲劳心者治人而劳力者治于人，将劳心者置于劳力者地位之上。

以劳动分工为依据的社会结构，并不必然等同于社会地位高下的划分，但也不能否认它会强化社会等级秩序。春秋战国以来的思想家对体力劳动的看法，直接影响了此后两千多年中国社会的走向；儒家劳动价值观关于劳心劳力的对立及对它们的扬此抑彼，强化了后代士人"万般皆下品，唯有读书高"的价值观，甚至进而引导整个社会将读书视为功名之路、利禄之途，使中国古代精英阶层轻视生产劳动，不太关注甚至歧视发明创造等。

（二）传统劳动教育途径

中华优秀传统文化蕴含着丰富的劳动教育思想与比较具体的劳动教育措施。中国传统劳动教育渗透于人们日常生活之中，通过礼仪制度、学校教育、家训家风等途径实现，使人们在"日用而不知"的状态中潜移默化地接受了劳动教育。追溯历史，可以发现古人劳动教育的途径主要有以下几个方面：

1. 普及大众的劳动教育规范

中国古代虽然没有专门的机构推行劳动教育，但中华民族却能够形成勤劳的优良传统，一个重要的原因是中国古代有一套劳动教育的规范和制度。《礼记》等记载了一些劳动教育的规范。例如："凡内外，鸡初鸣，咸盥漱，衣服，敛枕簟，洒扫室堂及庭，布席，各从其事。"在清晨鸡初鸣时，每个人都要起床做自己分内的事。这样就形成了一种制度，养成为一种生活习惯。①

---

① 崔海亮.我国传统劳动教育的现代启示［N］.中国社会科学报，2020-12-22.

2. 家庭的劳动教育示范

古代中国生产经营活动和文化价值追求的传承都需要通过家庭（家族）来实现。尤其是大量实践经验积累和提炼的传统农业知识和技术，以及基于家庭（家族）伦理价值提炼和升华的传统社会文化知识，更是需要通过家庭（家族）这种组织来传承和推广。家庭教育中非常重视身体力行的劳动示范。如南北朝时期的颜之推非常重视父母对子女的榜样示范作用。《颜氏家训·治家》有云："夫风化者，自上而行于下者也，自先而施于后者也。是以父不慈则子不孝，兄不友则弟不恭，夫不义则妇不顺矣。"

3. 脍炙人口的涉及劳动教育的读本

中国古代劳动教育之所以能够深入人心，是因为有各种不同类型的教材。中国古代的家训、诗歌中有很多关于劳动教育的内容，《三字经》《弟子规》《千字文》等蒙学读物，也有与劳动教育有关的内容。例如，《三字经》中有"稻粱菽，麦黍稷。此六谷，人所食"。《弟子规》中有"房室清，墙壁净。几案洁，笔砚正"。《千字文》中有"治本于农，务兹稼穑。俶载南亩，我艺黍稷"。这些内容简洁明了，便于记忆，普及性强，易被人们接受并长期诵读。[①]

4. 技艺的世职传承与师徒传承

中国古代很多职业是代代相传的，这样更加有利于技艺的传承和发展。除此之外，还有年长者向年轻一代传授自己的拿手技能，这是古代师徒制的发展萌芽，也是手工业时代技术传承的一种主要模式，广泛存在于文化、艺术、技艺传承等方面，到今天仍盛行于木工、焊工、剪纸等专业行业领域。中国古代工艺传承中的师徒制，不单单是技艺的学习与传承，更糅合了儒家的孝道观和尊师传统，形成了极富特色的技术文化与工匠文化。[②]

（三）传统劳动教育模式

我国是世界上最早从事农业生产的国家之一，农业是先民生存和发展的第一要事，农业的发展，催生农耕文明的生长。这就决定中国文化有着浓重的农业、农村、农民色彩，中国农业有着知识分子的广泛参与，或言农村、农民中诞生出大量知识分子，[③]在这一过程中形成了耕读结合的劳动教育模式。在《说文解字》中，"耕"意为"犁也，从耒井声。一曰古者井田"。"读"意为"诵书也，从言卖声，徒谷切"。耕田可以事稼穑，丰五谷，养家糊口，以立性命。读书可以知诗书，达礼义，修身养性，以立高德。耕读结合的教育模式，就是把农田劳作与读书结合起来的一种生活方式。清初理学家张履祥在《训子语》中阐述"耕"与"读"的关

① 崔海亮.我国传统劳动教育的现代启示［N］.中国社会科学报，2020-12-22.
② 李珂.嬗变与审视：劳动教育的历史逻辑与现实重构［M］.北京：社会科学文献出版社，2019：20—21.
③ 程民生.论"耕读文化"在宋代的确立［J］.社会科学战线，2020（6）.

系：读而废耕，饥寒交至；耕而废读，礼仪遂亡。

中华民族自古就以农立国，以耕读传家。依据不同需求和形式，可以将耕读生活分为两大类。第一类是士人的耕读生活。其中又分几种形式，分别是①"耕隐"。如宋朝时期陕西隐士刘巽描述其耕隐生活：治《三传》，年老博学，躬耕不仕。②耕读作为事业和生活方式。如南宋学者张邦基，失意后"归耕山间，遇力罢，释耒之垄上，与老农憩谈，非敢示诸好事也。其间是非毁誉，均无容心焉。仆性喜藏书，随所寓，榜曰'墨庄'"。③将耕读作为奋发图强的起点和形式。农家子弟为了改变命运，通过读书参加科举而入仕。第二类是农民的耕读生活，即农民不以读书为无用，耕作之余亲自或督导子弟读书。[1]普通人家在从事农业生产劳动之余也进行读书学习，不仅推动了古代农业的发展，还提高了古人的文化素养，这也是我国古代劳动教育的雏形。

（四）传统工匠精神与工匠文化

我国工匠的起源和工匠精神的形成具有悠久的历史。文献记载，"工匠"一词最早出现在春秋战国时期，是在社会分工中开始独立存在专门从事传统手工业的群体后才出现的。[2]从词源学来看，"工"意为"精巧"，"匠"作"技艺"之解，"工匠"即精于技艺、巧于手工的手工业者。我国古代行业之间有士、农、工、商之分，其中"工"就是从事制造业的手工业者。古代悠久发达的手工业造就出大批"能工巧匠"，孕育了我国独特的工匠文化与工匠精神。

中国传统工匠精神与工匠文化主要有以下内涵。①"尚巧"的创造精神。巧是工匠一词的基本内涵。《说文解字》曰："'工'，巧饰也。"巧构成了工匠区别于其他职业群体的鲜明特征。《荀子·荣辱》篇曰："农以力尽田，贾以察尽财，百工以巧尽械器，士大夫以上至于公侯莫不以仁厚智能尽官职。"从事器械制造活动最需要的能力便是"巧"，所以为工必尚巧，它是工匠最基本的职业要求。巧是工匠努力追求的重要美德，当人们赞美一个工匠时，经常会使用"巧夺天工""能工巧匠"之类的词语。巧也是形成优良器物的必要条件。《考工记》曰："天有时，地有气，材有美，工有巧，合此四者，然后可以为良。""巧"并不只是一种简单模仿的手工操作技巧，它在本质上体现了创造性思维的特质。要求敢于打破常规，别出心裁。[3]②"求精"的工作态度。据对《考工记》的研究，周人尚文采，古虽有车，至周而愈精，故一器而工聚焉。如陶器，亦自古有之，舜微时，已陶渔矣，必至虞时，瓦器愈精好也。长沙马王堆出土的汉代素纱蝉衣丝缕极细，用料2.6平方米，重仅49克，是世界上最轻的素纱蝉衣。可见，古代能工巧匠非常崇尚技艺的臻达

① 程民生.论"耕读文化"在宋代的确立［J］.社会科学战线，2020（6）.
② 杨冬梅.新时代工匠精神的内涵及特征［N］.工人日报，2019-11-5.
③ 肖群忠，刘永春.工匠精神及其当代价值［J］.湖南社会科学，2015（6）.

极致，并以其精致细腻的工艺造型闻名于世。③"道技合一"的人生境界。《庄子·养生主》中记载："庖丁释刀对曰：臣之所好者，道也，进乎技矣。"庖丁解牛的故事展现了一个手工业者对"道"的追求。道家的代表人物庄子认为"道"要通过"技"来探索和感悟，要先拥有高超的技艺，才能实现对"道"的感悟，即达到"道技合一"的境界，这是古代工匠们的终极精神追求。①

（五）墨子的实利教育观

1. 劳动价值观

墨家学派创始人墨子对"劳动"二字有着十分深刻的看法。其一，劳动是人与动物的区别所在。墨子指出：今之禽兽麋鹿蜚鸟贞虫，因其羽毛以为衣裘，因其蹄蚤以为绔屦，因其水草以为饮食……今人与此异者也，赖其力者生，不赖其力者不生。其二，解决民生问题的关键在于劳动，劳动是民众生活之本。墨子指出民有三患：饥者不得食，寒者不得衣，劳者不得息。三者，民之巨患也。正是因为从事生产劳动的民众过少，因此在社会日益增长的物质需求面前，人们的生活便面临困境。②由此看来，墨子实际上早在两千多年前就指出了人的本质在于劳动，劳动是人类存在和发展的基础。

2. 教育内容

墨子及其后学主张"兴利除害"，除了"厚乎德行"的教育之外，也将自然科学、农业生产技术、机械原理及其应用、建筑技术等作为教育的主要内容，以生产、生活实践作为获取知识的源泉。墨子非常重视生产劳动，他认为"民无仰则君无养，民无食则不可事"。墨子不仅本人直接从事生产，还要求其弟子积极参加农业生产劳动。他教育弟子：故圣人作，诲男耕稼树艺，以为民食。除此之外，墨子本人擅长机械制造，重视生产技术、手工业技术等的传授，且道与术并重，"兼爱天下"的政治理想是他的"道"，墨子生活和生产实践中的发明和创造是他的"技"，这就构成了墨子政治思想与科学技术思想的相互统一。③墨子还提出"知：传受之，闻也。方不障，说也。身观焉，亲也"的劳动教育方法。也就是说，生产劳动知识、技术知识的来源有三：闻知、说知、亲知。注重亲身实践的劳动教育方式。

（六）颜元的实学教育观

1. 劳动价值观

清初思想家、教育家颜元认为劳动一方面能"治心""修身"，参加生产劳动，能够修身养性，勿生邪念，志存高远；另一方面能强身健体，经常参加劳动，久而

---

① 孙家学，耿艳丽，邵珠平.新时代高校劳动教育通论［M］.北京：高等教育出版社，2021.
② 史毅然.劳动教育的思想追溯与现实反思［J］.教育教学论坛，2019（52）：10—12.
③ 刘丽琴.新时代下墨子工匠精神的价值意蕴及其启示［J］.湖南社会科学，2019（5）：158—163.

久之，"筋骨竦，气脉舒"。也就是说，从劳动的育人价值看，劳动不仅是教学的重要内容，又是进行德育与智育的重要方法与途径。

2. 教育内容

颜元注重"实学"，教育内容包括"六府"（金、木、水、火、土、谷），"六德"（知、仁、圣、义、中、和），"六行"（孝、友、睦、姻、任、恤），"六艺"（礼、乐、射、御、书、数），其中"六艺"最为重要。他说："先之以六艺，则所以为六行之材具，六德之妙用。艺精则行实，行实则德成矣。"他把"六德""六行""六府"都寓于"六艺"之中，因而"六艺"的内容十分广泛，它既包括"礼、乐、射、御、书、数"，又包括"兵、农、钱、谷、水、火、工、虞"，几乎囊括了当时所有的实用学科。他提出："凡为吾徒者，当立志学礼、乐、射、御、书、数及兵、农、钱、谷、水、火、工、虞，予虽未能，愿共学焉。"（《颜元集》）此亦即知识教育、道德教育、体育教育与劳动教育并重。在教学方法上，其重视练习、实践等"习行"方法，只有习过，才会真知，才有所能。

总体而言，古代劳动教育从产生起就是面向人民大众的教育，带有明显的体力劳动倾向。劳动教育存在于普通教育之中，甚至存在于一般的社会生活之中，没有独立形态的劳动教育，更没有比较正规的学校劳动教育。劳动教育的主要目的是生产更多的物质产品，满足人民生存、生活的需要。

二、马克思主义劳动教育观及其中国化

马克思关于劳动的理论在马克思主义基本理论体系中有着重要的基础性地位。探究马克思主义劳动观和马克思主义劳动与教育相结合的理论，明确我党历代领导集体关于马克思主义劳动教育观中国化的相关论述，对于我们研究大学生劳动观教育具有重要的基础指导作用。

（一）马克思主义劳动教育观

马克思和恩格斯十分重视劳动教育，虽然没有对劳动教育作出准确定义，但是在其著作中很多地方都闪烁着劳动教育的思想光芒。

1. 教育与生产劳动相结合

马克思和恩格斯在揭示劳动的本质，以及劳动与人类、劳动与社会发展、劳动与人的发展关系上作出了巨大贡献，提出了"教育与生产劳动相结合"的思想。马克思和恩格斯都很重视教劳结合，把教劳结合看作无产阶级革命教育和社会主义教育必须坚持的一个基本原则。马克思主义所说的教劳结合，是相对于教劳分离而言的，其基本含义明确包括生产劳动同教育相结合、教育与生产劳动相结合两方面，根本目的是克服劳心与劳力相分离。19 世纪，马克思、恩格斯批判资本主义社会

扭曲人的本质，私有制下劳动已然成为资本家压榨普通民众的工具，劳动偏离了本来面貌。而社会主义社会提倡的劳动是以完整的人为前提的，劳动必须成为人的一部分，成为人自由自觉的活动，此时的劳动与资本主义社会的雇佣劳动是不同的。马克思在《哥达纲领批判》中指出："生产劳动和教育的早期结合是改造现代社会的最强有力的手段之一。"他在《资本论》中强调，教劳结合"是提高社会生产的一种方法"和"造就全面发展的人的唯一方法"。由此可以看出，生产劳动与教育相结合是社会发展的有力助推器，能够大规模提高劳动生产率，避免了人的片面发展，使劳动发挥社会和个人价值。

2. 综合技术教育

综合技术教育这个概念是马克思于 1866 年在《临时中央委员会就若干问题给代表的指示》中最早明确提出的。他在这封信中把综合技术教育定义为："要使儿童和少年了解生产各个过程的基本原理，同时使他们获得运用各种生产的最简单的工具的技能。"在《资本论》中，马克思又把综合技术教育称为工艺学，认为无产阶级在取得政权之后，必将在人民的学校中实行实践的和理论的工艺教育。他还比较系统地论证了在现代社会条件下，实施综合技术教育的必要性和可能性，其是根据现代机器大工业生产的客观需要与可能提出来的，因为现代机器大工业生产的技术基础常常处于变革之中，导致工人劳动职能不断发生变动，所以只有让劳动者接受综合技术教育，懂得各种基本生产过程的基本原理和工艺技术，才能与这种劳动的不断变动相适应。马克思认为综合技术教育是促进人的全面发展、消除脑力劳动和体力劳动分离及固定分工（即把人长期固定在某种职业或专业方面的分工）的重要手段。其"旨在弥补分工所造成的缺陷，因为分工妨碍学徒获得本身业务的牢固知识"。（《马克思恩格斯全集》）

3. 人的全面发展理论

马克思主义关于人的全面发展学说是马克思、恩格斯在政治经济学的研究中考察社会物质生产与人的全面发展关系时所提出的关于人的发展问题的基本原理，是马克思主义教育思想的重要组成部分。作为一个人，一个完整的人，必须全面地发展。"人的自由全面发展"贯穿于马克思主义思想的整个形成和发展过程。人的生存需求促使人进行劳动，而劳动本身就是人的一种需要。马克思主义关于人的全面发展指的是需要的全面发展、能力的全面发展、社会关系的全面发展，以及个性的全面发展。其中，人的全面发展的能力包括劳动、社会交流、管理及科研能力等，体现的是多方面能力的融合，而劳动能力是基础能力，马克思认为只有具备劳动能力才能拥有其他的能力。马克思主义关于人的全面发展的基本思想是人的发展与社会生产的发展是一致的。旧式劳动分工造成人的片面发展，而现代机器大工业生产要求人的全面发展，并为人的全面发展提供了物质基础。实现人的全面发展的根本

15

途径是教育同生产劳动相结合，马克思认为把劳动和智育、体育结合，是造就人全面发展的唯一途径。

（二）毛泽东的劳动教育观

毛泽东的劳动教育观是在继承马克思主义劳动教育观的基础上，结合中国革命、建设的实践，迈开了马克思主义劳动教育观中国化的"第一步"，提出了要培养社会主义觉悟高的劳动者的劳动教育目标、理论与实践相联系的劳动教育方式、勤工俭学等的劳动教育方法等观点。

第一，关于劳动教育的目标。毛泽东认为我国的教育旨在培养全面发展的人，并使之成为社会主义觉悟高的劳动者。他在《关于正确处理人民内部矛盾的问题》中首次指出："我们的教育方针，应该使受教育者在德育、智育、体育几方面都得到发展，成为有社会主义觉悟的有文化的劳动者。"毛泽东深刻认识到教育与生产实践相结合是实现人全面发展的必由之路。一方面，为巩固政权，劳动教育成为阶级斗争的工具。"教育与生产劳动相结合"与否代表着社会主义与资本主义不同的路线，因此党旗帜鲜明坚定立场制定教育方针——"教育必须为工人阶级服务，必须同生产劳动相结合"，[1]劳动教育必须为社会主义建设服务。另一方面，人民内部矛盾在教育领域中主要表现为教育供给与需求差距悬殊，人民教育需求不断攀升，但国家财力紧张，对教育供给的支持力度有限，[2]为顺应当时我国国情，满足人民的教育需求，毛泽东倡导青年要扎根中国社会，与工农大众打成一片，提高思想觉悟。

第二，关于劳动教育的方式。毛泽东认为劳动是使理论和实际产生联系的中间环节，劳动教育是理论知识、实践知识相统一的根本方式，是学校教育与社会联系的途径，是干部联系群众的途径。毛泽东在青年时期就认识到了劳动在解决手脑分离、理论与实践脱节的重要性，提出了"图脑力与体力之平均发展，并求知识与劳力两阶级之接近"的观点。毛泽东后来在《青年运动的方向》一文中，对中国传统教育中只重理论不重实践劳动的教学观提出了批判："中国古代在圣人那里读书的青年们，不但没有学过革命的理论，而且不实行劳动。现在全国广大地方的学校，革命理论不多，生产运动也不讲。"

第三，关于劳动教育的方法。毛泽东倡导勤工俭学，认为劳动教育以勤工俭学的形式实施可以弥补教育经费短缺的问题。1958年《人民日报》专门刊登了劳动教育的相关文章，倡导人们勤工俭学以解决自己全部或部分学习费用，为国家节省开支。此后，勤工俭学被视为劳动教育的重要途径。同时，毛泽东将知识分子同工

---

① 何东昌.中华人民共和国重要教育文献：1949—1975 [M].海口：海南出版社，1998.
② 李庆刚.正确处理人民内部矛盾探索中的制度创新：论刘少奇"两种教育制度、两种劳动制度"思想的形成 [J].北京党史，2017（3）.

农结合作为开展劳动教育的另一个重要途径，他强调教师与学生互为主体，认为知识分子和劳动人民这两种人都应向自己缺乏的方面发展，彼此互相学习，这也就是毛泽东同志所强调的知识分子劳动化和劳动人民知识化。他指出："知识分子既然要为工农群众服务，那就首先必须懂得工人农民，熟悉他们的生活、工作和思想。"（《毛泽东选集》）此外，毛泽东还主张多种形式办学，创办夜校、识字班、训练班，以及各种补习学校等来满足不同人群的需要。

（三）邓小平的劳动教育观

邓小平作为中国改革开放和现代化建设的总设计师，在坚持马克思主义劳动教育观的基础上，结合中国改革开放以后社会主义建设的实践，深化和发展了马克思主义劳动教育观，跨出了马克思主义劳动教育观中国化的"第二步"，赋予了劳动教育更多意义。

第一，邓小平基于改革开放的时代背景赋予了劳动教育更多的内涵，实现了劳动教育的历史性发展。邓小平在1978年全国教育工作会议上指出："为了培养社会主义建设需要的合格人才，我们必须认真研究在新的条件下，如何更好地贯彻教育与生产劳动相结合的方针。"（《邓小平文选》）这一表述表明劳动教育要与时俱进，要在内容和方法上有所创新，不能一成不变。在此基础上，他进一步强调"更重要的是整个教育事业必须同国民经济发展的要求相适应"（《邓小平同志论教育》）。这将"学校教育"与"生产劳动"相结合，推到了处理好教育与经济发展关系的高度，使教劳结合由一种改造社会的方法上升为协调社会发展的总原则。此外，他从实现"四个现代化"的目标出发，提出"科学技术是第一生产力"的思想，表明了要想让经济发展得快一些，就必须依靠科技和教育，必须将经济发展、科学技术和教育三者紧密结合起来，这既对劳动教育提出了新的要求，也给劳动教育带来了新的发展机遇。

第二，邓小平推动了教育部门和生产部门的密切联系。他要求"国家计委、教育部和各部门，要共同努力，使教育事业的计划成为国民经济计划的一个重要组成部分"。这一要求为推动劳动教育的落地实施，为生产部门和教育部门资源的双向流动提供了良好的契机。邓小平非常看重学校教学与实践训练结合、专业学习与社会就业结合、生产劳动与科学研究结合。他指出："各级各类学校对学生参加什么样的劳动，怎样下厂下乡，花多少时间，怎样同教学密切结合，都要有恰当的安排。"邓小平在全国教育工作会议上特别强调学校内应有计划安排学生参加劳动的内容、形式、时间等，首次提到了劳动教育的评估标准，将劳动态度和劳动行为列为学生操行评定的内容，劳动教育的单列课程向综合实践活动课转型，学生参与劳动和社会实践的课时应列入教学计划中，避免了形式上的片面教劳结合。此外，邓小平对不同阶段学生如何贯彻落实教育与生产劳动相结合的方针提出了不同要求，青少年应从小注重培养热爱劳动的价值观念，大学生则更加侧重于结合学习从事对口劳动。

第三，邓小平高度重视劳动教育的思想政治功能属性。他强调在劳动教育中必须重视德育功能的发挥，他认为学生只有在参加劳动中才能深刻接触到社会，才能培养对劳动人民的感情，珍惜劳动人民的成果，并在劳动的过程中形成艰苦朴素、勤俭节约、自信勇敢等优良品德。劳动教育不仅是对学生进行共产主义品德教育的重要一环，也是培养学生为人民服务、为社会服务的良好道德品质的重要途径。劳动对于学生的德育、智育、体育等的全面发展是必要的，因此劳动必须成为学生的一门必修课。

（四）习近平的劳动教育观

党的十八大以来，以习近平同志为核心的党中央站在新时代的战略高度，立足于中国国情和发展实际，在继承马克思主义劳动教育观和中华优秀传统文化的基础上，围绕劳动提出了许多重要论断，开创了中国特色社会主义劳动教育理论的新境界，是新时代对马克思主义劳动教育观的新诠释，进一步发展了马克思主义的劳动思想，并将其提高到了一个新的高度，成为新时代教育工作的理论指南。

我们要通过各种途径和措施加强劳动教育，为中华民族的伟大复兴培养一代又一代乐于劳动、善于劳动的高素质劳动者。

"空谈误国，实干兴邦"的表述，强调了实践的重要性。"空谈误国，实干兴邦""撸起袖子加油干""幸福都是奋斗出来的"等论述共同彰显了一个核心观点，即社会主义是干出来的，新时代也是干出来的，这也充分体现了马克思主义实践观思想。人类文明进步的历史事实告诉人们，劳动不仅创造了人类，也是人类基本的实践活动和存在方式，更是人类生存和发展最基本的条件，还是人类创造物质财富和精神财富的基本途径。从马克思"劳动创造了人本身"到习近平强调"劳动是人类的本质活动"体现了习近平的劳动教育观对马克思主义唯物史观劳动思想的继承和发展。

广大青年一代要想实现"兴邦"的伟大梦想，就要成为实干家，逐步树立"实干"的劳动实践观。每个人只有在实实在在、勤勤恳恳、坚持不懈的劳动实践中为自己拼搏才能实现梦想。所有人民都怀揣着实现中华民族伟大复兴的中国梦，而梦想和现实之间必须靠实践的桥梁沟通连接，中国梦是靠每一个中华儿女持之以恒的劳动实践来实现的。新时代要实现"兴邦"梦，就要在全社会树立"辛勤劳动、诚实劳动、创造性劳动"的"实干"精神，这在根本上与马克思主义唯物史观是一致的，是马克思主义理论与中国实际相结合的生动体现。

习近平总书记认为劳动教育不只是劳动知识、劳动技能的教育和劳动能力的培养，首先是劳动观念的教育、劳动精神的培育。"劳动是推动人类社会进步的根本力量。""劳动创造了中华民族，造就了中华民族的辉煌历史，也必将创造出中华民族的光明未来。"人世间的美好梦想，只有通过诚实劳动才能实现，必须牢固树立"劳动最光荣、劳动最崇高、劳动最伟大、劳动最美丽的观念"。习近平总书记倡导在学生中弘扬劳动精神，教育引导学生崇尚劳动、尊重劳动。

系统梳理习近平总书记关于劳动的重要论述，可以发现，崇尚劳动是党的十八大以来以习近平同志为核心的党中央一以贯之的思想引领和价值导向，这既是对马克思列宁主义、毛泽东思想、邓小平理论、"三个代表"重要思想、科学发展观的历史传承，也是在新时代对中国特色社会主义事业的创新发展。正因如此，习近平总书记在多个场合、多次讲话中阐述了劳动态度、劳动模范、劳模精神在中国特色社会主义事业中的重要作用，他认为劳模精神"丰富了民族精神和时代精神的内涵，是我们极为宝贵的精神财富"，"生动诠释了社会主义核心价值观，是我们的宝贵精神财富和强大精神力量"，"是伟大时代精神的生动体现"。他强调在新时代要加强对劳模精神、劳动精神、工匠精神的弘扬，进而在全社会形成"崇尚劳动"的价值引领。从国家层面上讲，树立"崇尚劳动"的劳动价值观能够为实现中华民族伟大复兴的中国梦注入强大的精神动力；从社会层面上讲，有利于营造浓厚的劳动氛围和精益求精的敬业风气；从个人层面上讲，榜样的力量是无穷的，树立"崇尚劳动"的劳动价值观，能够让学生从内心深处真正理解劳动在人类社会发展中的重要作用，从而在日常生活行动中崇尚劳动，尊重劳动者，端正自身态度，进而热爱劳动，以劳动为荣，把劳动当作一种乐趣融入物质和精神生活之中。

习近平总书记的劳动发展观包括劳动推动社会发展与劳动推动人的全面发展两方面。习近平指出："劳动光荣、创造伟大是对人类文明进步规律的重要诠释。"[1]"劳动是推动人类社会进步的根本力量。"中国梦的实现"要靠各行各业人们的辛勤劳动"。"人民创造历史，劳动开创未来。"[2]"劳动是一切成功的必经之路。"这些表述深刻阐述了劳动创造的历史价值和重要意义，体现了以习近平总书记为核心的党中央站在新的历史方位对马克思主义劳动教育观的发展。从马克思认为"劳动是任何一个民族存在和发展的基础"到习近平的"劳动开创未来"，进一步揭示了劳动与社会发展之间的本质联系。所以，在新时代要想建成富强民主文明和谐美丽的社会主义现代化国家，实现中华民族的伟大复兴，把人民对未来美好生活的愿景变成现实，根本上需要依靠劳动，依靠劳动者创造。

当前，中华民族的伟大复兴不可能唾手可得，它是一项浩大的系统工程，需要社会各阶层劳动者的共同参与，无论是体力劳动还是脑力劳动都是实现这项工程所

---

① 习近平.在庆祝"五一"国际劳动节暨表彰全国劳动模范和先进工作者大会上的讲话 ［N］.人民日报，2015-04-29.
② 习近平.在同全国劳动模范代表座谈时的讲话 ［N］.人民日报，2013-04-29.

不可或缺的。新时期新征程，面对日趋激烈的国际竞争，实现中华民族伟大复兴需要一支庞大的知识型、技术型、创新型劳动者大军，民族复兴是新时代大学生的历史使命和时代担当，广大青年大学生应该树立"民族复兴"的劳动发展观，成为堪当民族复兴大任的时代新人。

青年兴则国兴，青年强则国强。习近平总书记对广大青少年寄予殷切期待，在乌鲁木齐接见劳动模范和先进工作者、先进人物代表向全国劳动者致以"五一"节问候时指出："要通过各种措施和方式，教育引导广大青少年牢固树立热爱劳动的思想、牢固养成热爱劳动的习惯，为祖国发展培养一代又一代勤于劳动、善于劳动的高素质劳动者。""要教育孩子们从小热爱劳动、热爱创造，通过劳动和创造播种希望、收获果实，也通过劳动和创造磨炼意志、提高自己。"①这些重要论述强调了对青少年进行劳动教育的必要性，也对各级各类学校提出了科学构建劳动体系、切实加强劳动教育的新要求。但从现实中来看，针对青少年的劳动教育不容乐观：学校劳动教育师资、场地、经费缺乏，课程无计划、无考核；家庭劳动在家庭教育中被忽视，家长往往只关心孩子的学业成绩；社会上不劳而获、一夜暴富的思想不断蔓延；等等。这些导致部分青少年缺乏最基本的劳动习惯和积极的劳动态度。

针对我国劳动教育面临的困境和问题，习近平总书记继承了党和国家重视教育与生产劳动相结合的优良传统，结合我国劳动教育现状和新时代发展的实际需要，在2018年全国教育大会上，明确将"劳动教育"纳入我国教育体系，发挥劳动教育的育人功能，补齐劳动教育的短板，让学生实现从"德、智、体、美"向"德、智、体、美、劳"全面发展的转变，推进"五育并举"的人才培养体系，实现个体全面发展。习近平首次将"劳动教育"纳入"培养什么人"这一党的教育方针之中，使"劳动教育"第一次与"德、智、体、美"齐头并进，把劳动教育的地位和意义提升到前所未有的高度，这是新时代党的教育政策的创造性发展，为我国高校劳动教育的开展提供了科学的理论依据和全方位的方法论指导。

三、劳动教育观的实践落实

中国传统中优秀的劳动教育思想与马克思主义劳动教育观共同作为优良基因，耦合建构成为今天的中国劳动观和劳动教育观，并在党和国家的劳动教育政策中逐渐得到深入的实践落实。

（一）确立教育与生产劳动相结合的教育方针

马克思明确指出：从工厂制度中萌发出了未来教育的幼芽，未来教育对所有已

---

① 习近平.在庆祝"五一"国际劳动节暨表彰全国劳动模范和先进工作者大会上的讲话［N］.人民日报，2015-04-29.

满一定年龄的儿童来说，就是生产劳动同智育与体育相结合，它不仅是提高社会生产的一种方法，而且是造就全面发展的人的唯一方法。中国历届领导集体在继承马克思主义中关于教育与生产劳动相结合等的重要论断的同时，结合中国的现实状况、时代发展制定教育方针。

早在 1934 年，毛泽东就把"教育与生产劳动联系起来"列为中华苏维埃政府文化教育总方针的主要内容。1958 年中共中央、国务院发布《关于教育工作的指示》，提出党的教育工作方针是，教育为无产阶级政治服务，教育与生产劳动相结合，同时指出教育的目的是培养有社会主义觉悟的有文化的劳动者。1978 年 4 月，邓小平在全国教育工作会议上提出："培养人才有没有质量标准呢？有的。这就是毛泽东同志说的，应该使受教育者在德育、智育、体育几方面都得到发展，成为有社会主义觉悟的有文化的劳动者。"并且邓小平还提出：现代经济和技术的迅速发展，要求教育质量和教育效率的迅速提高，要求我们在教育与生产劳动结合的内容上、方法上不断有新的发展。1995 年 3 月，《中华人民共和国教育法》颁布，其中第五条所表述的教育方针为：教育必须为社会主义现代化建设服务，必须与生产劳动相结合，培养德、智、体等方面全面发展的社会主义建设者和接班人。1999 年 6 月，第三次全国教育工作会议召开，江泽民指出："我们必须全面贯彻党的教育方针，坚持教育为社会主义、为人民服务，坚持教育与社会实践相结合，以提高国民素质为根本宗旨，以培养学生的创新精神和实践能力为重点，努力造就'有理想、有道德、有文化、有纪律'的，德育、智育、体育、美育等全面发展的社会主义事业建设者和接班人。"根据江泽民讲话中对创新能力和实践能力的强调，"与生产劳动和社会实践相结合"成为新时期的教育方针。2002 年，党的十六大报告进一步明确了新时代党和国家的教育方针：坚持教育为社会主义现代化建设服务，为人民服务，与生产劳动和实践相结合，培养德、智、体、美全面发展的社会主义建设者和接班人。2018 年全国教育大会上，习近平总书记要求把劳动教育纳入培养社会主义建设者和接班人的总体要求之中，明确提出构建德智体美劳全面培养的教育体系。

（二）推行劳动教育与创新创业教育相结合的政策

伴随着劳动工具的变迁，劳动经历了从手工劳动到机器劳动再到智能劳动的三种形态的发展。手工劳动时代的劳动方法主要依靠劳动者口口相传、手把手地传授。机器劳动时代，劳动者要胜任岗位，就需要接受独立于劳动过程的专门教育、培养和训练。互联网、大数据、人工智能等新技术的发展，催生了一场新工业革命。当今中国，有多元劳动形态并存，包括追求知识劳动、技巧劳动和脑力劳动等创造性劳动；与之相适应的劳动教育则强调开展创新创业教育，培养创新劳动思维，提升创新创业能力。

2010 年，教育部发布《关于大力推进高等学校创新创业教育和大学生自主创业工作的意见》，提出在高等学校中开展创新创业教育，积极鼓励高校学生自主创业。在此之后，政府、高校相继出台相关政策支持大学生创业，搭建高校创业信息交流平台，建设大学生创业创新示范基地、大学生创业创新园等实践平台，推行大学生创业校企双导师制，为学生提供培训和辅导，创新创业的环境得到进一步优化。与此同时，创新创业活动与实践也在逐渐开展，如全国大众创业、万众创新活动周，以及创新创业大赛。2020 年，中共中央、国务院印发《关于全面加强新时代大中小学劳动教育的意见》，明确提出高等学校劳动教育内容应注重围绕创新创业，结合学科和专业积极开展实习实训、专业服务、社会实践、勤工助学等，重视新知识、新技术、新工艺、新方法应用，创造性地解决实际问题，使学生增强诚实劳动意识，积累职业经验，提升就业创业能力。这就为高校提出了将创新创业教育与劳动教育有机融合的时代命题。

创新创业教育与劳动教育存在高度的内在关联性，主要体现在：①教育目标上的互补性。创新创业教育通过模拟实践、项目孵化等路径，在实践中培养学生的创新精神和创业能力。劳动教育意在培养学生的劳动知识与技能，以及包括劳动价值观、劳动情感等在内的劳动素养。将创新创业教育与劳动教育有机结合，有助于学生深刻认识新时代劳动的脑力化与创造性本质。②教育内容上的关联性。扎实的专业知识基础是劳动教育和创新创业教育的共同关注点，创造性意识的培养也是二者共同的要求。③方式方法上的共通性。创新创业教育和劳动教育都需要以实践为支撑，在实践中培养创新意识、劳动素养。劳动教育与创新创业教育所具有的实践性学习特点，决定了可以为二者搭建共同的实践平台，引导大学生走进工作世界、投身劳动生活。①

（三）建构产教融合的支撑系统

2017 年，习近平同志在党的十九大报告中明确提出，深化产教融合，校企合作，实现高度教育内涵式发展。同年，《国务院办公厅关于深化产教融合的若干意见》（国办发〔2017〕95 号），提出用十年左右时间，构建教育和产业统筹融合发展格局，推进产教融合人才培养改革，发挥企业重要主体作用，促进人才培养方案供给和产业需求侧结构要素全方位融合。2019 年，国家发改委、教育部等六部门印发《国家产教融合建设试点实施方案》，开展产教融合型城市、行业、企业建设试点。产教融合是教育部门（主要是院校）与产业部门（行业、企业）在社会范围内，依托各自的优势，促进产业、教育内部及其之间各要素的优化组合和高度融合。劳动教育具有鲜明的社会性，要求面对真实的职业世界，产教融合有助于构建

---

① 刘丽红，曲霞.论高校创新创业教育与劳动教育的同构共生［J］.中国青年社会科学，2020（1）.

教育界与产业界协同实施劳动教育机制，提供了教育与生产劳动和社会实践相结合的职业情境。

现代教育和生产劳动的关系，既不像古代劳动者教育那样是和生产劳动融合在一起的，也不像古代学校教育那样是和生产劳动完全脱离的，而是处于一种独特的状态：他们既作为两个过程相互独立，又不可分割地联系在一起；科学同生产的结合以及教育同生产劳动的结合，是现代生产和现代科学发展的客观要求。[①] 以产教融合作为支撑，既有助于培养高质量创新人才、校内科技成果转换、知识创新等，又体现了高等教育领域劳动教育的独特方式、特殊内涵。一方面，产教融合是实现劳动教育应用与转化的重要途径。开展劳动教育是否达到目的应以学生的劳动能力是否得到提升来衡量，应以是否满足产业发展的需求和企业的需求来评价，因此，产教融合为劳动教育的应用与转化提供了方向和思路。另一方面，劳动教育是推动产教融合高质量发展的抓手。劳动教育不仅注重劳动习惯、劳动态度、劳动品德的培养，更着重于劳动认知、劳动价值观、劳动伦理的培养，使大学生形成全面系统的劳动素养以适应产业发展的需要，也可以促进大学文化与企业文化的融合，实现大学生对学习环境和工作环境的自然衔接和适应，[②] 使毕业生更快地适应企业发展需要。

（四）与时俱进地拓展劳动形式

马克思主义认为，劳动是人的本质；当人开始生产自己的生活资料，即迈出他们的肉体组织所决定的这一步的时候，人本身就开始把自己和动物区分开来。在教育思想上特别强调教育要与生产劳动相结合。这种结合的形式主要是指"教育要使儿童和少年了解生产各个过程的基本原理，同时使他们获得运用各种生产的最简单的工具的技能"。此论述是建立在对当时的机器大工业及科学技术发展分析的基础之上的。而随着现代生产力的发展，现代生产劳动中科学技术的应用越来越成为当代和未来生产劳动的决定性因素。当代社会劳动者已经不可能仅仅通过生产过程的参与去完全学习、掌握这一过程所必需的大量科技与文化知识。

因此，教育应该与什么样的"劳动"相结合，是与时俱进贯彻"教育与生产劳动相结合"需要讨论的话题。劳动是一个发展性的概念，在不同的历史时期拥有不同的内容、形态、劳动工具。随着现代经济的发展，科技在创造价值过程中扮演着举足轻重的角色，金融资产迅速壮大，这就使社会主义的劳动范围由原来的生产性劳动延伸到服务劳动、科技劳动、管理劳动。《关于全面加强新时代大中小学劳动教育的意见》在总结既往劳动教育经验的基础上，提出了三种劳动形式，在生产劳动之外，增加了"日常生活劳动"和"服务性劳动"。生产劳动是指劳动者借助劳

---

① 成有信.论教育和生产劳动相结合的实质 [J].中国社会科学，1982（1）.
② 王丹中.基点·形态·本质：产教融合的内涵分析 [J].职教论坛，2014（35）.

动资料，使自己的劳动作用于劳动对象，按照预定的目的生产某种产品的活动。大学生的生产劳动形式主要有实习实训、社会实践等。生活劳动虽然不像生产劳动那样直接生产产品，但却与个体的生活方式、生活环境、生活境况息息相关，直接体现和影响人的审美情趣、文明素养和幸福体验。与大学生紧密相关的生活劳动主要包括宿舍卫生整理与美化、校园垃圾分类与处理等。服务性劳动是指直接服务于社会的、有组织的、不计报酬的义务劳动。在我国，主要的服务性劳动形式有志愿服务、"三支一扶"、"三下乡"等。

（五）持续完善劳动教育的实施体系

习近平在继承和发展马克思主义劳动教育观的基础上，立足当下，在全国教育大会上提出构建德智体美劳全面培养的教育体系的总要求，也预示着新时代劳动教育体系不同于以往。

一方面，劳动教育的实施场域由学校与生产部门扩展为政府、高校、家庭、社会多方协同，政府通过制定和发布劳动教育的实施细则与指导手册，加强对劳动教育师资、经费各方面的保障等，统筹推进劳动教育。企业通过投资办学、捐赠设备、提供实习实训基地、选派职业导师等方式参与劳动教育。当前劳动及劳动教育所处的生态方位也愈加和谐。党的十八大报告指出，全社会应认真贯彻和落实"四个尊重"，即尊重劳动、尊重知识、尊重人才、尊重创造，党和国家对劳动以及劳动者的重视为劳动教育营造了良好的舆论导向。2015年12月27日，第十二届全国人大常委会第十八次会议表决通过了关于修改《中华人民共和国教育法》《中华人民共和国高等教育法》的相关规定，与劳动教育相关的"为人民服务""社会实践""社会责任感"等被纳入这两部法律，劳动教育的价值和使命得到凸显。

另一方面，高校劳动教育实施体系在不断完善，主要体现在：①开设专门的劳动教育课程，并建立和完善劳动教育学科体系、教学体系、教材体系等，与其他专业课同行，构建扎实、完整的知识体系。②结合分散性的课外劳动教育作为课程教学的重要补充，推进劳动教育与思想政治教育、校园文化建设相结合，加强劳动思想教育。③推进劳动教育与专业教育、实习实训相结合，帮助学生掌握劳动知识与专业能力。④推进劳动教育与社会实践和职业服务、职业生涯教育与就业指导等相结合，加强劳动实践训练。

 思考题

1. 在新时代开展劳动教育有哪些重要意义？

2. 马克思主义劳动教育观有哪些主要内容？

3. 如何建立并落实中国特色的劳动教育观？

第二章　　劳动精神

学习目标

　　1. 理解劳动精神的内涵，及其重要意义，掌握践行劳动精神的具体要求。

　　2. 理解劳模精神的内涵，及其时代价值，掌握践行劳模精神的具体要求。

　　3. 理解工匠精神的内涵，及其时代价值，掌握践行工匠精神的具体要求。

案例导入

创新奋斗、产业报国的劳动者

　　林孝发是中国建筑材料联合会副会长、福建省水暖卫浴阀门行业协会会长、海丝泛家居产业联合会名誉会长、科技创新创业人才、九牧厨卫股份有限公司董事长，"2018年福建省劳动模范""2020年全国劳动模范"。

　　"幸福生活是奋斗出来的。九牧人必将持续发扬长期匠心努力奋斗的精神，初心不改，承载使命。"九牧董事长林孝发如是说。

　　林孝发深耕卫浴行业三十年，坚持自主创新和自主品牌战略，带领九牧在产品和服务上不断推陈出新，打造全国首个工业物联千亿产业园，布局5G云制造和新零售。九牧在林孝发的运筹帷幄下，业务模式全方位升级，在产品、技术、服务、渠道等各领域做到极致，成功开启了"以用户为中心"的智慧健康卫浴新时代。

　　林孝发强调："中国民族品牌，要从争一流变为创一流。"他把创造精神、奋斗精神和团结精神倾注到"制造强国"的信念中，带领九牧站在全球做产业、站在产业做企业，牵头成立国际建材家居产业联盟，开启了中国卫浴的国际化新征程，为中国智造点燃了照亮世界的火花。

　　林孝发认为，掌握核心技术才能掌握市场话语权。他崇尚劳动、尊重知识、尊重人才，注重九牧在技术领域的攻坚克难，要求每年投入技术研发和产品创新的费用不少于销售总额的5%，并引领九牧全球布局30个研究院、60多个实验室，与华为、西门子、保时捷等国际知名企业建立联合创新中心，锻造出马桶电解除菌技术、银离子杀菌技术等世界一流技术。在他的带头作用下，九牧积累5 000多项先进专利，先后斩获68项IF、红点国际设计大奖及中国专利银奖；成功打破国际品牌对高端卫浴市场的垄断，成为鸟巢、北京大兴国际机场等世界顶尖地标的独家卫浴供应商，并进驻故宫、长城、布达拉宫等文化地标，代表中国民族品牌发声。其以 402.65 亿品牌价值连续 9 年位居行业第一，蝉联亚洲 500 强，凭借奋斗不止的闯劲屡次抒写了震撼业界的华章。

情系家国是民族企业家的情怀，也是全国劳动模范的情结。林孝发创立九牧，怀抱着"提升国民健康指数"的初心，一早便将公益的基因深深植入了企业中。在他的倡导下，九牧连续 10 年开展"龙头公益"，改善百万中小学师生的用水环境；暖心脚步踏遍全国 24 个省份，超过 90 个县市，为护航"健康中国"砥砺前行。

2020 年疫情最严重的时候，武汉雷神山医院开建，各项物资紧缺，林孝发亲自坐镇指挥，引导九牧先锋队用 60 小时完成了近 6000 件健康产品的安装。

林孝发积极弘扬劳模精神、劳动精神、工匠精神，号召全体九牧人诚实劳动、勤勉工作，为创造幸福生活长期努力奋斗。他肩扛使命、胸怀家国，用劳模精神助推"中国智造"闪耀全球，用心中大爱铸起"健康中国"发展之魂，也托举起"中国品牌响彻世界"的实业兴国梦想。

（资料来源：中国日报网，2020 年 11 月 26 日，https://caijing.chinadaily.com.cn/a/202011/26/WS5fbf49c1a3101e7ce9731d00.html）

思考：

如何看待劳动精神与个人成长、社会发展的关系？

第一节　劳动精神概述

新中国成立以来，千千万万奋斗在各行各业的劳动者在平凡岗位上创造了不平凡的业绩，用智慧和汗水谱写了"中国梦·劳动美"的精彩篇章，以实际的行动诠释了"社会主义是干出来的，新时代是奋斗出来的"精神理念。经过长期奋斗，我国经济实力、科技实力、综合国力跃上新的大台阶，人民生活水平显著提高，全面建成小康社会，中华民族伟大复兴向前迈出了新的一大步。当今世界正经历百年未有之大变局，我国正处于实现中华民族伟大复兴的关键时期，传承与弘扬劳动精神至关重要。

一、新时代劳动精神的内涵

勤劳勇敢的中华民族，用劳动书写了辉煌的中华文明，凝结了伟大的劳动精神。劳动精神是劳动者为创造美好生活而在劳动过程中秉持的劳动态度、劳动理念及其展现出的劳动精神风貌。"人无精神则不立，国无精神则不强。"作为中国精神的重要组成部分，劳动模范身上所体现的"爱岗敬业、争创一流，艰苦奋斗、勇于创新，淡泊名利、甘于奉献"的劳模精神，是劳动人民伟大品格的具体体现，生动诠释了社会主义核心价值观，丰富了民族精神和时代精神的内涵，是激励全国各族人民团结奋斗、勇往直前的强大精神力量。

（一）劳动精神的时代蕴意

伟大的时代需要伟大的精神，伟大的精神来自伟大的人民及其伟大的实践。劳动精神是全体劳动者共同的精神财富，是对广大劳动者劳动实践的高度肯定与科学总结，是人类为了自身的幸福而不懈努力奋斗的实践结晶。新时代劳动精神是以劳动为基础的精神信仰，是劳动"事实"与劳动"价值"的高度统一，是马克思主义劳动历史观与劳动认识论的高度统一。新时代劳动精神有着丰富的内涵，不仅在内容上继承并发展了马克思主义劳动价值观和中华民族传统优秀的劳动观念，而且彰显了"辛勤劳动、诚实劳动、创造性劳动"的新理念，倡导"劳动光荣、技能宝贵、创造伟大"的时代风尚，生成了"劳动最光荣、劳动最崇高、劳动最伟大、劳动最美丽"的劳动价值观。

1. 实干精神：勤劳勇敢、爱岗敬业、诚实守信

实干精神是劳动精神的重要内核。勤劳勇敢、爱岗敬业、诚实守信就是一种实干精神。勤劳勇敢是指有毅力、有勇气、有胆量地劳动。爱岗敬业是指尊重劳动、崇尚劳动、热爱劳动，做到辛勤劳动、勤奋工作。诚实守信则是指脚踏实地、恪尽职守，遵守法律法规和政策，遵循职业道德和标准。"劳动最核心的底蕴，是实干、奋斗。"[①]实干首先就要脚踏实地地劳动。新时代大学生劳动精神培育，首要的就是培育艰苦奋斗和辛勤劳动的精神，形成该种精神的过程是一个求真的过程，这个过程需要大学生拥有踏实的劳动态度和务实的实干行为。新时代是奋斗者的时代，进入新时代，中国青年奋斗的环境与革命战争年代、改革开放初期已大不相同，但是我们解决发展中的各种难题，应对前进中的各种挑战，实现永续发展的途径没有变也不会变，那就是艰苦奋斗、辛勤劳动。

新时代劳动精神倡导每个人通过自己的劳动，收获满足感、快乐感、尊严感。劳动是物质财富和精神财富的源泉，幸福是需要通过辛勤劳动来创造的。辛勤劳动

---

① 温红彦，毛磊，廖文根，等.以劳动托起中国梦［N］.人民日报，2015-05-01.

本身就是一种幸福，人们在劳动中实现价值、展现风采、体验快乐，辛勤劳动所创造的幸福最持久。通过劳动，人们用自己的辛勤汗水和努力奋斗为推动社会文明进步作出贡献，用自己的劳动成就书写平凡中的伟大，实现个人价值与社会价值的统一。在党的领导下，在新中国不同的发展阶段涌现出了一大批热爱劳动的先进典型：不怕苦不怕累、艰苦奋斗的铁人王进喜；"高标准、严要求、行动快、工作实、抢困难、送方便"的纺织工人赵梦桃；带领团队埋头苦干20余载，建成500米口径射电望远镜（FAST）的中国天眼之父南仁东；把高铁打造成中国名牌的于延尊；等等。他们身上所体现的实干精神，是社会发展的精神动力与源泉。当代大学生需谨记牢记"大道至简、实干为要"的道理，勇于担当、敢于创新、脚踏实地、撸起袖子加油干，积极投身于建设社会主义强国的伟大劳动实践中以实现自身的社会价值与个人价值。

2.奋斗精神：锐意进取、建功立业、甘于奉献

锐意进取是指意志坚决地追求上进、勇于创新开拓新的局面，体现出顽强坚毅、不屈不挠、勠力前行的精神状态。建功立业是指建立功勋、成就大业。这是劳动精神与价值最具体的体现。甘于奉献是指在劳动中忘记"小我"，不计较个人得失，时时铭记祖国与人民的需要。锐意进取、建功立业、甘于奉献的奋斗精神，是劳模精神身上所体现的重要精神品质，也是劳动精神的升华。人民创造历史，劳动开创未来，劳动是推动人类社会进步的根本力量。

正是一代代劳动者的共同努力，创造了辉煌的人类历史，用实践书写了地球家园的绚烂篇章。"劳动创造了中华民族，造就了中华民族的辉煌历史，也必将创造出中华民族的光明未来"。"幸福都是奋斗出来的"，生命不息、奋斗不止，在劳动中实现美好的未来。中华民族历经磨难，在民族危亡的时刻，中华儿女通过自己的浴血奋斗，用自己的双手换来了新中国的成立，此后在我国社会主义现代化发展的各个历史时期，无数的劳动者在自己平凡的岗位上默默发挥着"螺丝钉"的精神，一批又一批的劳动模范用自己的行动诠释着劳动的价值意蕴，并积淀成为劳动者奋进的精神力量。新时代的大学生应传承"计利当计天下利"的劳动精神，深刻领悟劳动精神的奋斗本质，锐意进取，甘于奉献，用实际行动去践行与体悟劳动精神的真义，将个人事业新天地建立在祖国繁荣富强伟大事业上。

3.创新精神：精益求精、严谨专注、追求卓越

劳动精神的核心和关键在于创造和享受劳动。精益求精、严谨专注、追求卓越的创新精神是劳动精神的专业要求。精益求精是指以高品质的要求对待自己的产品，不惜花时间精力、精雕细琢、注重细节，把每一件事情都做到极致。严谨专注是指在劳动过程中耐住寂寞、经住诱惑，不达目的绝不放弃。追求卓越是指为了质量而孜孜不倦、乐此不疲。

创新是一个民族进步的灵魂，中华民族是富有改革创新精神的民族。创新创造精神在漫长的历史长河中逐渐积淀为中华民族最深沉的民族禀赋，成为鼓励中华民族敢于梦想、勇于创造、团结奋斗等宝贵的精神财富。中华民族勇于创新创造的这一宝贵精神传统和民族禀赋成就了中华民族辉煌的历史文化。①

新时代科学技术快速发展，弘扬劳动精神更加重视创造性劳动，众多的事实表明创新能力是当今国际竞争新优势的集中体现。我们要赢得未来需要把创新作为引领发展的第一动力，把具有创新能力的人才作为支撑发展的第一资源。习近平总书记说："面对日益激烈的国际竞争，我们必须把创新摆在国家发展全局的核心位置，不断推进理论创新、制度创新、技术创新、文化创新等各方面创新。广大知识分子要增强创新意识，敢于走前人没有走过的路，敢于抢占国内国际创新制高点。""在激烈的国际竞争中，惟创新者进，惟创新者强，惟创新者胜。"因此，新时代劳动精神的培养应与"创新驱动"的国家发展战略相结合，弘扬"劳动光荣、技能宝贵、创造伟大"的劳动风尚。新时代的大学生应该大力弘扬和践行精益求精、严谨专注、追求卓越的劳动精神，树立正确的劳动价值观，不断追求卓越，勇于创新、追求品质，为推动"质量强国"提供源源不竭的动力，用劳动托起中华民族伟大复兴的中国梦。

（二）劳动精神的主要特征

劳动是国家发展的动力，是民族振兴的基石。"勤俭、奋斗、创新、奉献"是具有鲜明中华传统文化特征、新时代特征和社会主义特征的劳动精神，对于树立青年大学生正确劳动价值观，培养青年大学生崇高劳动品质，塑造青年大学生的健全人格等都具有重要意义。

（1）勤俭、奋斗是具有鲜明中华民族传统美德特征的劳动精神。中华民族自古以来就是一个热爱劳动的民族，勤俭节约、艰苦奋斗的劳动精神始终流淌在人民的血脉中。新时代的高校大学生应培养勤俭、奋斗的劳动精神，这样才能避免夸夸其谈、纸上谈兵，而缺少生活能力、动手能力，以及吃苦耐劳、艰苦奋斗的精神。

（2）创新是具有鲜明新时代特征的劳动精神。新时代的创新精神是当代最突出、最鲜明的特点，是时代精神的核心，贯穿于我国建设与发展的全部劳动实践中。劳动的创造性激发人的创造性思维，释放人的主观能动性，突破现存事物旧的表现形式和物质形态，从而生产创造出新的使用价值。

（3）奉献是具有鲜明社会主义特征的劳动精神。共产主义信仰和中国特色社会主义信念，是新时代中国特色社会主义建设者和接班人在劳动中培养奉献精神的理想支撑。马克思在中学毕业论文《青年在选择职业时的考虑》中写道："如果我们

---

① 吴瑞清.劳动精神的教育内蕴［N］.中国教育报，2019-04-25.

选择了最能为人类福利而劳动的职业，那么，重担就不能把我们压倒，因为这是为大家而献身；那时我们所感到的就不是可怜的、有限的、自私的乐趣，我们的幸福将属于千百万人，我们的事业将默默地，但是永恒发挥作用地存在下去，而面对我们的骨灰，高尚的人们将洒下热泪。"

在中国特色社会主义新时代，广大青年大学生应通过志愿劳动、义务劳动等培养淡泊名利、甘于奉献的精神，形成助人为乐的美德。这不仅可以避免在劳动中形成唯利是图、斤斤计较的功利倾向，还能够成就青年大学生高尚的道德品格，提升青年大学生的精神境界，使其真正成为有益于社会和人民的人。

二、培育劳动精神的重要意义

当代中国正处于实现中国梦的关键历史时期，实现国家繁荣、民族复兴、社会发展、人民幸福的责任，也落在新时代青少年的肩上。少年智则国智，少年强则国强。作为新时代的大学生，要承担起这些重大历史责任，就必须深刻认识劳动精神的重要性。故此，应在全社会大力弘扬劳动精神，倡导青年大学生通过诚实劳动来实现人生的梦想、改变自己的命运。①

（一）劳动精神是劳动者实现自身发展的价值支撑

劳动是一切成功的必经之路。对于劳动者来说，劳动是实现美好生活愿望、展现本质力量、创造生命辉煌的重要途径。劳动是幸福的源泉，是劳动者创造人生价值、展示人生意义的手段。新时代，党和国家事业空间很大，只要有志气有闯劲，普通劳动者也可以在宽广舞台上施展才华，实现人生价值；只要肯学肯干肯钻研，练就一身真本领，掌握一手好技术，就能立足岗位成长成才，在劳动中体现价值、展现风采、感受快乐。三百六十行，行行出状元。一切劳动者，要想在波澜壮阔的改革发展年代勇立潮头，在不进则退、不强则弱的竞争中赢得优势，在报效祖国、服务人民的人生中有所作为，就要孜孜不倦学习，勤勉奋发干事，干一行、爱一行、钻一行，踏实劳动、勤勉劳动，才能在平凡岗位上干出不平凡的业绩，实现体面劳动、全面发展。

（二）劳动精神有利于营造尊崇劳动的良好社会风尚

劳动是推动人类社会进步的根本力量，营造劳动光荣的社会风尚，其核心就是让全体人民崇尚劳动、热爱劳动、辛勤劳动、诚实劳动。因此，社会要通过弘扬劳动精神，让人们认识到，劳动是解决发展中各种难题的金钥匙，世间的美好梦想，只有通过诚实劳动才能实现；发展中的各种难题，只有通过诚实劳动才能破解；生命里的一切辉煌，只有通过诚实劳动才能铸就。要在全社会形成尊重和鼓励一切劳

---

① 刘余莉.劳动精神成就时代新人［N］.学习时报，2020-08-08.

动、尊重和鼓励一切创造的良好氛围，让尊重劳动、尊重知识、尊重人才、尊重创造的理念在全社会深深扎根，培育形成劳动最光荣、劳动最崇高、劳动最伟大、劳动最美丽的社会风尚，以辛勤劳动为荣，以好逸恶劳为耻，爱岗敬业、争创一流，以不懈奋斗书写新时代华章，共同创造幸福生活和美好未来。

（三）劳动精神有益于推进全面建设社会主义现代化国家

劳动创造了中华民族，造就了中华民族的辉煌历史，也必将创造出中华民族的光明未来。实现民族独立、人民解放、国家富强和人民幸福是我们党团结带领工人阶级以及广大劳动群众艰苦奋斗和顽强拼搏的结果。党中央提出到 2035 年基本实现社会主义现代化远景目标。这是党在新时代的历史使命。实现这一目标，根本上靠劳动，靠劳动者创造，关键是要崇尚劳动、尊重劳动者。工人阶级以及广大劳动群众自觉把自身前途命运同国家和民族前途命运紧紧联系在一起，把个人梦同中国梦紧密联系在一起，把实现党和国家确立的发展目标变成自己的自觉行动，在全面建设社会主义现代化国家过程中大力践行劳动精神，推动全社会热爱劳动、投身劳动、爱岗敬业，鼓励各类劳动者立足岗位、各尽其能、各得其所，矢志不渝跟党走，当好主人翁、建功新时代，不断谱写新时代的劳动者之歌。

三、在奋斗中践行劳动精神

新时代大学生劳动精神的塑造和培养是一个长期和系统的工程，需要贯穿于家庭教育、学校教育、社会教育的全过程；也需要个人从平时的日常生活、每一件小事做起；也需要将个人理想根植于国家的伟大建设实践中，将劳动精神内化于心、实践于行，最终成为合格的社会主义建设者、劳动者。

（一）提高辛勤劳动意识

习近平在深度贫困地区脱贫攻坚座谈会上指出："一个健康向上的民族，就应该鼓励劳动、鼓励就业、鼓励靠自己的努力养活家庭，服务社会，贡献国家。要改进工作方式方法，改变简单给钱、给物、给牛羊的做法，多采用生产奖补、劳务补助、以工代赈等机制，不大包大揽，不包办代替，教育和引导广大群众用自己的辛勤劳动实现脱贫致富。"可见，广大群众只有通过自己的辛勤劳动才能实现脱贫，走向致富的道路。

在 2020 年的抗疫过程中，广大劳动群众在各自的工作岗位，用自己的辛勤劳动为疫情防控作出了贡献。习近平总书记在回职工的信中指出："伟大出自平凡，英雄来自人民。面对这次突如其来的疫情，从一线医务人员到各个方面参与防控的人员，从环卫工人、快递小哥到生产防疫物资的工人，千千万万劳动群众在各自岗位上埋头苦干、默默奉献，汇聚起了战胜疫情的强大力量。希望广大劳动群众坚定信心、保持干劲，弘扬劳动精神，克服艰难险阻，在平凡岗位上续写不平凡的故事，用自己的辛勤劳动为疫情防控和经济社会发展贡献更多力量。"

"民生在勤，勤则不匮。"习近平总书记曾用《左传》中的这句古语阐释只要辛勤劳动，就不会缺衣少食的朴实道理。辛勤劳动是广大人民群众脱贫致富的基本保障。青年学生是祖国的未来，民族的希望，中华民族是个勤劳的民族，勤劳的文化基因代代相传，青年学生是关键，也是劳动精神的主要学习者。青年学生应从小培养辛勤劳动的精神，不怕苦累，干一行爱一行，肩负远大理想抱负和岗位职责投身于奉献人民的实际行动中。

(二) 培育诚实劳动的思想观念

诚实劳动是新时代劳动精神的道德底色和职业操守。诚实劳动是辛勤劳动的升华，如果不诚实劳动，无论付出多少艰辛，劳动都是无价值的。习近平总书记在北京大学师生座谈会上指出，中华文化"强调'言必信，行必果''人而无信，不知其可也'"，强调了中国人诚实守信的基本道德准则。诚实劳动是基本的事业基础。他在同全国劳动模范代表座谈时再次谈到："劳动是财富的源泉，也是幸福的源泉。人世间的美好梦想，只有通过诚实劳动才能实现；发展中的各种难题，只有通过诚实劳动才能破解；生命里的一切辉煌，只有通过诚实劳动才能铸就。"他把诚实劳动放在实现梦想的高度上来阐释，并把诚实劳动作为实现事业辉煌的必须凭借。

我国经济社会的快速发展离不开数以万计劳动者的诚实劳动。只有每个个体都秉承着诚信的准则，才能在社会上形成良好的劳动风气，为我国经济的发展营造有利的氛围。习近平总书记给中国劳动关系学院劳模本科班学员回信中强调："全社会都应该尊敬劳动模范、弘扬劳模精神，让诚实劳动、勤勉工作蔚然成风。"因此，全社会，尤其是新时代大学生应深刻认识到在发展的道路上来不得半点弄虚作假和投机取巧，要树立脚踏实地、诚信为本的劳动品质，加强自身的道德修养，遵守社会功德、职业道德和个人品德，在尊重他人劳动成果的前提下，通过合法渠道获得劳动成果，做到诚实劳动。

(三) 培养创造性劳动的能力

习近平总书记指出："人民创造历史，劳动开创未来。劳动是推动人类社会进步的根本力量。幸福不会从天而降，梦想不会自动成真。实现我们的奋斗目标，开创我们的美好未来，必须紧紧依靠人民、始终为了人民，必须依靠辛勤劳动、诚实劳动、创造性劳动。"辛勤劳动是基本的劳动状态，诚实劳动是基本的劳动伦理，创造性劳动则是基本的劳动目标。创造性劳动是对辛勤劳动和诚实劳动的发展，劳动的最高境界就是进行创造性劳动。

创造性劳动主要指劳动者在劳动的过程中解决出现的问题时所展现出来的发散性、创造性的思维。劳动创造了中华民族，也铸就了中国成就。中华民族是勤于劳动、善于创造的民族。正是因为劳动创造，我们拥有了五千年文明的历史辉煌；正是因为劳动创造，我们拥有 21 世纪中国特色社会主义的发展成就。劳动创造了中国革命、建设、改革各个历史时期的成就，并将继续创造新的辉煌。克服关键技术瓶颈限制，全面建成小康社会，进而建成富强民主文明和谐美丽的社会主义现代化强国，根本上也靠劳动者创造。新时代的大学生应在实践中进一步激发劳动热情、释放创造潜能，培养创造性的劳动思维，敢于突破常规，寻求新颖，多角度寻找解决问题的方法和途径，通过劳动创造更加美好的生活。

（四）践行劳动精神，从日常生活中培养劳动习惯开始

劳动习惯是指一个人长期劳动形成的一种较为稳定的身体本能。劳动习惯的养成需要长久且持续的劳动实践锻炼和积累。良好的劳动习惯能够使青年学子在日常生活中将劳动看作一种自然的行为。良好的学习、工作和生活习惯是成就优良学业、辉煌事业和幸福生活的重要基础。良好劳动习惯的养成有利于养成吃苦耐劳的劳动精神。古语有云"一屋不扫何以扫天下"。新时代大学生践行劳动精神更应从日常生活着手培养劳动习惯，培养生活必备的家务劳动技能。如在校园学习和生活中，自觉整理清扫宿舍，整理自己的生活物品，积极参与清理卫生死角，以此建设和睦清雅的寝室文化，营造良好温馨舒适和干净整洁的居住与学习环境；在家庭生活中，自觉参与日常生活中的家务劳动，培养良好的生活自理能力和劳动技能。新时代大学生不仅仅要学好课本知识，还要养成良好的劳动习惯，掌握基本的劳动技能，树立正确的劳动观念，才能立足于社会。

新时代劳动精神继承并发展了中华民族劳动光荣的优秀劳动观念，融入了中国特色的马克思主义劳动价值论，契合中国的社会历史语境，树立并彰显了辛勤劳动、诚实劳动、创造性劳动的劳动新理念，形成并传播了一种劳动者至上、劳动者平等、劳动者可敬、劳动最光荣、劳动最崇高、劳动最伟大、劳动最美丽的劳动价值观，为解决我国当前出现的劳动价值观念和劳动工作实践问题提供了理论指导。

第二节 劳动精神的升华：劳模精神

劳动模范是劳动群众的杰出代表，是最美的劳动者，是人民的楷模。劳动模范身上体现的"爱岗敬业、争创一流，艰苦奋斗、勇于创新，淡泊名利、甘于奉献"的劳模精神，是伟大时代精神的生动体现。

一、劳模精神的内涵与渊源

劳模精神源自劳动精神，是劳动精神的升华。劳模精神是指劳模之所以成为劳模而在平凡岗位上做出不平凡业绩所坚持坚守坚定的基本信念、价值追求、人生境界及其展现出的整体精神风貌。[①]伴随中国特色社会主义建设事业的推进，劳模精神的具体内涵也相应得到丰富发展。抗日战争时期，劳模精神的内涵强调为革命献身、革命加拼命、苦干加巧干、经验加创新。新中国成立之初的劳模主要来自工业领域，一线产业技术工人是主流，主要是具备良好的生产能力的"老黄牛式"的技术工人。20 世纪 70 年代末至 80 年代末，开始采用生产力标准评选劳模，林巧稚、陈景润、邓稼先等科研工作者成为代表人物。这一时期的劳模不仅具有无私奉献、拼命苦干的"老黄牛"精神，更强调其对生产力发展的促进作用和对改革开放事业的突出贡献。进入常态化制度化时期，大部分劳模渐渐具有"知识型、创新型、技能型、管理型"等特点，许振超、包起帆、孔祥瑞、巨晓林等一大批高技能人才成为劳动模范的代表人物。[②]劳模精神是工人阶级先进性的集中体现。劳动模范是亿万劳动者的杰出代表，集中体现了工人阶级和广大劳动群众的优良品质。2005 年召开的全国劳模表彰大会中把劳模精神总结为 24 字，即爱岗敬业、争创一流、艰苦奋斗、勇于创新、淡泊名利、甘于奉献，构建了新时期劳模精神的丰富内涵。[③]

（一）新时代劳模精神

爱岗敬业是劳模精神的基础。"爱岗"与"敬业"互相支撑，相辅相成，爱岗就是热爱自己的岗位，热爱自己的本职工作，敬业就是尽心尽力做好本职工作，在平凡的工作岗位上做出不平凡的成绩。

争创一流是劳模精神的追求。争创一流是劳动者的价值追求，就是争取创造名列前茅的工作成绩或业绩，或者说争取成为最好的。争创一流往往是一个漫长的过程，意味着积极主动地工作、学习、生活，长时间地坚持与勤奋。争创一流既是一种积极进取的工作态度，也是一种行动目标，追求高标准定位。

艰苦奋斗是劳模精神的本质。艰苦奋斗的基本内涵包括四个方面，一是其内在核心为自强不息，二是其必要前提为不怕困难，三是其表现形式为勤奋工作，四是其必然选择为节俭节约。艰苦奋斗是中华民族的优良传统，是中国共产党党员的优良作风和精神追求，也是劳模精神的根本内涵。劳模之所以能够成为劳模，最根本的是依靠艰苦奋斗创造不平凡的业绩。习近平总书记强调，社会主义是干出来的，新时代也是干出来的。我们党为争取民族解放和独立的斗争史，就是一部艰苦奋斗的创业史。

勇于创新是劳模精神的核心。创新是一种打破陈规、另辟蹊径的意识，劳动的特质就是创新创造。正是通过一代代人的劳动创新创造，人类文明不断向前发展。新时代要抓紧抓好提高劳动者整体素质这项战略任务，建设宏大的知识型、技能

---

① 乔东.劳模精神、劳动精神和工匠精神探析［J］.中国劳动关系学院学报，2019（5）.

② 李珂.楷模与引领：劳动模范评选制度的嬗变与省思［J］.教学与研究，2018（6）.

③ 李建国，刘芳.建国 70 年来劳模精神的发展演进、理论诠释及新时代价值［J］.学习与实践，2019（9）.

型、创新型劳动者大军，为创新创造提供雄厚的人力资源保障。

淡泊名利是劳模精神的境界。淡泊名利就是超脱世俗的诱惑和困扰，豁达客观地看待名声与利益，是一种兢兢业业、任劳任怨的工作态度，是为了党和国家事业不计较个人得失的高尚品格。

甘于奉献是劳模精神的底色，立足岗位持续不断地奉献时间、精力和聪明才智，不计较个人得失，不在乎一时一地的得失，在奉献中成就劳模。一代代劳模在自己的岗位上用劳动为祖国和人民奉献一切，在奉献中实现自己的人生价值，体现出报效祖国、服务人民的崇高追求。马克思曾说："在选择职业时，我们应该遵循的主要指针是人类的幸福和我们自身的完美……如果一个人只为自己劳动，他也许能够成为著名的学者、伟大的哲人、卓越的诗人，然而他永远不能成为完美的、真正伟大的人物。"（《马克思恩格斯全集》）

（二）劳模精神的理论渊源、文化传统与实践基础

1. 劳模精神是马克思主义劳动观的生动体现

（1）马克思主义劳动观为劳模精神奠定理论基础。马克思主义认为劳动创造了人和社会，劳动是人和社会存在和发展的基础。马克思主义劳动观为我们继承和弘扬劳模精神提供了理论支撑。社会主义制度下的劳动真正体现出劳动者的自主性，劳动不再是异化的、外在的、脱离了人的本性的东西，劳动者通过自己的劳动肯定自己，在劳动中感受幸福，在劳动中体现人与人的平等关系，这为劳模精神的产生与发展提供了重要土壤。

（2）劳模精神坚持马克思主义人民立场。人民群众是历史的创造者，在生产力发展中劳动者起决定性作用。人民群众"这种活动、这种连续不断的感性劳动和创造、这种生产，正是整个现存的感性世界的基础，它哪怕只中断一年……不仅在自然界将发生巨大的变化，而且整个人类世界以及他自己的直观能力，甚至他本身的存在也会很快就没有了。"（《马克思恩格斯选集》）新中国成立以来，劳模精神作为一种价值引领，源自工人阶级和广大劳动群众在社会主义建设中的伟大劳动实践，无论是新中国成立初期的"团结苦干，无私奉献"，还是改革开放进入新时代的"精益求精、创新创造"，劳模精神都以广大劳动群众作为主体性保障。

2. 劳模精神是对我国劳动文化传统的传承与发展

在我国传统文化中，一向推崇对劳动实践的热爱、对劳动精神的传承、对劳动文化的传播。远古时代，钻木取火、神农氏教民稼穑、大禹治水的劳动故事就广为流传。成书于北宋时期的《梦溪笔谈》，详细记载了古代劳动人民在科学技术方面的卓越贡献和作者沈括的研究成果，内容涵盖天文、数学、物理、化学、地学、生物，以及冶金、机械、营造、造纸技术等方面，被英国科学史家李约瑟评价为"中国科学史上的里程碑"，反映了我国古代劳动人民在科技人文方面的创造。形成于明代的《天工开物》是世界上第一部关于农业和手工业生产的综合性著作，收录了农业、手工业、工业等方面的生产技术，集中体现了我国古代劳动人民的劳动创造和发明成就。①我国传统文化中崇尚劳动、辛勤劳动、创造劳动的传统，为劳模精神的形成注入了民族文化基因，劳模精神成为创造民族辉煌的根本力量和推动民族继续向前发展的精神支柱。

3. 劳模精神植根于中国共产党领导中国人民的长期奋斗实践

劳模精神的孕育、成长和发展，是与中国共产党领导的中国革命、社会主义建设和改革开放伟大实践紧密联系在一起的。②1932 年，中国共产党在中央苏区组织开展劳动竞赛活动、革命竞赛活动，满足反"围剿"战争和人民生产生活的需要。抗日战争时期，为取得抗日战争的胜利，响应"自力更生、艰苦奋斗"的口号，在抗日根据地开展了一系列大生产运动。解放战争时期，为大力支持新解放区工农业生产的恢复和发展，涌现出众多的"支前劳模"和"工业劳模"。③新中国成立，工人阶级和劳动群众成为国家的主人，为完成社会主义改造，进行社会主义工业化建设，广大劳动者投入社会劳动生产中，各个行业、各个岗位涌现出众多的劳动模范和先进工作者，特别是工业和农业领域。改革开放后，我国进入社会主义建设新时期，围绕以经济建设为中心的指导方针，广大劳动群众投身于改革开放的伟大实践中。不同的历史时期，面临着不同的建设任务，涌现出大批的劳动模范。劳模精神借助我国独特的劳模评选制度进一步促进了劳模精神的发扬，使得劳模精神在更大范围得以激励、鼓舞广大劳动群众。劳动模范及精神的形成是在与广大群众共同劳动的过程中产生与发展的，从劳动群众中来，又回到劳动群众中去。

二、劳模精神的新时代价值

不同历史时期的劳动模范的先进事迹、优秀品质，特别是在艰苦创业中孕育而成的伟大的劳模精神，激励着一代又一代人为社会主义现代化建设不懈奋斗。今天，中国特色社会主义进入新时代，比任何时期都更接近、更有信心和能力实现中华民族伟大复兴的目标。尊敬劳动模范、弘扬劳模精神，让诚实劳动、勤勉工作蔚然成风，劳动最光荣、劳动最崇高、劳动最伟大、劳动最美丽成为社会新风尚。

（一）劳模精神是实现中国梦的强大精神力量

劳模精神是先进的劳动精神。习近平总书记指出，"幸福不会从天而降，梦想不会自动成真"，"幸福都是奋斗出来的"。在全社会弘扬和践行劳模精神，以劳模精神引领广大人民群众，在辛勤的劳动实践中建设社会主义现代化国家。弘扬劳模

---

①② 任鹏，李毅.劳模精神的生成逻辑：基于实践、理论、文化视角［J］.山东工会论坛，2018（3）.

③ 王永玺，张晓明.简述中国劳模的历史发展［J］.北京市工会干部学院学报，2010（3）.

精神，可充分调动起广大劳动人民的积极性、主动性和创造性，最大程度地聚合起人们饱满的奋斗热情，为实现中华民族伟大复兴的中国梦提供强大的精神力量。

（二）劳模精神是社会主义核心价值观的生动体现

党的十八大报告把社会主义核心价值观概括为"富强、民主、文明、和谐；自由、平等、公正、法治；爱国、敬业、诚信、友善"。习近平总书记指出："爱岗敬业、争创一流，艰苦奋斗、勇于创新，淡泊名利、甘于奉献的劳模精神，生动诠释了社会主义核心价值观，是我们的宝贵精神财富和强大精神力量。"社会主义核心价值观依赖个人的劳动实践，而劳动模范是时代的先锋、民族的楷模，他们身上承载和彰显的劳模精神一直发挥着引领作用，是对社会主义核心价值观的生动诠释和完美写照。社会主义核心价值观要"接地气"、切实发挥作用，离不开社会生活中劳动模范的示范、引领作用。劳模精神与社会主义核心价值观的内容具有内在的联系，劳模精神的核心内涵，丰富了社会主义核心价值观在个人层面"爱国、敬业"的内涵。

（三）劳模精神是培育时代新人的重要手段

劳动模范及其精神对个人发展具有榜样示范作用与激励价值。劳动榜样所体现的爱国主义情感、敬业精神、诚善品格，促使广大群众按照劳模模范所展现的美好道德风尚，与自身对照，激励自己成为具有劳模精神的人。1950年，毛泽东同志在全国战斗英雄和劳动模范代表会议的祝词中，赞扬劳模是全中华民族的模范人物，是推动各方面人民事业胜利前进的骨干，是人民政府的可靠支柱和人民政府联系广大群众的桥梁。[①]1978年，邓小平同志在中国工会第九次全国代表大会上指出："在党的领导和工会的帮助下，全国各民族、各地区、各工业部门的职工群众中都涌现了一批劳动模范和革命骨干，他们至今还是我们学习的榜样和团结的核心。"[②]2013年，习近平同志同全国劳动模范代表座谈时指出："必须大力弘扬劳模精神、发挥劳模作用。"劳模精神是所有劳动者都应该学习的精神。

劳模精神有助于培育当代大学生的劳动热情、奉献精神、集体意识和正确的就业观念，有助于大学生的全面发展。通过对劳模事迹的学习，大学生可以明确自身使命，强化责任担当，自觉树立马克思主义劳动观。劳模精神鼓励大学生在基层、在艰苦地区创造价值，到祖国最需要的地方去，到党和人民需要的地方去，为实现中国梦贡献青春力量，于平凡中创造不平凡，劳模精神是矫治错误就业观念、岗位观念的对症良药。劳模精神鼓励创造性和创新性劳动，鼓励创业，激发劳动热情与创业实践，创造就业机会。劳模精神不仅强调自己动手丰衣足食的劳动价值，更高

① 毛泽东.毛泽东文集：第6卷［M］.北京：人民出版社，1999：95.
② 邓小平.邓小平文选：第2卷［M］.北京：人民出版社，1994：134.

扬奉献理想、奉献社会的人生追求。只有把自己的劳动创造服务于人民、服务于社会，才是劳动者的终极追求目标。[①]

三、在奋斗中践行劳模精神

奋斗是从现实此岸通往理想彼岸的桥梁。站在"两个一百年"奋斗目标的历史交汇点上，党的十九届五中全会擘画了"十四五"时期发展蓝图，引领我们迈向全面建设社会主义现代化国家新征程。年轻学子应以劳模精神为镜，高扬奋斗之帆、紧握奋斗之桨，在做好每一件小事、完成每一项任务、履行每一项职责中见精神，才能以奋斗成就梦想，在奔跑中开创未来。在奋进的新时代，弘扬和践行劳模精神，在全社会形成尊重劳动、劳动光荣的社会氛围，进一步在全社会凝聚共识、增进团结，需从以下几个方面入手：

（一）学习科学理论

党的十八大以来，习近平总书记多次就劳模和劳模精神发表重要讲话，系统阐明新时代劳模精神的历史源流、嬗变轨迹和生成逻辑，深刻揭示新时代劳模精神的理论渊源、历史根据、本质特征、时代内涵和实践价值，对进一步弘扬劳模精神提出了新定位、新任务和新要求。习近平总书记关于劳模和劳模精神的重要论述，继承并丰富了马克思主义的劳动观，为在新的时代条件下坚持、发展、弘扬劳模精神提供了科学理论指引和有力思想武器。广大青年学生应加强相关理论的学习，扭转对劳模精神的错误认知，自觉抵制劳模精神"无用论""过时论"等错误言论，领会劳模精神的时代内涵，建构劳动价值认同，尊重劳动、知识和创造，树立正确的劳动观，以科学理论指引职前阶段的专业知识学习与未来的职业发展。

（二）汲取榜样力量

榜样具有示范、激励、导向、调整、自律和矫正等多种功能，而劳动模范及其所体现出的精神是社会意识的风向标。青年学生应尊敬劳动模范，领会劳模精神，自觉向劳模看齐。我国的劳动模范、表彰劳动模范的政策制度，可以追溯到1936年陕甘宁边区政府的延安大生产运动时期。1995年，全国劳动模范和先进工作者表彰大会在北京召开。此后，每5年召开一次表彰大会的制度被确立下来。在这一过程中，涌现出大批劳动模范，如"杂交水稻之父"袁隆平、当代产业工人的杰出代表许振超、"抓斗大王"包起帆、"蓝领专家"孔祥瑞。劳模的先进事迹、劳模故事，是激励大学生为中华民族伟大复兴不懈奋斗的强大精神力量，青年学生应自觉形成向劳模群体学习的观念，在学习和生活中把劳模精神内化于心、外化于行，进一步坚定理想信念。

---

① 丁建安.简论劳模精神与大学生思想政治教育 [J].中国劳动关系学院学报，2014（1）.

（三）在实践中养成劳模精神

大学阶段，青年学生以接受专业知识学习为主，要在学习生活中，通过聆听榜样故事，接受劳动教育、就业指导与思想政治教育，学习劳模精神。青年学生在学习相关课程时，应把劳模精神融入自己的精神世界，与自己的职业准备、职业发展相结合。劳模精神所体现的忘我的劳动热情、淡泊名利、艰苦奋斗，既是从事某种职业的客观需要，也是激励青年学生利用所学知识与技能埋头苦干、创建事业的精神指引。通过对劳模精神的学习，青年学生习得职业道德，科学合理地规划职业生涯发展并做出适合自己的职业选择，树立正确的择业观、创业观与成才观。除此之外，青年学生可以通过参加宿舍清扫、校内劳动，走出课堂、走进城乡社区，参与各种公益服务项目，参与企业实习、企业的技术研发，用实际行动锻炼和提高技能，在社会实践中提升服务意识，践行奉献精神，树立勤业的价值观。

第三节　劳动精神的实践：工匠精神

现阶段我国面临着从制造大国向智造强国的升级转换，对技能的要求直接影响工业水准和制造水平的提升，急迫需要将中国传统文化中所蕴含的工匠文化在新时代条件下发扬光大。2016 年 3 月 12 日，李克强总理在《政府工作报告》中明确提出了"培育精益求精的工匠精神"的重大任务，鼓励大力培育精益求精的工匠精神，增品种、提品质、创品牌。

一、工匠精神的概念与内涵

工匠的出现几乎与人类的历史一样久远，工匠精神产生于机器工业产生之前的手工业中，是手工业发展的精神凝聚和体现，是手工劳动者的精神遗产。在我国传统文化语境中，工匠是对所有手工艺（技艺）人，如木匠、铁匠、铜匠等的称呼。荀子说："人积耨耕而为农夫，积斫削而为工匠。"中国自古以来就是一个工艺制造大国，无数行业工匠的创造，是灿烂的中华文明的标识，如我国古代就出现鲁班、李春、李冰、沈括这样的世界级工匠大师，还有遍及各种工艺领域里像庖丁那样手艺出神入化的普通工匠。[①]进入现代工业社会，伴随手工艺向机械技艺及智能技艺转换，现代工业领域里的新型工匠，即机械技术工匠和智能技术工匠出现了。

（一）工匠精神的概念

工匠精神，狭义上是指工匠在制造产品时追求高品质，一丝不苟，拥有耐心与

---

① 龚群.工匠精神及其当代意义［N］.光明日报，2021-01-18.

恒心；而广义的工匠精神则是每一位不甘于平庸的劳动者在平凡的工作中不断对自己提出更高的要求，并不断自我超越、自我提升、自我完善，始终追求极致所表现出的工作态度、工作境界、工作习惯以及精神面貌。（乔东、萧新桥：《深刻理解劳模精神、劳动精神、工匠精神的丰富内涵》，人民网，2019年4月30日。）这种对"最高境界"的执着追求，与个人的价值取向、人生观和价值观紧密相连，并不断发扬光大、代代传承。

（二）工匠精神的内涵

工匠精神的内涵包括高超的技艺和精湛的技能，严谨细致、专注负责的工作态度，精雕细琢、精益求精的工作理念，以及对职业的认同感、责任感、荣誉感和使命感，始终体现匠人对产品精雕细琢、精益求精、勇于创新、止于至善的崇高精神品质，可概括为"敬业、精益、专注、创新"。

1. 工匠精神是一种职业的精神，即敬业精神

敬业是指对自身职业和工作有敬畏心、使命感和神圣感，不是把职业当作工具，而是当作目的本身。敬业的最佳写照为"业精于勤、尽职尽责"，表现为从业者对所从事职业的敬畏和热爱，行动上全身心投入、尽职尽责，以及由此产生对职业的高度认同感和归属感，并将之作为安身立命的根本。中华民族历来有"敬业乐群""忠于职守""夙夜在公"的传统。早在春秋时期，孔子就主张人在一生中始终要"执事敬""事思敬""修己以敬"。"执事敬"，是指行事要严肃认真不怠慢；"事思敬"，是指临事要专心致志不懈怠；"修己以敬"，是指加强自身修养保持恭敬谦逊的态度。宋代大思想家朱熹将敬业解释为"专心致志，以事其业"。爱岗敬业是中华民族的传统美德，也是当今社会主义核心价值观的基本要求之一。

2. 工匠精神是一种精益求精、追求卓越的职业精神，即"精益"

"精益"就是从业者（工匠）对每件产品、每道工序都凝神聚力、精益求精、追求极致的职业品质。精益求精不仅是在数量上的打磨和完善，而且是一种质量层次上的提升，是一种对卓越的追求。在追求极致和完美的过程中，必然包含着创新，重细节、追求完美是工匠精神的关键要素，"即使做一颗螺丝钉也要做到最好"。正如老子所说，"天下大事，必作于细"。细节决定成败，那些能基业长青的企业，无不是依靠精益求精才获得成功的。如瑞士手表得以誉满天下、畅销世界、成为经典，靠的就是制表匠们对每一个零件、每一道工序、每一块手表都精心打磨、专心雕琢的"精益"精神。[①]

几千年来，我国古代工匠制造了无数精美的工艺美术品，这些精美的工艺品是古代工匠智慧的结晶，同时也是中国工匠对细节完美追求的体现。现代机械工业对

[①] 徐耀强.论"工匠精神"［J］.红旗文稿.2017（10）.

细节和精度有着十分严格的要求。我国火箭发动机焊接第一人高凤林，能把焊接误差控制在 0.16 毫米之内，并且将焊接停留时间从 0.1 秒缩短到 0.01 秒；中国大飞机项目的技师胡双钱，凭他的双手和传统铁钻床就可生产出高精度的零部件。

3. 工匠精神是一种职业承诺，即专注

专注即包括内心笃定而着眼于细节的耐心、执着、坚持与奉献的精神，也包含着高超的专业技术与能力，体现为"知"与"行"的高度统一。这是"大国工匠"所必须具备的精神特质与能力素养。工匠精神都意味着一种执着，即一种几十年如一日的坚持与韧性。

在中国早就有"艺痴者技必良"的说法。古代工匠大多穷其一生只专注于做一件事，或几件内容相近的事情。《庄子》中记载的游刃有余的"庖丁解牛"、《核舟记》中记载的奇巧人王叔远等大抵如此。工匠精神就是干一行爱一行，并在长期的实践与学习中不断增长技艺与才能。发扬工匠精神，就要提高我们的爱岗敬业精神。

4. 工匠精神是一种生命不竭的源泉，即创新

创新是工匠精神的核心要素，与精益精神相伴相生。工匠精神强调执着、坚持、专注甚至是陶醉、痴迷，但是不等同于因循守旧、拘泥一格的"匠气"，其中包括着追求突破、追求革新的创新内蕴。古往今来，热衷于创新和发明的工匠们一直是世界科技进步的重要推动力量。"创新是一个民族进步的灵魂，是一个国家兴旺发达的不竭动力。"一个民族的创新离不开技艺的创新。传统工艺在传承与创新中得到发展，需要将传承与创新统一起来，在传承的前提下追求创新。现代机械制造尤其是现代智能制造，对技艺提出了越来越高的难度和精度要求，不仅要有娴熟的技能，也要求技术创新。[①]

二、培育与弘扬工匠精神是历史与时代发展的要求

工匠精神本质上是一种严谨认真、精益求精、追求完美、勇于创新的职业精神与职业道德要求。实现中华民族伟大复兴的中国梦，不仅需要大批科学技术专家，同时也需要千千万万的能工巧匠。工匠精神作为一种优秀的职业道德文化，它的传承和发展契合了时代发展的需要，有利于我国制造业的转型升级，有利于形成尊重劳动、尊重普通劳动者的风尚，有利于增强工人阶级的存在感和影响力，有利于克服社会中弥漫的浮躁风气，形成理性平和的社会心态，对于推动经济高质量发展、实现"两个一百年"奋斗目标具有重要意义。

（一）培育与弘扬工匠精神有助于形成尊崇劳动的良好风尚

弘扬工匠精神有助于形成热爱劳动、以劳动为荣的社会主义价值风尚。人类在

---

① 龚群.工匠精神及其当代意义［N］.光明日报，2021-01-18.

改造自然的伟大斗争中，不断认识自然的客观规律，通过在劳动实践中不断积累实践经验与技能，从而推动历史进步和创造更为丰富的社会财富。中华民族伟大复兴的中国梦、人民群众美好生活需要的满足，都需要通过广大劳动人民的劳动创造才可以实现。①

弘扬与培育工匠精神有助于激励年轻人通过劳动实现自我价值和社会价值。个人的诚实劳动不仅可为社会创造物质财富与精神财富，也使人在劳动的过程中实现了自我人生价值目标，不断完善自我、提升自我，从而产生劳动的幸福感、愉悦感与获得感，进一步激发劳动者的创造激情，为社会和他人创造更为丰富的财富。这也是新时代工匠精神的体现，即更为强调积极的劳动观念，摆脱劳动过程中的精神压迫感，使劳动活动真正具有创造的乐趣。②习近平总书记指出："一切劳动者，只要肯学肯干肯钻研，练就一身真本领，掌握一手好技术，就能立足岗位成长成才，就都能在劳动中发现广阔的天地，在劳动中体现价值、展现风采、感受快乐。"

此外，工匠精神内含精益求精的品质追求与道技合一的人生境界，有助于培养劳动后备军及劳动者爱岗敬业、精益求精的职业理念与奉献精神。细节和精度决定成败，三峡大坝、高铁动车、航天飞船、大兴机场等大工程无不凝结着现代工匠的心血和智慧。树立在平凡的岗位干出不平凡的业绩、在劳动中体验和升华人生意义与价值等劳动理念是工匠精神所倡导的理念与价值。

（二）培养与弘扬工匠精神有助于我国打造制造强国

工匠精神是制造强国的灵魂。强国必须先强质，强质必须有魂；而精益求精、持之以恒、不断创新的工匠精神就是这强国、强质之魂。

第一，"工匠精神"作为一种职业精神，是企业员工提升个人精神追求、完善个人职业素养、实现个人成长进步的重要道德与价值指引。③尽管现代化机器生产逐渐取代了手工业生产，但是任何一项技术的推广、应用以及价值创造都离不开人的参与。当一项技术能够真正实现精益求精的品牌价值时，必然有无数工匠为之呕心沥血。纵观国际上屹立不倒的著名品牌，他们长青不衰的根源是工匠精神的最终展现。细节与品质成为制胜法宝，立足自身岗位并认真完成每一项工作的细节，便是工匠精神的真实表达，也是社会价值得以体现的职业目标。

实现"两个一百年"奋斗目标，必须推动我国由制造大国向制造强国的转变，实现从中国制造到中国创造的跨越。而要完成这一目标，急需造就一支有理想守信念、懂技术会创新、敢担当讲奉献的宏大的产业工人队伍，而要切实推进产业工人队伍建设改革，必须大力弘扬工匠精神。企业员工所具有的高尚职业操守和强烈

① 龚群.工匠精神及其当代意义［N］.光明日报，2021-01-18.
② 董雅华，蒋楚楚，刘铁英，等.工匠精神的当代价值及其实现路径［J］.现代教育管理，2020（3）.
③ 徐耀强.工匠精神是一种职业精神［J］.中华儿女，2018（8）.

“工匠精神”，同拥有较高专业知识技能一样，是其自身立足职场的重要条件和在未来职业生涯中脱颖而出的制胜法宝。

第二，弘扬工匠精神、提高创新能力，是适应国际竞争、推动中国制造走向世界的重要保障。我国是世界制造业第一大国，在世界500多种主要工业产品中，我国有220多种工业产品的产量位居世界第一。但总体而言，我国制造业大而不强，实现制造业转型升级迫在眉睫，必须加快经济发展方式转型和产业结构升级，才能在激烈的国际竞争中站稳脚跟，才能推动我国企业走出去。因此，大力弘扬工匠精神，培育出大批大国工匠，全面提升职工素质，已成为当务之急。加快建设制造强国，加快发展先进制造业，关键在于提高创新能力，而工匠精神是助推创新的重要动力。把工匠精神融入生产制造的每一个环节，敬畏职业、追求完美，才有可能实现突破创新。

第三，弘扬工匠精神有助于提升中国品牌国际形象。品牌是企业走向世界的通行证，也是国家竞争力的重要体现、国家形象的亮丽名片。提升品牌形象，要求把工匠精神融入设计、生产、经营的每一个环节，做到精雕细琢、追求完美，实现产品从“重量”到“重质”的提升。弘扬工匠精神，让每个劳动者恪守职业道德，崇尚精益求精，进而培育众多大国工匠，不断提高产品质量，打造更多享誉世界的中国品牌，建设品牌强国。

第四，弘扬工匠精神，是满足个性化、定制化生产的紧迫需要。当前，我国正经历着从工业化向信息化时代的转变，快速发展的互联网、大数据、物联网、人工智能技术等正改变着人们的生产方式和生活方式。现代工业的快速发展日益表现出人性化和个性化的新趋势，为工匠精神提供了更为广阔的发展前景。流水线式大批量生产的优势为生产效率高、产品数量多，能够为社会提供更丰富的产品，在社会发展的一定阶段能为人们解决生活温饱问题。但是，机器化生产在达到一定阶段的时候，人们的需求发展日趋多样化，满足人性化和个性化的订制生产也随之增多，而这一点恰恰是传统的手工劳动的特点。

批量生产的人性化不足、个性化缺乏难以满足人们日益增长的多元化需求。满足消费者个性化和定制化需求，已经成为企业竞争的“新蓝海”。因此，强调工匠精神也就具有了历史必然性，工匠精神不仅是现实的需要，而且在某种程度上还代表着工业发展的未来。

（三）培育与弘扬工匠精神有助于践行社会主义核心价值观

注重精神追求是中华民族的优良传统。工匠精神所蕴含的敬业乐业的职业理念、诚信劳动的价值观与社会主义核心价值观对我国公民个人的精神品质与精神道德的要求高度一致。培育与弘扬工匠精神有助于学习与领悟社会主义核心价值观的精髓，并在行动上践行社会主义核心价值观的要求。

弘扬与培育工匠精神，是人们内心遵循的职业观和价值观的体现，是一个民族对待工作态度的体现，弘扬社会主义核心价值观，应该充分弘扬传承至今的"工匠精神"，让每一个人在工作中都能够精益求精地对待工作，提供更好的产品以及服务。

工匠精神是一种劳动精神，是一种劳动者的精神，它体现了劳动者的价值，对于纠正当前一定范围内存在的轻视劳动特别是轻视普通劳动者的不良风气具有重要的意义。现代的大国工匠不再是传统的手工匠人，而是现代大工业中的技术工人，是产业工人的一部分，他们身上体现出来的现代工匠精神，是工人阶级新面貌的体现。由此，培育和倡导工匠精神可以使全社会认识到工人阶级的先进性，认识到工人创造的精神价值。

三、在奋斗中践行工匠精神

专栏 2-1

中国首金！95 后面包师，拿下世界冠军！

2020 年 12 月 10 日，第一届全国职业技能大赛在广东省广州市开幕。习近平总书记在贺信中提到，"技术工人队伍是支撑中国制造、中国创造的重要力量"，"激励更多劳动者特别是青年一代走技能成才、技能报国之路，培养更多高技能人才和大国工匠，为全面建设社会主义现代化国家提供有力人才保障"。

随后，2021 年 1 月，人社部印发《关于进一步加强高技能人才与专业技术人才职业发展贯通的实施意见》，进一步打通高技能人才与专业技术人才职业发展通道，加强创新型、应用型、技能型人才培养。2020 年，我国技能劳动者人数，已经超过 2 亿，高技能人才超过 5 000 万人，高技能人才，占技能人才总量的比例是 28%。高技能人才正在成为社会中坚力量，95 后小伙子蔡叶昭正是其中的佼佼者。

18 岁时进入技校学习烘焙，5 年后站在了世界最高领奖台。他在强强对话的世界技能大赛烘焙比赛上摘得桂冠，这枚金牌也实现了我国在世界技能大赛烘焙项目上金牌零的突破，让中国烘焙技术在世界崭露头角。烘焙是一个看似甜蜜，却又重复且枯燥的工作。节目中，主持人孟湛东与蔡叶昭一起，反复揉面半个小时，才让面团达到适合进一步发酵、烘烤的状态。但对蔡叶昭来说，择一事终一生，"你做的东西不需要太多，只须把一件简单的事情，做精，做长久，坚持去做，自己的心态不能乱"。这曾经是师傅对他的教导，如今成了他的工作指南，也是他对学生的寄语。

"简单的事情重复做，重复的事情坚持做。"这是蔡叶昭心目中的工匠精神。曾经，他的梦想是开一家"夫妻店"，如今，即使有世界冠军光环傍身，做一个简简单单的面包师，依然是让他觉得幸福的事。

"道技合一"，道在前，技术在后，品德永远高于技术。

当被问是否担心机器会替代人工时，蔡叶昭自信而坦然地回答：机器虽然效率高，但"技术的源头"源自人，源自师傅，只要我们越做越精、越做越好，就不会被淘汰。在互联网时代，人们越来越多地追求流量，以及它背后所带来的财富的时候，作为一个青年人还应该做些什么？也许蔡叶昭给了我们一种参考答案。

初心在方寸，咫尺在匠心。匠心源于热爱，也源于坚守。无数像蔡叶昭一样的青年匠人，在各自的领域深耕，为我国的技能人才队伍注入了青春的活力。同时他们也展示出新时代青年人应有的奋斗风貌。

（资料来源：中国日报网，2021 年 2 月 19 日，https：//cn.chinadaily.com.cn/a/202102/19/WS602f18cca3101e7ce97400a6.html）

思考：

在新时代，青年大学生应该怎样践行工匠精神？

我国素有"尚巧工"的传统，劳动者素质对一个国家、一个民族发展至关重要。技术工人队伍是支撑中国制造、中国创造的重要基础，对推动经济高质量发展具有重要作用，广大青年应自觉走技能成才、技能报国之路，把工匠精神作为人生的价值标杆，瞄准标杆，凝心聚力，逐梦前行。排除一切干扰与诱惑，肃清自己的内心困扰，潜下心来，勇于创新，培养一颗"匠心"，不断创造出优秀的实践作品以回报社会，赢得社会各界的广泛认可与支持；同时以身作则，不断激励更多的人才积极投入工匠职业中去，将工匠精神不断发扬光大。

青年学生应在精益求精、追求极致的工匠精神引领下参加创新创业的社会实践项目、创新创业大赛，通过参与创新创业训练计划，开展技术创新、产品研发、项目孵化等活动，领会工匠精神的价值和魅力。

青年学生应潜心于专业知识与技能的学习，在实训、实习、实践过程中不断磨炼技艺，深化专业知识，养成严谨专注、精益求精的职业精神与职业信仰。

凯歌奋进，扬帆远航。每一位劳动者都是主角，更加需要工匠精神的引领，并成为工匠精神的践行者。我们要让工匠精神成为人人向往的精神追求，不断谱写新时代的奋斗之歌。

思考题

1. 作为新时代的大学生，我们应该如何践行劳动精神？
2. 新时代的劳模精神内涵包括哪些内容？
3. 谈谈在新时代践行工匠精神的重要意义。

第三章 劳动安全

学习目标

1. 了解机械使用安全方面的注意事项。
2. 了解电气安全方面的用电注意事项。
3. 掌握消防安全方面的基本知识。

案例导入

一例生产安全事故

2016年6月5日16时左右，某铝业公司维修部实习机修工王某在6号工位排除机床夹料故障，当他用左手准备将机床夹料拔出时，操作员张某开动夹料设备（操作位看不见王某），导致王某的左手食指被夹住而受伤。

原因分析：

(1) 直接原因：张某在未确保现场安全的情况下盲目开机，导致王某的左手食指被夹住而受伤。

(2) 间接原因：王某违反机修工安全操作规程，在检修带电设备时未切断机床电源，未在电源开关处挂牌警示；员工安全意识淡薄，随意操作。

预防措施：①召开生产部领导干部事故现场会，举一反三，吸取教训；开展全厂性"杜绝三违"活动，纠正侥幸心理，杜绝违章行为，增强员工的安全意识和自我保护能力。②加强制度管理，建立严格的维修操作及生产操作规程。③在维修电器时，必须先断电源，并在电源处挂上"有人工作、禁止合闸"警告牌。

思考：

掌握劳动安全知识的途径有哪些？

第一节 机械使用安全

一、机械使用安全概述

现今科技发达，机械的使用虽然节省了人力，大大提高了生产效率，但是，机械本身却有各种潜在伤害，如果不正确使用，便会酿成意外，导致劳动人员肢体受损，甚至死亡，对社会和家庭造成巨大的影响。目前广泛运用机械的行业有机电业、纺织业、制造业、食品加工业等。

（一）机械分类

机械企业生产所用的主要机械分为六大类：金属切削机床、木工铸造机械、锻压机械、专用生产机械、起重机械、其他机械。

（二）机械设计安全及安全装置

1. 机械设计安全

机械设计安全的本质是指机械的设计者在设计阶段采取措施来消除机械危险的一种方法；包括在设计中消除危险的部件，减少或避免在危险区域内处理工作的需求，提供自动反馈设备并使运动的部件处于密封状态之中，等等。具体设计包括以下几种：

（1）失效安全设计：设计者应该保证当机器发生故障时不导致危险。这一类装置包括操作限制开关，限制不应该发生的冲击及运动的预设制动装置，设置把手和预防下落的装置，等等。

（2）定位安全设计：尽量把机器的部件安置到不可能触及的地点，通过定位达到安全。但设计者必须考虑到在正常情况下不会触及的危险部件，在某些情况下可能会接触到，例如登着梯子对机器进行维修等情况。

（3）机械布置安全设计：车间合理的机械安全布局，可以使事故明显减少。安全布局要考虑如下因素：①空间，便于操作、管理、维护、调试和清洁。②照明，包括工作场所的通用照明（自然光及人工照明，但要防止炫目）和为操作机械而特需的照明。③管、线布置，不要妨碍在机械附近的安全出入，避免磕绊，有足够的上部空间。④维护时的出入安全。

2. 机械设计的安全装置

（1）固定式护罩：机械的永久部分，结构简单、坚固，不容易被拆除。安装护罩的目的是将机械的危险部分完全盖上。安装之后，只有在特别情况如定期修护、机械调校、清洁时才可移除，但必须事先关上电源或挂上警告牌，避免意外启动机械而造成意外。因为固定式护罩可将机械危险部分与操作员完全分隔，所以，这类护罩可提供最佳保护。固定式护罩可使用金属纤维或塑胶等坚固耐用的材料，以封闭或隔离方式使人体免受伤害。

（2）互锁式护罩：护罩部分可以移动并与机械的动力或控制系统连接。

护罩须同时符合以下要求：除非已关上护罩，否则机械不能启动，直至危害完全消除。互锁式护罩适用于用人手送入或取出工件的机械。因为保护安全全靠互锁关系，所以，必须选用可靠的互锁装置。装有互锁式护罩的机械，只会在护罩位于关闭位置时方能操作，而在机械运作时，护罩不能打开。

二、机械意外伤害种类

从机床的基本结构可知，影响机床安全的危险部件是高速运动的执行部件和运动的传递部件，如齿轮传动部件，链传动部件，丝杠螺母传动部件，车床、铣床上旋转着的工作主轴，磨床上旋转着的砂轮，自动机床上旋转着的棒料，等等。

（一）机械运动的种类

为了从工件表面切去多余的金属层，刀具和工件必须进行相对运动，这一相对运动称为切削运动。切削运动根据对形成的加工表面所起的作用不同，可分为主运动和进给运动。

（1）主运动：是切下切屑最基本的运动。主运动形式有旋转运动和直线运动两种（由工件或刀具完成）。以旋转运动为主运动的机床有车床、钻床、镗床、铣床、磨床等；以直线运动为主运动的机床有刨床、拉床等。

（2）进给运动：是使切削连续进行下去，切削出完整表面所需的运动。

主运动和进给运动相配合就可以加工出零件要求的表面。

（二）机床发生事故的原因和类型

以工件旋转为主运动的车床、六角车床及各类自动车床的主要危险来自工件及固定装卡工件的附件的旋转，以及切削加工所产生的飞散切屑；以刀具旋转为主运动的钻床、磨床、铣床等主要危险是旋转着的刀具。因此，我们应针对不同类型的机床、不同的运动形式采用不同的安全措施。

（三）常见的机械性伤害及危险部件

常见的机械伤害形式主要有以下几种：压伤、撞伤、刺伤、切伤、绞伤、夹伤、被飞射物击伤。

机械加工中主要的危险部件有：卷动、转动、旋转、滚动等运转的机械部件；直线运动的机械部件；前后、上下、铰剪开合等往复运动的机械部件。

做旋转运动时造成的伤害形式主要是绞伤和被飞射物击伤。

三、机械意外伤害成因

机械意外伤害成因主要有直接原因和间接原因两种。

（一）直接原因

1. 机械（物）的不安全状态

防护、保险、信号等装置缺乏、缺失或者有缺陷；设备、设施、工具、附件有缺陷；个人防护用品、用具——防护服、手套、护目镜、面罩、呼吸器官护具、安全带、安全帽、安全鞋等缺少或有缺陷；机械本身设计不良。

2. 操作者的不安全行为

操作错误、忽视安全、忽视警告；使用不安全设备；用手代替工具操作，用手代替手动工具，用手清理切屑，不用夹具固定，用手拿工件进行机械加工；未使用辅助工具直接用手推料；不遵守安全操作指引；穿不安全服装。

（二）间接原因

教育培训不够，工作人员未经培训就上岗；管理缺陷；对安全工作不重视，组织机构不健全；工作场所照明不足等原因。

四、机械事故安全防范

（一）机械安全管理

要有效防止因机械本身的不安全性，或因工人操作不当所带来的伤害，除了装配合适的机械护罩外，还应有完善的机械安全管理规范和事故预防措施。

（1）购买环节：购买机械时，应向供应商列明具体的安全防护要求。

（2）布置环节：预先考虑机械的安全操作、物料进出、动力传送与危险隔离等问题。预留足够的放置空间。

（3）训练环节：训练工人（特别是新入职及不熟练的工人），使其了解机械的危害及护罩的功能，使用方法及限制，等等。

（4）安装环节：安装时应依照相关规定设置符合标准的安全护罩或设备。

（5）安全规则环节：经评估危害后，制定机械操作的安全规则，并确保工人严格遵从。在危险部分加警告标示，警示操作者。

（6）场地整理环节：保持机械和其四周整洁，有充足照明，可提高工人对危险部分的警觉性及减少误触开关的意外。

（7）保养环节：操作人员应当定期保养护罩，如润滑、拧紧松脱的螺帽等；但护罩的修理和调整工作，必须由有专业知识的技术人员进行。

（8）防护品环节：必须佩戴安全及合适的个人防护设备。操作机械时应避免戴饰物（如项链、手链、戒指等），穿过分松身的工作服，及留长发，因这些都容易被转动的机件缠绕。

（9）巡查环节：操作员在使用机械前须检查护罩，所有危险部位均应有防护。班组长及技术员应定期检查，禁止不安全操作或未经许可擅自操作机械的行为。

（10）整改环节：如果工厂有重大改变，如增添机械、改变工作流程、更改厂房布置或机件老化等，需要对机械的防护安排进行重新整改。

（二）机械作业及事故预防措施

机械作业最易发生伤害事故的情况有：对机器进行清理加油，突然停止或突然开动机器，劳动防护用品穿戴不齐，检修或安装机械设备，手工送料加工，等等。

1. 启动机床前点检设备

看：设备是否完整；试：运作是否正常；听：有无异常声音；闻：有无异常气味。

2. 开机前应遵守的规则

检查机床上的安全防护、保险、信号、显示等装置。检查个人防护用品是否正确穿戴。

3. 机床运作过程中应遵守的规则

（1）禁止调整机床转速，禁止调整刃具、夹具。

（2）禁止手持工具、量具进行修整或测量。

（3）禁止靠近旋转体进行擦拭或清扫切屑。

（4）禁止用手摸旋转体，用手制动或排除定位故障，清除在制品上的切屑。

（5）禁止用手加冷却液或对旋转部件注润滑油。

第二节　电气安全

一、电气安全概述

电气安全是以安全为目标，以电气为领域的应用科学，它虽然涉及很多其他学科，但其主线总是围绕着有关电的基本理论。它包括电气安全实践、电气安全教育和电气安全科研。

人们在用电时，会遇到电气安全的问题，如果处理不当，在其传递、控制、驱动等过程中就会遇到障碍，会发生事故。严重的事故会导致生命损失和重大的经济损失。例如：电能若直接作用于人体，将会造成电击；若转化为热能作用于人体，将会造成烧伤和烫伤；若离开预定的通道，将会导致漏电、接地或短路。这些现象可能会造成火灾、人体伤害、经济损失等事故。另外，在一些非用电场所或正常运行的电路中，由于局外电能的作用，也会造成灾害。例如：雷电、静电和电磁场危害等。

总之，灾害是由能量造成的，由电流的能量或静电荷的能量造成的事故属电气事故。人们在研究、利用电能的同时必须研究如何防止各类电气事故，使电更好地为人类服务。

从电气安全的性质来看，电气安全具有抽象性、广泛性和综合性的特点。

由于电看不见、听不见、嗅不着的特点，因此比较抽象，以致电气事故往往带有某种程度的神秘性，使人一下子难以理解。为了提高劳动生产率，减轻劳动强度和改善劳动条件，实现我国的现代化，电力作为关系着国计民生的重要产品必将有一个大的发展。电气安全工作是一项综合性的工作，有工程技术的一面，也有组织管理的一面。工程技术和组织管理是相辅相成的，有着十分密切的联系。

专栏 3-1

触电事故的发生及原因

2012 年 7 月 10 日，河南某化工厂发生一起触电事故，一名工人脚踏在电动缝包机电缆线接头上，被电击弹起 1 米，重重摔倒，经抢救未造成死亡事故。

事故原因：

安全管理人员得到通知后，立即赶到现场，并对事故现场进行了保护。现场调查发现：

（1）缝包机的电缆线长 20 米，由三种不同规格的电缆线拼接而成，并且线头包裹不好。经检查，发现电缆线均属伪劣产品。

（2）事故现场未见触电保护器。

（3）当时因阴雨连绵，加上该化工产品吸水性较强，电缆粘料潮湿，又由于此工人脚上布鞋被水浸透，布鞋的对地电阻实际等于零。

思考：

用电安全知识包括哪些内容？

二、电流对人体的危害

电流对人体的作用是指电流通过人体内部对于人体的有害作用。电流通过人体、会引起针刺感、压迫感、打击感、痉挛、疼痛乃至血压升高、昏迷、心律不齐、心室颤动等症状。

电流通过人体内部，对人体伤害的严重程度与通过人体电流的大小、持续时间、途径、电流的种类以及人体的状况等多种因素有关，各因素中特别是电流大小与持续时间的影响大。

通过人体电流越大，人体的生理反应越明显、感觉越强烈，引起心室颤动所需的时间越短，致命的危险就越大。

电流通过心脏会引起心室颤动，较大的电流还会使心脏停止跳动，这都会使血液循环中断而导致死亡。电流通过中枢神经或有关部位，会引起中枢神经系统强烈失调而导致死亡。电流通过头部会使人昏迷，若电流较大，会对脑产生严重损害，使人不醒而死亡，电流通过脊髓，会使人截瘫。这几种伤害中，以对心脏的伤害最为严重。

三、用电安全

（一）学会看安全用电标志

明确统一的标志是保证用电安全的一项重要措施。统计表明，不少电气事故完全是由于标志不统一而造成的。例如由于导线的颜色不统一，误将相线接到设备的外壳，而导致机壳带电，酿成触电伤亡事故。

标志分为颜色标志和图形标志。颜色标志常用来区分各种不同性质、不同用途的导线，或用来表示某处安全程度。图形标志一般用来告诫人们不要去接近有危险的场所。为保证安全用电，必须严格按有关标准使用颜色标志和图形标志。我国安全色标采用的标准，基本上与国际标准草案相同。一般采用的安全色有以下几种：

（1）红色：用来标示禁止、停止和消防，如信号灯、信号旗、机器上的紧急停机按钮等都是用红色来表示"禁止"的信息（图3-1）。

（2）黄色：用来标示注意危险。如"当心触电""注意安全"等（图3-2）。

（3）绿色：用来标示安全无事。如"在此工作""已接地"等。

（4）蓝色：用来标示强制执行，如"必须戴安全帽"等。

（5）黑色：用来标示图像、文字符号和警告标志的几何图形。

安全用电
标志

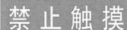

图3-1　红色禁止标志　　　　图3-2　黄色注意标志

按照规定，为便于识别，防止误操作，确保运行和检修人员的安全，采用不同颜色来区别设备特征。如电气母线，U相为黄色，V相为绿色，W相为红色，明敷的接地线为黑色。在二次系统中，交流电压回路用黄色，交流电流回路用绿色，信号和警告回路用白色。

（二）企业安全用电管理

企业用电工作必须贯彻"安全第一"和安全生产"预防为主"的方针，安全生产，人人有责。各级行政第一责任人是安全生产第一责任者。各级领导必须以身作则，各级安全管理部门及人员要认真负责，严格按规程进行监督检查。

四、触电急救方法

人触电以后，会出现神经麻痹、呼吸困难、血压升高、昏迷、痉挛，直至呼吸中断、心脏停跳等现象或呈现昏迷不醒的状态。如果未见明显的致命外伤，就不能轻率地认定触电者已经死亡，而应该看作"假死"，要施行急救。

有效的急救在于快而得法，即用最快的速度，施以正确的方法进行现场救护，多数触电者是可以救活的。

触电急救的第一步是使触电者迅速脱离电源，第二步是现场救护。

第三节　消防安全

一、消防安全基本知识

（一）火灾的定义
火灾指在时间和空间上失去控制的燃烧所造成的灾害。

（二）火灾的分类
火灾分为 A、B、C、D 四类。

（1）A 类火灾：指固体物质火灾。这种物质往往具有有机物性质，一般在燃烧时能产生较大的灼热感，如木材、棉、毛、麻、纸张火灾。

（2）B 类火灾：指液体火灾和可熔化的固体火灾，如汽油、煤油、原油、甲醇、乙醇、沥青、石蜡等火灾。

（3）C 类火灾：指气体火灾，如天然气、甲烷、乙烷、丙烷、氢气等火灾。

（4）D 类火灾：指金属火灾，如钾、钠、镁、钛、锂、铝镁合金等火灾。

（三）火灾的级别
按照国家《火灾统计管理规定》，火灾可划分为特大火灾、重大火灾、一般火灾。

（1）特大火灾：具有下列情形之一的，为特大火灾，死亡 10 人以上（含本数，下同）；重伤 20 人以上；死亡、重伤 20 人以上；受灾 50 户以上；直接财产损失 100 万元以上。

（2）重大火灾：具有下列情形之一的，为重大火灾，死亡 3 人以上（含本数，下同）；重伤 10 人以上；死亡、重伤 10 人以上；受灾 30 户以上；直接财产损失 30 万元以上。

（3）一般火灾：不具有前列两项情形的火灾为一般火灾。

（四）灭火的基本原理

物质燃烧必须同时具备三个必要条件，即可燃物、助燃物和着火源。根据这些基本条件，一切灭火措施，都是为了破坏已经形成的燃烧条件，或终止燃烧的连锁反应，而使火熄灭或把火势控制在一定范围内，最大限度地减少火灾损失。这就是灭火的基本原理。

（1）冷却法：如用水扑灭一般固体物质的火灾，通过水大量吸收热量，使燃烧物的温度迅速降低，最后使燃烧终止。

（2）窒息法：如用二氧化碳、氮气、水蒸气等来降低氧浓度，使燃烧不能持续。

（3）隔离法：如用泡沫灭火剂灭火，通过产生的泡沫覆盖于燃烧体表面，在起冷却作用的同时，把可燃物同火焰和空气隔离开来，达到灭火的目的。

（4）化学抑制法：如用干粉灭火剂，通过化学作用，破坏燃烧的连锁反应，使燃烧终止。

（五）灭火的基本措施

（1）扑救 A 类火灾：一般可采用水冷却法，但对于忌水的物质，如布、纸等应尽量减少水渍所造成的损失。对珍贵图书、档案着火应使用二氧化碳、卤代烷、干粉灭火剂灭火。

（2）扑救 B 类火灾：首先应切断可燃液体的来源，同时将燃烧区容器内可燃液体排至安全地区，并用水冷却燃烧区可燃液体的容器壁，减慢蒸发速度；及时使用大剂量泡沫灭火剂、干粉灭火剂将液体火灾扑灭。

（3）扑救 C 类火灾：首先应关闭可燃气阀门，防止可燃气发生爆炸，然后选用干粉、卤代烷、二氧化碳灭火器灭火。

（4）扑救 D 类火灾：如镁燃烧时温度非常高，使用水及其他普通灭火剂均无效，应用特殊的灭火剂，如干砂等。

（5）扑救带电火灾：用"1211"或干粉灭火器、二氧化碳灭火器效果好，因为这三种灭火器的灭火药剂绝缘性能好，不会发生触电伤人的事故。

专栏 3-2 ══════════════════════════════════

火灾的发生

2016 年 4 月 9 日凌晨 4:30，东莞××纸厂发生了一起特大火灾。这起火灾是近年来广东省规模最大的一次，也是扑救难度最大、耗时最长、最为艰辛的一次火灾。有关部门先后调派广州、东莞、深圳、佛山、中山等消防力量，共投入 133 辆消防车、2 艘消防船、640 多名消防救援人员参加扑救。从着火那一刻起到完全扑灭，共用了 6 天时间。火灾原因也已初步查明，起火原因是用电负荷过载导致地下电缆发生爆炸，引燃两个仓库的印刷用纸，有 3 万吨纸品被烧毁，经济损失约一个亿。

思考：

消防安全知识包括哪些内容？

二、火灾报警

任何人发现火灾，都应立即拨打 119 火警电话。任何单位、个人必须为报警提供便利，不得阻拦报警。严禁谎报火警。

火灾报警应注意如下问题：

（1）牢记火警电话"119"和单位火警报警电话。

（2）接通"119"火灾报警电话后，要向接警中心讲清失火单位的名称地址、什么东西着火、火势大小，以及火的范围。同时还要注意听清对方提出的问题，以便正确回答。

（3）把自己的电话号码和姓名告诉对方，以便联系。

（4）打完电话后，要立即叫人到主要路口迎接消防车。

（5）要迅速组织人员疏通消防通道，清除障碍物，使消防车到达火场后能立即进入最佳位置灭火救援。

（6）如果着火地区发生了新的变化，要及时报告消防队，使他们能及时改变灭火战术，取得最佳效果。

三、火灾安全逃生知识

（一）发生火灾时应注意的事项

（1）切忌慌乱，判断火势来源，向与火源相反的方向逃生。

（2）切勿使用升降设备（电梯）逃生，最好的方式是选择楼梯。

（3）切勿返入屋内取回贵重物品。

（4）夜间发生火灾时，应先叫醒熟睡的人，不要只顾自己逃生，并且尽量大声喊叫，以提醒其他人逃生。

（二）逃生中如何避免火、烟之危害

据调查统计，死于火灾的人 70% 左右是因为被烟熏死或呛死，所以在火灾中，如何减少吸入有毒烟气是非常重要的。遇火灾时，应及时用湿毛巾或湿布捂住口鼻呼吸（但毛巾与手帕不要超过六层厚），降低姿势，以减少吸入浓烟。在烟雾弥漫时，一般离地面三十厘米处仍会有残存空气，因此在逃生时，不要直立行走，应采

用匍匐前进的方式，爬行时将手心、手肘、膝盖紧靠地面，并沿墙壁边逃生，以免迷失方向。

若逃生途中需经过火焰区时，应将全身衣物淋湿，或用湿棉被、毛毯裹住身体，以免身体着火，以减小因为衣物着火而对身体造成的伤害。确定逃生路线后，以最快的速度直接冲出火场，到达安全地点。

（三）逃生的方法

（1）如失火时身处二、三楼，而时间又十分紧迫，烟火威胁严重，无法选择通道下楼，则可在保证安全可行的情况下顺着排水管或其他可攀爬物体下楼，也可利用室内的物品如床单、绳索等结绳自救。或者向地面上抛下一些厚棉被、沙发垫子，以增加缓冲。如情况紧急也无可用之物时，可抓住栏杆或窗沿，使身体垂直于地面，以缩小跳楼高度，并保证双脚首先落地。这样可降低所跳的高度以减小对身体的伤害。

（2）如在逃生时遇到门，在不清楚情况的条件下，不要轻易开门，因为在这扇门的背后有可能是熊熊大火。可先用手触摸一下门把手，如果温度较高，则千万不要轻易打开，否则可能会导致火势蔓延。

（3）如果身处高层建筑，逃生的原则是，首先要听清楚消防广播通知，弄清楚火灾所在的楼层和自身所在的楼层。如果楼上着火则往下跑，千万不能乘坐电梯。高层建筑内部都有安全楼梯，当火情发生时用来疏散人员。安全楼梯从底层直通楼顶，在每一个楼层的出入口处都有防火门，以阻挡火势、烟雾和热气流。

（4）如果所处楼层已经着火，楼梯尚未封死，火势不太猛烈，可以披上用水浸湿的衣被，从楼上快速冲下楼或者进入疏散楼梯再撤到安全地带。从过道里逃生，要弯着腰，紧贴墙壁，头部尽可能贴近地面行走。逃离火场时，带孩子的人要把孩子抱着走，不能拉着孩子跑。

（5）如果楼下着火，并且楼层的大火已将楼梯间封住，致使着火层以上楼层的人员无法从楼梯间向下逃生时，被困人员可先逃到屋顶，再从相邻未着火的楼梯间往地面逃生。

（6）如果所处的楼层确实很高，并且楼顶不能通往其他楼梯进行逃生的，切勿盲目跳楼，如果火势比较大，无法逃生，尽量躲到中间楼层，最好是避难层，或者选择退入一个房门结实、有窗户、房内有水源的房间，可将门缝用毛巾、毛毯、棉被、褥子或其他织物封死。为防止受热，可不断往上浇水进行冷却，防止外部火焰及烟气侵入，从而达到抑制火势蔓延速度、延长时间的目的。想办法发出信号，等待救援。在白天可以向窗外晃动鲜艳衣物；在晚上可以用手电筒或打火机不停地在窗口闪动光源或者敲击东西，及时发出有效的求救信号，耐心等待消防人员的救援。

思考题

1. 在机械加工企业实习时应该注意哪些安全事项?

2. 触电急救应注意什么?

3. 当发生火警时,报警应该注意报告哪些关键点?

第四章 劳动法律法规

学习目标

1. 了解劳动法律法规基本内容。
2. 学会辨识劳动法律关系。
3. 懂得劳动者享有的权利和履行的义务。
4. 掌握劳动人事争议处理的程序。

案例导入

劳动法律法规对劳动者的保护

韦某因与 A 公司发生劳动纠纷，向 B 区劳动争议调解仲裁委员会申请仲裁，要求 A 公司支付经济补偿金。B 区劳动争议调解仲裁委员会裁决认定 A 公司应当向韦某支付经济补偿，A 公司不服裁决，向法院提起诉讼。

一审法院认为，韦某从 2016 年 1 月 4 日下午开始没有到原告处上班，双方之间签订的劳动合同于 2015 年 12 月 31 日到期，A 公司在仲裁阶段主张"由于韦某在工作过程中了解到原告的经济实力不如 B 公司，所以被告不愿意跟 A 公司续签劳动合同，A 公司在合同到期的前后都有口头告知韦某续签，但韦某不同意续签劳动合同也不签收 A 公司要求其续签劳动合同的书面通知，然后 A 公司没有办法，只能向韦某邮寄该书面通知到韦某的住所地，要求其回来续签劳动合同并回来上班"；而韦某在仲裁阶段主张"由于 A 公司要求韦某与 B 公司签订劳动合同，而不是与 A 公司签订劳动合同且降低了原工资标准，韦某于 2016 年 1 月 4 日上午还在 A 公司上班，下午就去了劳动局投诉，投诉后 A 公司的人员不让韦某进入工厂上班，导致双方劳动关系解除"。

由于签订劳动合同是用人单位的法定义务，用人单位负有签订和保存书面劳动合同的责任。在劳动合同到期后，A 公司提供了其向韦某寄送的要求韦某续签劳动合同的书面通知，以证明其已通知韦某续签劳动合同。但在本案中，A 公司作出相关的处理时，正处于双方就劳动合同续签问题产生纠纷未达成一致意见，表示韦某与 A 公司之间的劳动权利义务处于未明确的状态。A 公司未能举证证明拟续签的劳动合同的条件维持或提高了原劳动合同约定的标准，故可推定 A 公司提供的新劳动合同降低了原劳动合同约定的标准而导致韦某不同意续订。因此，一审法院确认韦某与 A 公司解除劳动关系的原因是双方劳动合同期满，A 公司没有维持或者提高原劳动合同所约定的标准与被告续签订劳动合同，导致被告不同意续订劳动合同而终止劳动合同关系；根据《中华人民共和国劳动合同法》的有关规定，判决 A 公司向韦某支付经济补偿。

后 A 公司不服一审判决，提起上诉，二审法院认为 A 公司作为用人单位未能提供证据证明韦某作为劳动者，在用人单位维持或者提高劳动合同约定的标准的情况下拒绝续订劳动合同，因此维持了一审判决。

思考：

劳动者如何维护自己的合法权益？

第一节　劳动法概述

一、劳动法的概念

劳动法具有广义与狭义两种概念。广义上的劳动法指调整劳动关系以及与劳动关系密切联系的其他社会关系的法律规范的总称，包括全国人民代表大会、全国人大常委会、国务院制定的有关劳动关系法律、法规及国务院各部门和地方国家机关制定的劳动规章、地方性法规，其中较为重要的有《中华人民共和国劳动法》（以下简称《劳动法》）、《中华人民共和国劳动合同法》（以下简称《劳动合同法》）、《中华人民共和国劳动争议调解仲裁法》（以下简称《劳动争议调解仲裁法》）等。狭义上的劳动法指 1994 年 7 月 5 日第八届全国人大常委会第八次会议通过，并于 1995 年 1 月 1 日开始实施的《劳动法》。

二、劳动法调整的对象

劳动法调整的对象是劳动关系以及与劳动关系密切联系的其他社会关系。劳动法律制度是规范劳动关系的法律制度，劳动关系是劳动法律制度调整的核心内容。

（一）劳动关系

劳动关系，是指劳动者与用人单位在实现劳动过程中发生的社会关系。具体而言，是劳动者提供劳动，用人单位利用该劳动进行生产、经营、对外服务并向劳动者支付报酬的关系。

本质上，劳动关系是一种合同关系，具有财产关系属性。同时，劳动关系具有人身关系属性。劳动者一旦与用人单位建立劳动关系，要服从用人单位的合法合规管理，并亲自提供劳动。另外，劳动关系具有社会关系属性。劳动关系问题是一种基本的社会问题，劳动关系是否和谐、稳定关系到社会关系是否安宁。

（二）其他社会关系

劳动关系是劳动法律制度调整的主要对象，但劳动关系不是一种孤立的社会关系，劳动法律制度同时也调整与劳动关系密切联系的其他社会关系。如：

1. 劳动行政关系

劳动行政关系是指劳动行政管理部门为履行行政职能而与劳动者、用人单位以及其他劳动关系相对人发生的社会关系。如劳动行政部门对用人单位和劳动者遵守劳动法律法规的情况进行监督，并对违法行为予以处罚。

2. 社会保险关系

社会保险关系包括两个方面：一是基于劳动合同的约定，用人单位与劳动者之间就社会保险的办理和费用的缴纳而形成的权利义务关系。二是社会保险机构因社会保险费的征缴、社会保险待遇的给付等行为与劳动者、用人单位发生的社会关系。

3. 劳动团体关系

劳动团体关系是指工会组织与其成员之间，由于协调劳动关系而发生的社会关系。如工会组织在集体谈判、签订集体合同等方面发生的社会关系。

4. 劳动争议处理关系

劳动争议处理关系是指劳动争议处理机构与劳动争议参加人之间所发生的社会关系。

三、劳动法的主要内容

劳动法律制度主要包括劳动关系法律制度、劳动基准法律制度、劳动力市场法律制度、社会保险与社会福利法律制度、劳动者权益保障与救济法律制度、劳动和社会保障法律责任制度。具体为：

（1）劳动关系法律制度，主要指《劳动合同法》。

（2）劳动基准法律制度，主要指对最基本劳动条件进行规定的法律法规，如对工作时间、休息休假、工资标准、劳动安全等进行规定的法律法规。

（3）劳动力市场法律制度，主要指调整劳动力市场、促进劳动就业的法律法规，如《中华人民共和国就业促进法》（以下简称《就业促进法》）。

（4）社会保险与社会福利法律制度，主要对劳动者基本生存条件的保障以及对生活质量的提高进行规定，如养老保险、医疗保险、工伤保险、失业保险、生育保险等方面的法律法规及相关福利制度。

（5）劳动者权益保障与救济法律制度，主要指劳动监察和劳动争议处理法律法规。

（6）劳动和社会保障法律责任制度，主要指与劳动和社会保障制度相关的民事、行政、刑事责任。

四、劳动法的基本属性

劳动法起源于私法，并从私法（民法）中分离出来，形成独立的法律部门，具有社会法的品格，属于社会法的范畴。

劳资关系本质上是一种不平等的社会关系，劳动者相对用人单位而言，天然处于弱势地位，为了协调劳动者与用人单位之间的利益，通过国家干预有利于实现劳资双方利益的相对平衡。因此，劳动法的立法宗旨在于协调劳资关系，保障劳动者权利，提升劳动者在社会关系中的地位，它代表了社会大众的普遍需求与社会发展进步的共同价值取向，以保障劳动者利益为己任，具有浓厚的社会法色彩。

五、劳动法的基本特点

根据劳动法的社会法属性，我们可总结劳动法的基本特点为：

（一）侧重对劳动者的保护

用人单位拥有强大的资本支配能力，劳动者以提供劳动的形式换取劳动报酬，如不对用人单位支配劳动力的行为加以限制，就容易导致劳资关系失衡，损害劳动者的权益，甚至危及劳动者的生命健康。因此，为平衡劳资关系，必须通过法律法规强制改变劳动者的弱势地位，侧重对劳动者的保护。同时，劳动法侧重保护劳动者权益的同时，增加了劳动者义务、用人单位合法解除劳动关系等规定，以保障用人单位利益，实现劳资关系的相对平衡。

（二）强制性规范与任意性规范相结合

劳动法中如对工作时间、休息休假、工资标准、劳动安全等劳动基准法律制度的规定，对社会保险法律制度的规定等，均属于对用人单位的强制性规范，用人单位提供的劳动条件、劳动报酬、劳动保障等不能低于法律规定的最低标准，否则将会根据相关规定承担相应责任。同时，劳动合同关系具有一般民事关系的任意性特征，在不违反法律强制性规定的前提下，劳动者与用人单位有权根据平等自愿、协商一致的原则，自由约定劳动合同条款。但是，劳动法与民法的意思自治原则相比，具有更多强制性规定，具有浓厚的社会法性质。

（三）实体法与程序法相结合

和民法与民事诉讼法、刑法与刑事诉讼法、行政法与行政诉讼法等实体法和程序法相互独立的立法模式不同，基于劳动关系及劳动争议处理的复杂性和特殊性，《劳动法》本身既有实体法律规范，也有程序法律规范，劳动争议的处理方式也不同于一般的民商事诉讼和仲裁。为了适应社会发展，我国专门制定了《劳动争议调解仲裁法》，但并未根本改变《劳动法》中争议处理的程序性规定。

第二节 劳动法律关系

一、劳动法律关系的概念

劳动法律关系是指劳动法律规范在调整劳动关系过程中形成的法律上的劳动权利和义务关系，是劳动关系在法律上的表现，是当事人之间发生的符合劳动法律规范、具有权利义务内容的关系。

二、劳动法律关系的特征

（一）劳动法律关系的主体具有特殊性

1. 劳动者

《劳动法》规定，禁止用人单位招用未满十六周岁的未成年人。结合《中华人民共和国民法典》（以下简称《民法典》）的规定："十六周岁以上的未成年人，以自己的劳动收入为主要生活来源的，视为完全民事行为能力人。"我国劳动者为年满十六周岁，具有劳动能力的公民。

虽然劳动者的最低就业年龄为十六周岁，年满十六周岁未满十八周岁的劳动者属于未成年工，法律规定不得安排未成年工从事矿山井下、有毒有害、国家规定的第四级体力劳动强度的劳动和其他禁忌从事的劳动；文艺、体育和特种工艺单位招用未满十六周岁的未成年人，必须依照国家有关规定，履行审批手续，并保障其接受义务教育的权利。对于为用人单位完成特定任务而提供劳动的情况，一般不认为构成劳动关系，提供劳动的主体也不具有劳动者的性质，其与用人单位的关系应参照劳务或承揽等其他民事法律关系进行处理。

2. 用人单位

根据相关法律的规定，在中华人民共和国境内的企业、个体经济组织、民办非企业单位等组织具有招用劳动者的权利，属于我国劳动法律所指的用人单位。国家机关、事业组织、社会团体与招用的人员建立劳动关系的，也视为用人单位，属于劳动法律关系的主体。因此，没有经过工商登记，也没有取得营业执照的用工单位与自然人之间形成的用工关系，或自然人与自然人之间形成的用工关系，因用工主体不符合《劳动法》的规定，不受劳动法律的规范，应当适用民事法律规定作劳务、承揽等其他关系处理。

另外，原劳动部于 1995 年 8 月 4 日发布并于当日施行的《关于贯彻执行〈中华人民共和国劳动法〉若干问题的意见》则以列举排除形式，将以下四类用工主体排除在用人单位的范畴之外：

（1）公务员。

（2）比照实行公务员制度的事业组织的工作人员。

（3）比照实行公务员制度的社会团体的工作人员。

（4）农村劳动者（乡镇企业职工和进城务工、经商的农民除外）、现役军人和家庭保姆等。

（二）劳动法律关系产生于劳动者为用人单位实现劳动的过程中

"实现劳动的过程"包括两方面的含义，其中一方面，劳动者提供的劳动必须是用人单位生产过程中的组成部分。如某汽车生产企业请来两名工人负责汽车喷漆工作并向其支付报酬，因喷漆工作属于该汽车生产企业的业务组成部分，两名喷漆工人与该汽车生产企业自然形成劳动关系。但如该汽车生产企业请来两名工人进行厂房装修，因该两名工人提供的劳动并非该企业的业务组成部分，不属于"为用人单位实现劳动的过程"，因此该两名工人与该汽车企业不构成劳动法律关系，应属于由民事法律调整的民事法律关系。

另一方面，劳动者与用人单位建立劳动法律关系在于劳动者向用人单位提供劳动力的过程而非劳动成果。如两名工人受汽车生产企业的委托，向该汽车生产企业交付已完成喷漆工序的汽车零部件的，则该两名工人与汽车生产企业之间不一定构成劳动法律关系，其二人根据汽车生产企业的要求完成工作，交付工作成果的行为可能构成民法上的承揽关系。如两名工人受雇于汽车生产企业，从事汽车生产过程中的喷漆工序，且劳动力受汽车生产企业支配的，则与汽车生产企业构成劳动关系。

（三）劳动法律关系具有有偿性

劳动者向用人单位提供劳动的目的在于通过出让劳动力获得报酬，劳动报酬是劳动力的价格。劳动者以做家务、参与社区义工活动、自愿帮助他人等其他形式提供劳动的行为，因不具有有偿性，故不属于劳动法律关系调整的范畴。

（四）劳动法律关系主体之间既有法律上的平等性，又具有客观上的隶属性

劳动关系主体双方具有平等的法律地位，劳动者向用人单位提供劳动或服务，用人单位向劳动者支付劳动报酬，双方在平等自愿的基础上建立劳动关系。同时，劳动者与用人单位具有从属性。劳动者作为用人单位的成员，在实现劳动过程中应当遵守用人单位的规章制度，服从用人单位的管理，双方形成领导与被领导的隶属关系。

三、劳动法律关系的要素

(一) 劳动法律关系的主体

劳动法律关系的主体,是依法享有劳动权利承担劳动义务的法律关系参与者,是构成劳动法律关系的第一要素,其中一方是劳动者,另一方是用人单位。

(二) 劳动法律关系的客体

劳动法律关系的客体,是指劳动法律关系双方权利义务共同指向的对象,表现为一定的劳动行为和财物。劳动行为是指劳动者和用人单位在实现劳动过程中所实施的行为;财物是指劳动法律关系中体现双方当事人物质利益的货币或实物。

(三) 劳动法律关系的内容

劳动法律关系的内容,是指劳动法律关系双方依法享有的权利和承担的义务。如劳动者享有平等就业和选择职业的权利、获得劳动报酬的权利、休息休假的权利、获得劳动安全卫生保护的权利、接受职业技能培训的权利、享受社会保险和福利的权利、提请劳动争议处理的权利等。劳动者应当履行完成劳动任务、提高职业技能、执行劳动安全卫生规程、遵守劳动纪律和职业道德等劳动义务;用人单位享有接受劳动者提供的劳动、制定各项规章制度与薪酬制度、管理劳动者等权利,应当履行支付劳动报酬、提供劳动条件及劳动保护等义务。

四、劳动法律关系与劳务关系、特殊劳动关系

(一) 劳动关系与劳务关系

劳务关系是指由提供劳务一方为接受劳务一方提供劳务服务,由接受劳务一方按照约定支付报酬而建立的一种民事权利义务关系。广义上的劳务关系包括承揽、承包、运输、技术服务、委托、信托和居间等民事法律关系。在劳务派遣中,既存在劳动关系,也存在劳务关系,同时还具有一般的民事合同关系,因此,注意区分劳动关系与劳务关系尤为重要。劳动关系不同于劳务关系,主要表现在:

1. 适用法律不同

劳动关系是劳动法调整的对象,用人单位与劳动者在劳动过程中产生的一切权利义务及纠纷,均通过劳动法进行规范和调整。劳务关系是平等主体之间的民事权利义务关系,由《民法典》进行规范和调整。如:劳动法规定用人单位必须与劳动者签订劳动合同,否则应当向劳动者支付双倍工资。《民法典》则没有限制劳务关系双方当事人之间必须订立书面合同,在没有订立书面合同的劳务关系中,接受劳务一方不因此承担责任。

值得注意的是,《民法典》第四百六十四条规定,有关身份关系的协议,适用有关该身份关系的法律规定,没有规定的,可以根据其性质参照适用《民法典》合

同编的规定。因为劳动合同也是有关身份关系的协议，劳动关系中劳动法没有规定的内容，是否可以直接参照适用《民法典》合同编的规定，并将其扩大适用到劳动关系的其他问题上，有待法律及司法解释的进一步明确。因为《民法典》合同编的指导思想和劳动法的指导思想具有很大差异，直接在劳动关系中适用《民法典》合同编的相关规定，将会对现行裁判规则产生重大影响。

2. 主体资格不同

劳动法规定劳动关系的主体为劳动者及用人单位，其中劳动者必须年满十六周岁，且为具有与履行劳动合同义务相适应的能力的自然人。而对用人单位的要求则更为严格，用人单位必须是经过工商登记并取得营业执照的主体，个人不能成为用人单位主体。在劳务关系中，关系主体资格、人数均无严格规定，既可以是自然人之间，也可以是自然人与法人或法人与法人之间，可以存在两个或以上的主体。

3. 主体地位不同

劳动关系中，劳动者与用人单位双方地位不平等，不仅存在财产关系，还存在支配、服从的隶属关系。劳动者作为用人单位的成员，需要遵守用人单位各项规章制度，接受用人单位的管理并服从用人单位的安排，具有一定的人身隶属性。劳务关系中，一方提供劳务，另一方支付报酬，双方存在财产关系，接受劳务一方对提供劳务一方的管理较为松散，双方不存在人身隶属性。而且，劳务关系双方关系一般较为临时、短期，劳动关系则较稳定。

4. 主体权利义务不同

①劳动关系中，用人单位必须根据劳动法的规定为劳动者缴纳社会保险；劳务关系则没有相关规定，接受劳务一方是否为提供劳务一方购买保险，购买社会保险还是商业保险，均由劳务双方主体协商确定。②劳动关系中，工资标准受法律约束，既要保证同工同酬，也要确保不低于当地最低工资标准；劳务关系中，工资标准由双方自由约定。③劳动关系中，劳动者根据劳动法规定享有休息休假的权利，用人单位安排劳动者在法定节假日或休息日工作的，一般需要加倍支付工资；劳务关系中，劳务双方可以自由约定提供和接受劳务的时间，劳务报酬由双方协商确定，不受法定节假日或休息日影响。④劳动关系中，用人单位解除劳动关系的行为受劳动法约束，随意解除劳动关系可能造成违法解除劳动合同而应向劳动者支付赔偿金；劳务关系中，劳务双方一般可以自由解除劳务关系。除以上列举的情况外，劳动关系与劳务关系主体权利义务还有很多不同之处。

5. 主体责任不同

劳动关系中，如用人单位违反劳动法规定，不但应承担民事责任，还有可能承担行政责任，甚至刑事责任。劳务关系中，接受劳务一方违反法律规定，一般只需承担民事责任。

6.纠纷解决途径不同

劳动关系中，适用劳动仲裁前置的纠纷处理规则，在没有经过劳动仲裁前，当事人不得直接请求法院解决纠纷。劳务关系中，并无劳动仲裁前置的规定，当事人可以直接向法院起诉。

7.保护时效不同

劳动关系中，提起劳动仲裁的时效是一年。劳务关系中，当事人向人民法院请求保护民事权利的诉讼时效期间为三年。

（二）劳动法律关系与事实劳动关系

事实劳动关系实际属于劳动法律关系，受劳动法的规范，但由于事实劳动关系不如劳动法律关系具有明确的判断标准，在认定上往往容易与其他法律关系混淆，导致劳动者难以根据劳动法的规定得到应有的保护，因此有必要区分劳动法律关系与事实劳动关系，明确事实劳动关系的判断依据。

1.劳动法律关系与事实劳动关系的区别

（1）劳动法律关系是符合法定模式的劳动关系；事实劳动关系则完全或部分不符合法定模式，尤其是缺乏劳动法律关系赖以确立的法律事实的有效要件，如未签订劳动合同或劳动合同无效等。

（2）劳动法律关系的内容即权利义务，是双方当事人认可或设定的；事实劳动关系的双方当事人之间虽然存在一定的劳动权利义务，但这一般不是双方当事人所认可或设定的较具体的权利义务，较易产生争议。

（3）劳动法律关系由法律保障其存续；事实劳动关系如果不能依法转化为劳动法律关系，就应当强制其终止，但事实劳动关系中的利益仍然受劳动法保护。

2.事实劳动关系的判断依据

虽然事实劳动关系缺乏如劳动法律关系般清晰的判断标准，但可以结合其他情形，判断是否属于劳动法律关系。

原劳动和社会保障部发布的《关于确立劳动关系有关事项的通知》规定，用人单位招用劳动者未订立书面劳动合同，但同时具备下列情形的，劳动关系成立：①用人单位和劳动者符合法律、法规规定的主体资格；②用人单位依法制定的各项劳动规章制度适用于劳动者，劳动者受用人单位的劳动管理，从事用人单位安排的有报酬的劳动；③劳动者提供的劳动是用人单位业务的组成部分。

同时，认定双方存在劳动法律关系时可参照下列凭证：①工资支付凭证或记录（职工工资发放花名册），缴纳各项社会保险费的记录；②用人单位向劳动者发放的"工作证""服务证"等能够证明身份的证件；③劳动者填写的用人单位招工招聘"登记表""报名表"等招用记录；④考勤记录；⑤其他劳动者的证言等。

另外，《最高人民法院关于审理劳动争议案件适用法律问题的解释（一）》（法释〔2020〕26 号）（以下简称"司法解释一"）规定，劳动合同期满后，劳动者仍在原用人单位工作，原用人单位未表示异议的，视为双方同意以原条件继续履行劳动合同。在此情况下，属于延续型的事实劳动关系，根据双方的交易习惯，较易认定。

（三）特殊劳动关系

1. 在校生与用人单位的关系

原劳动部颁布的《关于贯彻执行〈中华人民共和国劳动法〉若干问题的意见》（劳部发〔1995〕309 号）规定："在校生利用业余时间勤工助学，不视为就业，未建立劳动关系，可以不签订劳动合同。"因此，实习生与用人单位之间不构成劳动关系。

教育部、财政部、人力资源和社会保障部、国家安全生产监督管理总局、中国保险监督管理委员会联合颁布的《关于印发〈职业学校学生实习管理规定〉的通知》（教职成〔2016〕3 号），将中等职业学校和高等职业学校学生实习分为认识实习、跟岗实习、顶岗实习。其中规定学生参与跟岗实习、顶岗实习年龄不得低于十六周岁，用人单位安排学生实习应当遵守国家关于工作时间和休息休假的规定，用人单位应当向顶岗实习学生支付报酬等与劳动法相类似规定，可见，虽然在校生与用人单位之间不建立劳动关系，但在校生参与实习特别是顶岗实习，其与用人单位之间的关系类似于劳动法律关系，其所受保护类似于劳动法对劳动者的保护。当然，不排除存在在校生受用人单位的管理，并从事用人单位安排的有报酬的劳动，用人单位甚至为在校生缴纳社会保险和住房公积金等情形的情况。在此情况下，如在校生及用人单位均符合劳动法律关系主体资格的，应认定在校生与用人单位存在劳动关系。

2. 其他特殊劳动关系

"司法解释一"对特殊劳动关系的规定，延续了原最高院司法解释的相关规定，对于企业停薪留职人员、未达到法定退休年龄的内退人员、下岗待岗人员以及企业经营性停产放长假人员，与新的用人单位发生用工争议的，按劳动关系处理。上述劳动关系特殊之处在于，存在劳动者与原用人单位并未完全解除劳动关系，或劳动者主体不符合劳动法规定的构成条件等因素，不能直观判断劳动者与新旧用人单位之间的关系。但劳动者与新用人单位之间存在构成劳动关系的各种要件，如劳动者接受新用人单位的管理，新用人单位甚至为劳动者缴纳社会保险等，因此，认定劳动者与新用人单位存在劳动关系。

《劳动合同法》规定，劳动者开始依法享受基本养老保险待遇的，劳动合同终止；《中华人民共和国劳动合同法实施条例》规定，劳动者达到法定退休年龄的，劳动合同终止。同时，"司法解释一"规定，对于已经依法享受养老保险待遇或者领取退休金的人员，与用人单位之间的关系，按劳务关系处理。可见，对于用人单位与其招用达到法定退休年龄且依法享受养老保险待遇或者领取退休金的劳动者发生用工争议的按劳务关系处理；但用人单位与其招用达到法定退休年龄但没有依法享受养老保险待遇或者领取退休金的劳动者发生用工争议，按劳动关系还是劳务关系处理，法律并无明确规定，且各地实践存在争议。

第三节　劳动者的基本权利和义务

劳动法律关系双方依法享有的权利和承担的义务，是劳动法律关系的内容。而劳动法的核心在于确定劳动法律关系双方的权利和义务，并保证劳动法律关系双方权利和义务的实施。因劳动者较用人单位而言处于弱势地位，劳动法明确规定了劳动者享有的基本权利及义务，体现了劳动法对劳动者权益的倾斜性保护。

一、劳动者的基本权利

（一）平等就业和选择职业的权利

劳动就业权是劳动者赖以生存的权利，劳动者能否实现就业权，直接影响劳动者的生存状况，也关系到社会的经济发展与和谐稳定。我国将劳动权利作为公民的基本权利写入宪法，《中华人民共和国宪法》（以下简称《宪法》）第四十二条规定，中华人民共和国公民有劳动的权利和义务。国家通过各种途径，创造劳动就业条件，加强劳动保护，改善劳动条件，并在发展生产的基础上，提高劳动报酬和福利待遇。另外，《劳动法》第五条规定，国家采取各种措施，促进劳动就业，发展职业教育，制定劳动标准，调节社会收入，完善社会保险，协调劳动关系，逐步提高劳动者的生活水平。同时，《劳动法》共有十三章，其中单列了一章对劳动者就业进行规范和保护，可见国家对于劳动者就业权的重视。

劳动者的就业权，包括了平等就业和选择职业两方面。平等就业权指劳动者在就业上一律平等，不因民族、种族、性别、宗教信仰不同而受歧视，妇女享有与男子平等的就业权利。而且，在录用职工时，除国家规定的不适合妇女的工种或者岗位外，不得以性别为由拒绝录用妇女或者提高对妇女的录用标准。《劳动法》的平等就业规定，为劳动者公平参与就业竞争提供了法律依据和条件。选择职业权指劳动者有权根据自己的专业、兴趣、爱好、特长等选择自己想要从事的职业和用人单位，且在一定条件下有续订或解除劳动合同的权利。另外，用人单位有权根据需要聘请符合要求的劳动者，用人单位与劳动者在双向选择的过程中，更有利于实现劳动者价值，提高劳动效率，提高劳动者的生活水平，实现社会进步和发展。

（二）取得劳动报酬的权利

劳动报酬是劳动者赖以生存的物质基础，也是劳动者向用人单位提供劳动而应当获得的合法收入，取得劳动报酬是劳动者参与劳动的主要目的。劳动报酬包括工资、奖金、津贴、补贴等。其中，工资是劳动报酬中最重要的组成部分，因此劳动法规定，工资分配应当遵循按劳分配原则，实行同工同酬；劳动者在法定工作时间或者劳动合同约定的工作时间内提供正常劳动的，用人单位确定其工资标准不得低于当地最低工资标准。奖金是用人单位对于劳动者完成特定工作任务或履行特定义务情况下的一种奖励，如全勤奖、工龄奖等。《国家统计局关于工资总额组成的规定》（国家统计局令第1号）第八条规定，津贴和补贴是指为了补偿职工特殊或额外的劳动消耗和因其他特殊原因支付给职工的津贴，以及为了保证职工工资水平不受物价影响支付给职工的物价补贴。津贴包括：补偿职工特殊或额外劳动消耗的津贴、保健性津贴、技术性津贴、年功性津贴及其他津贴。物价补贴包括为保证职工工资水平不受物价上涨或变动影响而支付的各种补贴。

劳动法除了规定用人单位支付工资标准不得低于最低工资标准、需要支付高温津贴等要求外，我国还不时根据社会发展水平提高最低工资标准金额、高温津贴金额等，同时通过扩大劳动者的就业领域、举办各种福利事业等方式，保障劳动者取得报酬的权利，提高劳动者的实际收入和生活水平。

（三）休息休假的权利

休息休假的权利指劳动者在提供了一定的劳动后，在特定时间内获得休息和休假的权利。劳动者提供劳动后，需要通过休息休假来缓解身心疲劳，以换取更高的工作效率。也有劳动者利用休息休假时间参加课余学习，提高工作能力，或者利用休息休假时间照顾家庭，实现工作与家庭之间的平衡。总之，虽然劳动就业权是劳动者赖以生存的权利，但只有劳逸结合，劳动者才能以更好的状态参加工作，获取更多的劳动报酬。

我国《宪法》规定劳动者有休息的权利，而且国家发展劳动者休息和休养的设施，规定职工的工作时间和休假制度，以保障劳动者休息权利的实现。其中《劳动法》第三十六条规定，国家实行劳动者每日工作时间不超过八小时、平均每周工作时间不超过四十四小时的工时制度；第三十八条规定，用人单位应当保证劳动者每周至少休息一日。劳动法通过限制劳动者每天、每周的工作时间，保障劳动者获得足够的休息时间。同时，国务院于2013年修订的《全国年节及纪念日放假办法》第二条规定，全体公民放假的节日：①新年，放假1天（1月1日）；②春节，放假3天（农历正月初一、初二、初三）；③清明节，放假1天（农历清明当日）；④劳动节，放假1天（5月1日）；⑤端午节，放假1天（农历端午当日）；⑥中秋节，放假1天（农历中秋当日）；⑦国庆节，放假3天（10月1日、2日、3日）。

我国法律规定在特定的日子，劳动者有休假的权利，当前我国劳动者一年共有11天法定节假日。如果用人单位在法定休息时间或法定节假日安排劳动者工作的，应当支付加班工资。

除上述规定外，劳动者在特定的情况下还可获得其他休息休假的权利，如年休假、探亲假、婚丧假、产假等，在法定的假期内，劳动者提供劳动的，用人单位都必须根据法律规定支付劳动报酬。

（四）获得劳动安全卫生保护的权利

劳动安全卫生保护是指劳动者在参与劳动的过程中由用人单位提供的保护劳动者生命安全和身体健康的劳动条件。劳动者是社会财富的创造者，而生命和身体健康是劳动者提供劳动的前提，只有不断改进劳动条件，为劳动者创造更加安全卫生的工作环境，减少工伤事故、职业病等的发生，才能让劳动者更好地提供劳动，在提高生产效率和提高生活水平的同时造福社会。

我国《宪法》规定要加强劳动保护，改善劳动条件，这是对劳动者获得劳动安全卫生保护权利的一种基本保障。同时，《劳动法》也规定了大量用人单位对劳动者提供安全保护的要求。如《劳动法》第六章针对劳动安全卫生进行了一个章节的规定，其中第五十四条规定："用人单位必须为劳动者提供符合国家规定的劳动安全卫生条件和必要的劳动防护用品，对从事有职业危害作业的劳动者应当定期进行健康检查。"第五十六条第二款规定："劳动者对用人单位管理人员违章指挥、强令冒险作业，有权拒绝执行；对危害生命安全和身体健康的行为，有权提出批评、检举和控告。"除了《劳动法》，我国也制定了单行法律，规范对劳动者安全卫生的保护，如《中华人民共和国安全生产法》《中华人民共和国职业病防治法》等。另外，"人格权"编作为《民法典》修改的一个重点，细化了对生命权、身体权、健康权等权利保护的内容，甚至强调："自然人的生命权、身体权、健康权受到侵害或者处于其他危难情形的，负有法定救助义务的组织或者个人应当及时施救。"其加重了用人单位对于劳动者安全卫生的保障义务，体现了国家对于劳动者生命健康的重视。

（五）接受职业技能培训的权利

劳动者通过职业技能培训，能更快地熟悉岗位工作要求，提升工作能力，学习更多的劳动技能，提高劳动能力。因此，接受职业技能培训是劳动者提升自我，实现自我价值的途径，更是劳动者提高工作能力、拓宽工作领域、提高收入、改善生活的重要途径。因此，我国从立法上保护劳动者接受职业技能培训的权利，为劳动者提高职业技能保驾护航。同时，提高职业技能也是社会生产发展的客观要求。社会生产技术在不断变革，生产设备越来越复杂，工艺越来越先进，分工越来越精细，劳动者只有在更新换代的技术、知识中不断更新自己的知识和技能，才能不被社会淘汰。因此，对劳动者进行职业培训是生产发展的必要环节。我国各行业也在不断完善自身的职业培训制度，就如法律工作者，法律在不断地废止和颁布，各行业的法律工作者可以通过参与不同社会组织开展的法律讲座、法律研讨会、法律沙龙等学习研究新的法律法规。

我国《宪法》规定，国家发展各种教育设施，扫除文盲，对工人、农民、国家工作人员和其他劳动者进行政治、文化、科学、技术、业务的教育，鼓励自学成才。同时规定公民具有接受教育的基本权利。《劳动法》第六十七条规定，各级人民政府应当把发展职业培训纳入社会经济发展的规划，鼓励和支持有条件的企业、事业组织、社会团体和个人进行各种形式的职业培训。另外，我国还颁布了《中华人民共和国职业教育法》《就业促进法》等法律规范，为劳动者接受职业技能培训提供法律保护。

（六）享受社会保险和福利的权利

社会保险制度是指国家强制实行，用人单位及劳动者应按规定参加，并在劳动者丧失劳动能力或劳动机会或出现其他特定情形时，由国家给予一定物质帮助的制度，社会保险制度本质上也是一种社会福利。《中华人民共和国社会保险法》第二条规定，国家建立基本养老保险、基本医疗保险、工伤保险、失业保险、生育保险等社会保险制度，保障公民在年老、疾病、工伤、失业、生育等情况下依法从国家和社会获得物质帮助的权利。

社会福利是指国家或社会各界为改善和提高社会成员的生活质量和水平而实施的各种措施、政策及制度。广义的社会福利包括国家和社会各界举办的文化、教育、医疗事业，城市和农村社区或企事业单位的各类公益事业；狭义的社会福利指国家和社会为身心有缺陷而丧失劳动能力和生活上有困难者提供各种物质帮助和特殊服务。如国家推出的各种企业聘用残疾人的优惠政策，一方面有利于解除残疾人就业困难，另一方面聘用残疾人能在一定程度上降低单位的经营成本。社会福利的经费主要来源于国家税收、企业自由资产、社会团体和个人的捐款等，随着社会经济的发展，社会福利制度将逐渐从消极的救济转变为积极的预防。

（七）提请劳动争议处理的权利

劳动法规定的劳动者享有提请劳动争议处理的权利具体包括以下内容：

1. 选择劳动争议处理的方式

《劳动法》第七十七条规定，用人单位与劳动者发生劳动争议，当事人可以依法申请调解、仲裁、提起诉讼，也可以协商解决。劳动争议有调解、仲裁、诉讼等解决方式，在发生劳动争议时，当事人可以选择合适的纠纷解决方式。但应注意，劳动仲裁是提起劳动争议诉讼的前置程序，劳动争议不能在没有经过劳动仲裁的情况下申请诉讼，反之则可。

2. 请求劳动争议处理机构依法受理争议

请求劳动争议处理机构依法受理争议是劳动者实现提请劳动争议处理的权利的前提，也是劳动者实现劳动争议处理的权利的保障，基于这一权利，如劳动争议处理机构不受理劳动者的劳动争议处理申请时，劳动者有权要求受理机构说明不予受理的原因和理由，且劳动争议处理机构必须作出答复。

3. 检举和控告

《劳动法》第八十八条第二款规定，任何组织和个人对于违反劳动法律、法规的行为有权检举和控告。若劳动者的合法权益受到侵害，劳动者请求劳动争议处理机构依法处理而不被受理，则劳动者有权检举和控告。

目前，我国劳动争议处理方式主要分为以下几类，劳动者有权选择适当的处理方式。第一，劳动者与用人单位就争议问题直接进行协商，以和平方式解除纠纷。该方式需双方同意且协商结果不具有强制执行力。第二，劳动者和用人单位寻求本单位的劳动争议调解委员会、依法设立的基层人民调解组织、乡镇或街道设立的具有劳动争议调解职能的组织等机构进行调解。《劳动法》规定，在用人单位内，可以设立劳动争议调解委员会负责调解本单位的劳动争议。调解委员会委员由用人单位代表、职工代表和工会代表组成。调解也不是劳动争议处理的必经程序，调解形成的调解协议一般不具有强制执行力。第三，向当地劳动行政部门或主管部门投诉。在用人单位违反法律规定的情况下，其除了应当向劳动者承担责任外，还有可能需要承担行政责任。为免受行政处罚，在劳动行政部门或社保征管部门等介入处理的情况下，用人单位可能会纠正不当行为，使双方纠纷得到快速解决。第四，申请劳动仲裁。劳动纠纷的一方当事人将纠纷提交劳动争议仲裁委员会进行处理。劳动争议仲裁委员会是国家授权、依法设立、独立处理劳动争议案件的专门机构。劳动仲裁既具有劳动争议协商、调解的灵活、快捷性，又具有强制执行的效力，是解决劳动纠纷的重要途径，也是提起诉讼的前置程序。第五，提起诉讼。《劳动法》第八十三条规定："劳动争议当事人对仲裁裁决不服的，可以自收到仲裁裁决书之日起十五日内向人民法院提起诉讼。一方当事人在法定期限内不起诉又不履行仲裁裁决的，另一方当事人可以申请人民法院强制执行。"在经过协商、调解等程序均未能解决争议，且当事人一方对劳动仲裁结果不满的情况下，可以通过诉讼程序将争议问题交由人民法院进行处理。诉讼程序具有较强的法律性、程序性，作出的判决也具有强制执行力。

(八)《劳动法》规定的其他权利

除了上述权利外，劳动者还依法享有其他权利：

1. 参加和组织工会的权利

《劳动法》第七条规定，劳动者有权依法参加和组织工会。工会代表和维护劳动者的合法权益，依法独立自主地开展活动。工会是职工自愿结合的工人阶级的群众组织，其目的在于依法维护职工的合法权益。《中华人民共和国工会法》（以下简称《工会法》）第三条规定，在中国境内的企业、事业单位、机关中以工资收入为主要生活来源的体力劳动者和脑力劳动者，不分民族、种族、性别、职业、宗教信仰、教育程度，都有依法参加和组织工会的权利。任何组织和个人不得阻挠和限制。

2. 参与民主管理和平等协商的权利

《劳动法》第八条规定，劳动者依照法律规定，通过职工大会、职工代表大会或者其他形式，参与民主管理或者就保护劳动者合法权益与用人单位进行平等协商。参与集体合同协商是劳动者参与企业民主管理的重要手段，劳动者参与民主管理，有利于增强劳动者的主人翁责任感，构建和谐稳定的劳动关系，也有利于用人单位实现高质量长远发展。

3. 签订集体合同的权利

《劳动法》第三十三条规定，企业职工一方与企业可以就劳动报酬、工作时间、休息休假、劳动安全卫生、保险福利等事项，签订集体合同。集体合同草案应当提交职工代表大会或者全体职工讨论通过。集体合同由工会代表职工与企业签订；没有建立工会的企业，由职工推举的代表与企业签订。通过充分协商和集体确认的集体合同，更有利于维护劳动者的合法权益，避免用人单位与劳动者签订任意降低劳动标准、报酬等的劳动合同，以维护劳动者的合法权益。为进一步保障劳动者集体合同权利的实现，《工会法》《劳动合同法》对集体合同制度也进行了相关规定。

二、劳动者的基本义务

《劳动法》第三条第二款规定了劳动者的主要义务：完成劳动任务，提高职业技能，执行劳动安全卫生规程，遵守劳动纪律和职业道德。

（一）完成劳动任务

劳动者应当根据合同约定及法律规定，完成用人单位安排的劳动任务，完成劳动任务是劳动者最基本的义务。完成劳动任务的义务与享有劳动报酬的权利相对应——劳动者只有在完成劳动任务后才能获得劳动报酬。完成劳动任务包括两方面内容，一方面在完成劳动任务的形式上，劳动者应当按约定或规定从事实际劳动；另一方面在完成劳动任务的内容上，劳动者应当完成规定的工作任务。

（二）提高职业技能

接受职业技能培训是劳动者的权利，同时提高职业技能也是劳动者的义务，劳动者负有不断接受新知识、新技术，提高业务能力，改进生产工艺，提高产品质量的义务。提高劳动者的职业技能，不仅是劳动者拓宽工作领域、提高收入、改善生活的重要途径，也是企业提供生产能力和实现盈利的重要手段，更是社会发展进步的重要助力。劳动者提高职业技能这一义务，是社会进步的激励机制。一方面，虽然提高职业技能是劳动者的义务，劳动者为获取更丰厚的劳动报酬，会主动学习提高职业技能；另一方面，用人单位生产技术、设备的改进或各行业专业知识的更新换代，必然要求劳动者学习新知识和新技能以满足工作需求。

（三）执行劳动安全卫生规程

执行劳动安全卫生规程的义务，要求劳动者在提供劳动的过程中，必须遵守国家安全生产的各项法律规定，遵守用人单位的各项合理的规章制度，服从用人单位在安全、卫生方面各项合理的安排。虽然本条规定的义务是对劳动者的限制，但其目的在于保护劳动者的身心健康。保护劳动者的劳动安全卫生是用人单位的义务，但劳动者的生命健康不能单靠用人单位实现。只有劳动者遵守各项劳动法律规定，执行各项劳动安全卫生规程，才能有效减少伤亡事故和职业病的发生。

另外，为了约束劳动者执行劳动安全卫生规程，平衡劳资双方的责任比例，《民法典》第一千一百九十一条规定："用人单位的工作人员因执行工作任务造成他人损害的，由用人单位承担侵权责任。用人单位承担侵权责任后，可以向有故意或者重大过失的工作人员追偿。劳务派遣期间，被派遣的工作人员因执行工作任务造成他人损害的，由接受劳务派遣的用工单位承担侵权责任；劳务派遣单位有过错的，承担相应的责任。"《民法典》在原来《中华人民共和国侵权责任法》及相关司法解释的基础上，明确了用人单位承担责任后向责任人追偿的权利，将会增强劳动者执行劳动安全卫生规程的意识，减少出错。

（四）遵守劳动纪律和职业道德

劳动纪律是指劳动者应遵守的最基本行为准则和规范，是劳动者在劳动过程中所应遵守的劳动规则和劳动秩序；职业道德是劳动者在职业生活中应遵循的基本道德，是一般社会道德在职业生活中的具体体现，对《劳动法》中缺乏明确规定的领域，起重要的补充作用。

劳动纪律和职业道德不同于用人单位的规章制度。规章制度只有经过民主程序，并向劳动者公布后才能约束劳动者的行为。但劳动纪律和职业道德作为最基本的行为准则、规范、道德要求，不需要经过民主执行程序和明文规定，而且，不仅用人单位有权制定劳动纪律，国家也是劳动纪律的制定主体。《劳动法》第二十五条规定，劳动者严重违反劳动纪律或者用人单位规章制度的，用人单位可以解除劳动合同。可见，即使用人单位规章制度中没有规定劳动者应当遵守哪些劳动纪律和职业道德，但根据一般判断，劳动者的行为只要严重违反劳动纪律，用人单位则具有合同解除权。不过，为了减少用人单位违法解除劳动合同的风险，建议用人单位将"劳动纪律""诚实信用""公序良俗"等原则性的规定内化到规章制度中。

(五) 法律规定的其他义务

除了上述义务外，劳动者还负有依法履行劳动合同、保守用人单位秘密、参加社会保险等义务。劳动者没有按规定履行劳动义务的，应当承担相应的责任，用人单位对劳动者履行劳动义务有监督的权利，如劳动者严重违反履行劳动义务的规定，用人单位有权解除劳动合同。

第四节　劳动人事争议处理

劳动人事争议处理有协商、调解、仲裁、诉讼等方式，本节主要根据全国人大常委会于 2007 年 12 月 29 日颁布，并于 2008 年 5 月 1 日起实施的《劳动争议调解仲裁法》介绍劳动人事争议处理问题。

一、劳动人事争议的范围

(一) 劳动人事争议的主要类型

《劳动争议调解仲裁法》第二条规定了我国境内的用人单位与劳动者发生的下列劳动争议，适用《劳动争议调解仲裁法》进行处理：

(1) 因确认劳动关系发生的争议。

(2) 因订立、履行、变更、解除和终止劳动合同发生的争议。

(3) 因除名、辞退和辞职、离职发生的争议。

(4) 因工作时间、休息休假、社会保险、福利、培训以及劳动保护发生的争议。

(5) 因劳动报酬、工伤医疗费、经济补偿或者赔偿金等发生的争议。

(6) 法律、法规规定的其他劳动争议。

因确认劳动关系发生的争议一般发生在事实劳动关系中，事实劳动关系缺乏明确的判断标准，一般情况下双方并没有签订劳动合同。在此情况下，我们需要根据《关于确立劳动关系有关事项的通知》的相关规定，确认当事人双方是否存在劳动关系。是否存在劳动关系对于双方争议能否适用《劳动法》进行处理、劳动者能否获得工伤赔偿、劳动者是否有权利要求用人单位补缴社保等具有重要意义。

因订立劳动合同发生的争议，指劳动者与用人单位因订立劳动合同的行为或劳动合同的条款发生分歧而产生争议。如：用人单位不与劳动者续订劳动合同发生的争议；劳动合同内容违反法律规定产生的争议等。因履行劳动合同发生的争议，指劳动者与用人单位在履行劳动合同过程中发生分歧而产生的争议。如：劳动者因没有按照合同约定的时间上班而与用人单位发生争议。因变更劳动合同发生的争议，劳动双方当事人对于劳动合同条款变更、修改而产生的争议。如：用人单位违反劳动合同的约定调整劳动者的工作岗位或工作地点而产生的争议。因解除劳动合同发生的争议，指劳动合同履行过程中其中一方当事人提出解除合同而产生的争议。如：用人单位未按法定要求解除劳动合同。

因除名、辞退和辞职、离职发生的争议，其中除名指因劳动者无正当理由经常旷工或违反用人单位规章制度，被用人单位强制解除劳动关系的处理措施；辞退是用人单位根据实际用工情况，与劳动者解除劳动关系的行为；辞职是劳动者主动与用人单位解除劳动关系的行为；离职也叫自离，是劳动者在没有办理离职手续情况下离开用人单位的行为。除名、辞退和辞职、离职最终会导致劳动关系的解除，用人单位应当根据《劳动法》《劳动合同法》的规定解除劳动关系。

因工作时间、休息休假发生的争议一般指用人单位为履行法定工时制度，安排劳动者在工作日、休息日或法定节假日加班而引起的争议。因社会保险发生的争议中的社会保险一般包括基本养老保险、基本医疗保险、工伤保险、失业保险、生育保险等。福利一般指用人单位用于补助职工及其家属和举办集体福利事业的费用，如集体福利、生活困难补助、探亲路费等。培训指劳动者在职期间的职业技能培训。需要注意，《劳动合同法》第二十二条规定，用人单位为劳动者提供专项培训费用，对其进行专业技术培训的，可以与该劳动者订立协议，约定服务期。劳动者违反服务期约定的，应当按照约定向用人单位支付违约金。因劳动保护发生的争议，一般因用人单位未按规定提供保护劳动者生命安全和身体健康的劳动条件而产生。

因劳动报酬发生的争议，一般指用人单位未按时、足额支付劳动报酬而产生的争议。工伤医疗费是工伤保险待遇的一项内容，根据《工伤保险条例》的规定，治疗工伤所需费用符合工伤保险诊疗项目目录、工伤保险药品目录、工伤保险住院服务标准的，从工伤保险基金支付。除工伤医疗费外，职工住院治疗工伤的伙食补助费、工伤职工到统筹地区以外就医所需的交通、食宿费用也属于工伤保险待遇的内容，也适用《劳动争议调解仲裁法》进行处理。经济补偿或者赔偿金是劳动关系解除或终止时，用人单位按照法律规定需要向劳动者支付的补助或赔偿。

（二）不属于劳动人事争议的几种情况

下列纠纷不属于劳动人事争议的范畴，不适用《劳动争议调解仲裁法》：

（1）劳动者请求社会保险机构发放社会保险金的纠纷。

（2）劳动者请求用人单位缴纳社会保险的纠纷。

（3）劳动者与用人单位因住房制度改革产生的公有住房转让纠纷。

（4）劳动者对社保机构作出的认定工伤决定书结论有异议的纠纷。

（5）劳动者对劳动能力鉴定委员会的伤残等级鉴定结论或者对职业病诊断鉴定委员会的职业病诊断鉴定结论的异议纠纷。

（6）家庭或个人与家政服务人员之间的纠纷。

（7）个体工匠与帮工、学徒之间的纠纷。

（8）农村承包经营户与受雇人员之间的纠纷。

二、劳动人事争议仲裁的概念和原则

劳动人事争议仲裁是指劳动争议仲裁委员会对用人单位与劳动者之间发生的劳动争议，在查明事实的基础上，根据双方约定及法律规定，依法作出裁决的活动。

劳动人事争议仲裁的原则有：

1. 三方原则

《劳动争议调解仲裁法》第十九条规定，劳动争议仲裁委员会由劳动行政部门代表、工会代表和企业方面代表组成。劳动争议仲裁委员会组成人员应当是单数。三方原则中的三方性确保了劳动人事争议仲裁的居中裁决和仲裁公正，有利于对仲裁活动进行全面监督。

2. 公正独立原则

劳动争议仲裁委员会应当公正对待劳动争议当事人，当事人在适用法律上一律平等。劳动争议仲裁委员会依法独立处理劳动争议，不受行政机关、社会团体、任何单位和个人的干涉。

3. 调解原则

《劳动争议调解仲裁法》第三条规定，解决劳动争议，应当根据事实，遵循合法、公正、及时、着重调解的原则，依法保护当事人的合法权益。调解原则贯穿于劳动争议处理的各个程序中，注重调解，有利于缓和劳动者与用人单位的关系，促使劳动争议的快速有效解决。

三、劳动人事争议仲裁的当事人

《劳动争议调解仲裁法》第二十二条规定，发生劳动争议的劳动者和用人单位为劳动争议仲裁案件的双方当事人。劳务派遣单位或者用工单位与劳动者发生劳动争议的，劳务派遣单位和用工单位为共同当事人。

与劳动争议案件的处理结果有利害关系的第三人，可以自行或由劳动者、用人单位申请参加仲裁活动，也可以由劳动争议仲裁委员会通知参与仲裁活动。如《劳动人事争议仲裁办案规则》第六条规定，发生争议的用人单位未办理营业执照、被吊销营业执照、营业执照到期继续经营、被责令关闭、被撤销以及用人单位解散、歇业，不能承担相关责任的，应当将用人单位和其出资人、开办单位或者主管部门作为共同当事人。在两个用人单位存在混同的情况下，两个用人单位也可能成为共同当事人。

《劳动争议调解仲裁法》第二十四条规定，当事人可以委托代理人参加仲裁活动。委托他人参加仲裁活动，应当向劳动争议仲裁委员会提交有委托人签名或者盖章的委托书，委托书应当载明委托事项和权限。第二十五条规定，丧失或者部分丧失民事行为能力的劳动者，由其法定代理人代为参加仲裁活动；无法定代理人的，由劳动争议仲裁委员会为其指定代理人。劳动者死亡的，由其近亲属或者代理人参加仲裁活动。

四、劳动人事争议仲裁的处理机构

劳动争议仲裁委员会是国家授权、依法独立对劳动争议案件进行处理的机构。劳动争议仲裁委员会按照统筹规划、合理布局和适应实际需要的原则设立。省、自治区人民政府可以决定在市、县设立；直辖市人民政府可以决定在区、县设立。直辖市、设区的市也可以设立一个或者若干个劳动争议仲裁委员会。劳动争议仲裁委员会不按行政区划层层设立。劳动争议仲裁委员会由劳动行政部门代表、工会代表和企业方面代表组成。劳动争议仲裁委员会组成人员应当是单数。劳动争议仲裁委员会依法履行下列职责：①聘任、解聘专职或者兼职仲裁员。②受理劳动争议案件。③讨论重大或者疑难的劳动争议案件。④对仲裁活动进行监督。劳动争议仲裁委员会下设办事机构，负责办理劳动争议仲裁委员会的日常工作。

五、劳动人事争议仲裁的处理程序

（一）劳动人事争议仲裁的申请和受理

劳动争议申请仲裁的时效期间为一年。仲裁时效期间从当事人知道或者应当知道其权利被侵害之日起计算。申请人申请仲裁应当提交书面仲裁申请，并按照被申请人人数提交副本。仲裁申请书应当载明下列事项：①劳动者的姓名、性别、年龄、职业、工作单位和住所，用人单位的名称、住所和法定代表人或者主要负责人的姓名、职务。②仲裁请求和所根据的事实、理由。③证据和证据来源、证人姓名和住所。书写仲裁申请确有困难的，可以口头申请，由劳动争议仲裁委员会记入笔录，并告知对方当事人。

劳动争议仲裁委员会收到仲裁申请之日起五日内，认为符合受理条件的，应当受理，并通知申请人；认为不符合受理条件的，应当书面通知申请人不予受理，并说明理由。对劳动争议仲裁委员会不予受理或者逾期未作出决定的，申请人可以就该劳动争议事项向人民法院提起诉讼。

劳动争议仲裁委员会受理仲裁申请后，应当在五日内将仲裁申请书副本送达被申请人。被申请人收到仲裁申请书副本后，应当在十日内向劳动争议仲裁委员会提交答辩书。劳动争议仲裁委员会收到答辩书后，应当在五日内将答辩书副本送达申请人。被申请人未提交答辩书的，不影响仲裁程序的进行。

（二）劳动人事争议仲裁的开庭

仲裁庭应当在开庭五日前，将开庭日期、地点书面通知双方当事人。申请人收到书面通知，无正当理由拒不到庭或者未经仲裁庭同意中途退庭的，可以视为撤回仲裁申请。被申请人收到书面通知，无正当理由拒不到庭或者未经仲裁庭同意中途退庭的，可以缺席裁决。

当事人在仲裁过程中有权进行质证和辩论。质证和辩论终结时，首席仲裁员或者独任仲裁员应当征询当事人的最后意见。当事人提供的证据经查证属实的，仲裁庭应当将其作为认定事实的根据。劳动者无法提供由用人单位掌握管理的与仲裁请求有关的证据，仲裁庭可以要求用人单位在指定期限内提供。用人单位在指定期限内不提供的，应当承担不利后果。

仲裁庭应当将开庭情况记入笔录。当事人和其他仲裁参加人认为对自己陈述的记录有遗漏或者差错的，有权申请补正。如果不予补正，应当记录该申请。

当事人申请劳动争议仲裁后，可以自行和解。达成和解协议的，可以撤回仲裁申请。

（三）劳动人事争议仲裁的裁决

仲裁庭在作出裁决前，应当先行调解。调解达成协议的，仲裁庭应当制作调解书。调解不成或者调解书送达前，一方当事人反悔的，仲裁庭应当及时作出裁决。

仲裁庭裁决劳动争议案件，应当自劳动争议仲裁委员会受理仲裁申请之日起四十五日内结束。案情复杂需要延期的，经劳动争议仲裁委员会主任批准，可以延期并书面通知当事人，但是延长期限不得超过十五日。逾期未作出仲裁裁决的，当事人可以就该劳动争议事项向人民法院提起诉讼。仲裁庭裁决劳动争议案件时，其中一部分事实已经清楚，可以就该部分先行裁决。

仲裁庭对追索劳动报酬、工伤医疗费、经济补偿或者赔偿金的案件，根据当事人的申请，可以裁决先予执行，移送人民法院执行。仲裁庭裁决先予执行的，应当符合下列条件：

（1）当事人之间权利义务关系明确。

（2）不先予执行将严重影响申请人的生活。劳动者申请先予执行的，可以不提供担保。

下列劳动争议，除另有规定的外，仲裁裁决为终局裁决，裁决书自作出之日起发生法律效力：

（1）追索劳动报酬、工伤医疗费、经济补偿或者赔偿金，不超过当地月最低工资标准十二个月金额的争议。

（2）因执行国家的劳动标准在工作时间、休息休假、社会保险等方面发生的争议。劳动者对终局裁决不服的，可以自收到仲裁裁决书之日起十五日内向人民法院提起诉讼。当事人对非终局裁决不服的，可以自收到仲裁裁决书之日起十五日内向人民法院提起诉讼；期满不起诉的，裁决书发生法律效力。

当事人对发生法律效力的调解书、裁决书，应当依照规定的期限履行。一方当事人逾期不履行的，另一方当事人可以依照民事诉讼法的有关规定向人民法院申请执行。受理申请的人民法院应当依法执行。

 思考题

1. 劳动法律关系与民事法律关系有哪些区别？
2. 劳动者享有什么权利？
3. 成为用人单位的条件是什么？
4. 发生劳动纠纷后的处理程序是什么？
5. 简述劳动人事争议仲裁的处理程序。

第五章　　日常生活劳动

学习目标

1. 立足个人生活事务处理，在日常生活中动手实践、出力流汗，接受锻炼、磨炼意志；培养良好生活习惯和卫生习惯，强化自立自强意识，形成正确劳动价值观和良好劳动品质；领悟日常生活劳动的意义和价值，培养勤俭、奋斗、创新、奉献的劳动精神。

2. 掌握日常生活劳动工具、劳动技术和劳动形态的新变化，善于观察思考，注重运用所学知识解决实际问题，提高日常生活劳动质量和效率；在学习和借鉴他人丰富经验、技艺的基础上，尝试新方法，探索新技术，打破僵化思维方式，推陈出新。

3. 在掌握基本日常生活劳动技能的基础上，提升审美水平和劳动技能，如大学生服饰搭配技巧、居家收纳整理技能、营养美食烹饪技巧等。

案例导入

退学"神童"的重新崛起

魏永康出生在湖南华容的一处僻静村庄。他的父亲瘫痪在家，所有的家务活，几乎全落在母亲一人身上。魏永康的母亲是个要强的女人，她不仅将家打理得井井有条，还全力培养魏永康读书。在母亲的教育下，魏永康4岁读小学，此后更是一连几次成功跳级，8岁便进入县属重点中学，13岁那年更是以湖南最小考生的身份，高分考入湘潭大学物理系，被誉为"神童"。

魏家出了个"神童"大学生的消息，立刻在华容传开了。不少家长专程去拜访魏母，只为了解培养神童的秘籍。原来多年来，魏母一直在魏永康身边陪读，为了让儿子安心学习，甚至还辞掉工作一心打理儿子的生活起居。在母亲的"照顾"下，魏永康成了不折不扣的学习机器。每天，母亲会定时叫魏永康起床，然后替魏永康挤好牙膏，替魏永康洗脸。家里所有的家务活，母亲一概不让魏永康沾手，有时为了让魏永康多一点看书的时间，母亲还会一口一口地给魏永康喂饭。

在母亲严格的"家教"下，魏永康没有良好的与人交往的能力。魏永康变得不爱说话，也不懂最基本的生活常识。他的世界里，只有母亲殷切的期盼与看不完的书籍。

2000年，年仅17岁的魏永康考上了中科院高能物理研究所硕博连读研究生。喜报传来，采访魏永康母亲的记者几乎踏破了魏家大门。

如果不出意外的话，魏永康应该很快就能顺利完成学业，拿回让母亲骄傲的博士文凭，再找一份好工作。但意外偏偏发生了。由于学校远在北京，魏永康觉得母亲继续陪读不便，便谢绝了母亲的陪读要求，孤身北上求学。谁知，离开母亲后，魏永康立刻陷入巨大的麻烦里。他需要有人每天叫他起床，不然就会睡过头迟到，而生活起居方面，魏永康更是一塌糊涂。有一次，北京突降大雪，可魏永康不懂添衣保暖，依然穿着单衣出门。不仅如此，由于不善交流，魏永康的学业也遇到了重大麻烦。他无法与导师沟通，也无法适应学校的教学模式。最终，魏永康因学业达不到要求，惨遭中科院劝退。

魏母反思自己的教育方式。她觉得自己以前过分强调学习，却忽略了对儿子生活能力的培养。

此后，魏母开始一点一滴地培养儿子的生活能力，从收拾家务到洗衣做饭，手把手地教他。渐渐地，魏永康生活自理能力越来越强，心态也越来越好，有时甚至还能成为母亲的助手，帮助照顾卧床不起的父亲。

与此同时，魏母一改之前"圈养"魏永康的方式，鼓励魏永康邀请同学、朋友来家里做客。同龄人的到来极大地丰富了魏永康的精神世界，也让他与人交往的能力飞速提升。

不久后，上海一家公司听说了魏永康的事迹，盛情邀请魏永康入职。在那里，魏永康遇到了让他心动的女孩，双方很快喜结连理，可谓是事业爱情双丰收。婚后，魏永康与妻子相敬如宾。他会在妻子劳累时，主动承担家务，也会为家庭精打细算。

魏永康始终没有放弃读研的梦想。2009年，他考上了北京工业大学的研究生，再次回到当初让他跌倒的北京。

从木讷神童到懂得生活的普通人，魏永康努力了很多年。所幸魏永康的努力没有白费，如今他已完全融入社会中，有了自己的社交圈与心爱的工作。几乎每一个接触过魏永康的同事，都会盛赞他的专注力与业务能力。其事业一帆风顺的同时，家庭也美满幸福。

思考：

日常生活劳动对个人发展有什么意义？

第一节　日常生活劳动的界定

日常生活广义上指人的各种活动，包括日常生活行为、学习、工作、休闲、社交、娱乐等。胡敏中主要从个人领域和社会领域的划分来对日常生活和非日常生活进行区分。他认为日常生活以家庭为基点，主要是个人或私人领域，是具有重复性和狭隘性的人的日常消费行为、交往活动和思想、观念活动的总和。而与之相对的非日常生活是指以社会为基点，主要属于社会领域的具有不断进步性和开放性的政治、经济、文化活动的总和。[①]

日常生活和个体生活直接相关，目的在于维持个体生存和再生产。日常生活是开展其他社会生活的前提和基础。日常生活包括了衣食住行、生老病死、生儿育女、婚丧嫁娶等基本活动。日常生活是基于个人直接生活环境构成的日常空间开展的，以家庭为主，具有相对固定、狭窄、封闭和私密等特征。在日常生活中，人们进行的是一种每日例行的、重复性高的、世俗的、仪式感较弱的活动。

日常生活劳动是指可以直接满足日常生活需求的劳动，日常生活劳动是在具备生活条件的基础上对生活条件再做改造，并直接服务于人日常生活的劳动。

从内容上讲，日常生活劳动主要是指日常生活中自我服务的劳动和家务劳动。基于对日常生活范畴的上述认定，我们所讨论的日常生活中的劳动内容主要是围绕个人需要，在家庭范围内开展的劳动，尤其以家务劳动为主。大学生应经常参与制作食物、打扫卫生、清洗衣服、美化家庭、美化寝室、缝补衣服、修理家具等日常生活劳动。如果不参与家庭劳动，养成"衣来伸手，饭来张口"、过分依赖父母的不良习惯，就会对自身的成长和发展带来不利的影响。

从层次上讲，日常生活劳动主要分技能性生活劳动和审美性生活劳动。技能性生活劳动就是通过操作性技术、技能改造生活资料（或者生活条件）以满足生活需要的劳动形式，例如做饭、炒菜、缝补、洗衣服、洒扫等。现代科技的发展大部分都是建立在技能性生活劳动之上，例如洗衣机、扫地机器人、洗碗机等智慧家用电器的出现，逐步改变了人们的生活劳动方式，弱化了对体力的需求。

审美性生活劳动是技能性生活劳动的升华，比如缝补衣服，给一件破了洞的衣服结结实实地打一个补丁，这就是技能性生活劳动，但是如果补丁不好看，对这个补丁作出改造，比如设计成一朵花儿，或是其他图案等，这就不仅仅是技能性劳动，而是创造美、创造幸福的劳动过程，它就是审美性生活劳动。再如，把家里打

[①]　胡敏中.论日常生活和日常认识［J］.求是学刊，2000（3）.

扫一遍，属于技能性生活劳动；如果觉得家里太单调，太冷清，太没有艺术感，太乏味，就会想到需要对家里作出各种布置，这种布置到底美不美，见仁见智，但是对于劳动者自己来说，它是按照自己的审美方式布置的，劳动者在处理家务中按照自己觉得美的标准创造了自己的空间，他为自己的生活创造了美和幸福，这就是审美性生活劳动。

第二节　日常生活劳动的教育功能和教育目标

一、日常生活劳动的教育功能

哈佛大学学者曾经做过一个调查研究，得出一个惊人的结论：爱干家务的孩子和不爱干家务的孩子，成年之后的就业率为 15 : 1，犯罪率为 10 : 1。爱干家务的孩子，离婚率低，心理疾病犯病率也低。中国教育科学研究院曾对全国 2 万个家庭进行调查，结果表明：孩子做家务的家庭比不做家务的家庭，孩子成绩优秀的比例高了 27 倍。

另有专家指出，在孩子的成长过程中，家务劳动与孩子的劳动技能、认知能力的发展以及责任感的培养有着密不可分的关系。

（一）日常生活劳动能丰富生活知识，促进智力发育

人类劳动的重要特征是运用劳动工具。认识和使用真实劳动工具（真实劳动工具是相对于网络虚拟劳动工具而言）是劳动者必须具备的能力。无论是生活劳动、生产劳动还是服务性劳动，我们通常都要运用一定的劳动工具，如烹饪需要厨房工具，清洁服务需要打扫工具，木头搬运需要运输工具，挖矿需要矿场工具，加工制造需要大型机器设备，等等。正如亚当·斯密和卡尔·马克思等人指出：劳动的一个重要特征就是使用真实劳动工具，从而提升劳动效率和社会生产力。真实劳动工具就如同一本记录人类劳动发展历史的"书"，记录着人类社会整体劳动发展变化的过程。人类懂得了操作石器，我们的历史就进入了石器时代；人类掌握了操作机器，我们就迎来了工业时代；人类掌握了电脑互联网工具，我们就走进了智能时代。

在日常生活劳动中，我们要学会使用各种基本的劳动工具，掌握基础的生活劳动技能。日常生活劳动就是一个锻炼我们使用劳动工具、熟悉劳动过程，从而形成劳动能力的过程。劳动能力不同于记忆数学公式、物理公式等知识的能力，它不仅仅强调记忆能力，更要求我们按照预期劳动要求高效地完成相关任务，得到满意的产品或服务，所以特别强调动手能力。比如在烹饪过程中，即使学习了很多关于食盐的化学知识，若不经过反复烹饪劳动实践，做菜时我们也很难掌握一道道特色菜

的食盐用量，做出可口的佳肴。

英国社会学家弗兰克·富里迪的实验证明：家长如果不重视孩子的家务劳动习惯，让孩子缺乏必要的劳动锻炼，则会使孩子的脑前额叶发展迟缓。而脑前额叶的发育和智商直接相关，孩子的逻辑思维能力、情绪控制能力、判断力和语言表达能力都要靠脑前额叶。

在日常生活劳动中，劳动者也需要不断思考，扫地时怎样挥动扫把，怎样把碗洗得干净，怎样将衣服叠得整齐，怎样将屋子收拾得整洁，这些都可以锻炼我们的思维能力，尤其是对精细动作和动手能力。实验证明：精细动作的发育对儿童生活自理能力的形成有着非常大的影响，儿童可以通过学习叠衣服、收纳玩具等日常生活劳动锻炼精细动作和手眼协调能力。在从事这些日常生活劳动的过程中，可以很好地锻炼儿童的身体平衡能力、大小肌肉群，从而促进各种精细动作的完成，更进一步促进大脑发育。

（二）日常生活劳动能增强责任感和主人翁意识

列夫·托尔斯泰曾说过："一个人若是没有热情，他将一事无成，而热情的基点正是责任感。"作为组成国家机体的"细胞"，家庭对青少年影响深远。让孩子拥有责任感，对孩子本身，对家庭，甚至对整个国家，都有重要的意义。而日常生活劳动就是培养孩子责任感的起点。

我国教育家魏书生坦言：我认为教育孩子的头等大事是承担家庭责任。在他看来，孩子做家务劳动是用实际行动承担家庭责任，是爱父母的表现。"一个孩子从小知道心疼父母，长大了才会心疼老百姓，关心集体和国家。这是很简单的常识。"在魏书生看来，日常生活劳动教育不仅仅是简单的体力劳动，它与德育、智育、体育、美育相融合，进而促进学生形成正确的世界观、人生观和价值观。在自己的教育生涯中，魏书生也一直将劳动教育放在重要位置，他要求学生每天做的第一件事就是至少做一分钟家务。

在美国、德国和日本，孩子不论年龄大小，都是重要的家庭成员，他们在家庭中也应该负起责任，而从事日常生活劳动，尤其是家务劳动，是最好的方式。和家人一起做家务劳动，作为家庭一分子为家庭出力，体验家务劳动的艰辛，体谅和感恩家人的付出，可以培养孩子的家庭责任感，将来进入社会后，就具备良好的社会责任感和职业责任感。

德国甚至立法规定，孩子必须做家务。德国法律条文中有一项规定：孩子6岁之前可以玩耍，不必做家务；6—10岁，偶尔要帮助父母洗碗、扫地、买东西；10—14岁，要剪草坪、洗碗、扫地及给全家人擦鞋；14—16岁，要洗汽车、整理花园；16—18岁，如果父母上班，要每周给家里大扫除一次。对于不愿意做家务的孩子，父母有权向法院申诉，以求法院督促孩子履行义务。在德国，没有哪个孩子会对这条法律持有异议。因为，家长都有这样一个共识：家长的首要责任就是让自己的孩子通过做家务掌握一些劳动技能，从小就懂得一个人走向社会最终要靠自己，靠自立和自强。让孩子学会做家务，可以让孩子了解家庭生活的基本规律，掌握家庭生活中的和谐节奏，培养家庭责任感，培养孩子热爱劳动的品质，提高自己的动手能力，学会必要的生活本领，并且能强化孩子的感恩之心和亲情观念。

（三）日常生活劳动为以后的专业劳动、职业发展奠定基础

社会劳动多种多样。我们的衣食住行都需要有不同的劳动者提供相关的产品和服务。如建筑工人和管道工人主要是从事职业性劳动，教师和医生主要是从事专业性劳动，但是每个人都需要在生活中从事日常生活劳动。日常生活劳动甚至是很多职业性劳动和专业性劳动的基础。

有些学生不认识、不会使用基本的劳动工具，优越的家庭条件使他们习惯于享受别人的劳动成果。尤其是随着现代科技的日益进步，很多人认为智能化时代，机器劳动将全面取代人类劳动，人们只要负责消费享受就行了，根本不需要学会使用传统劳动工具，日常生活劳动交给机器和机器人就可以了。某修理厂的一线管理人员向学校反馈意见，现在职业院校的学生缺乏劳动教育，学生不懂基本的劳动技术，而维修行业主要是操作性岗位，初学者一般从使用日常工具开始。所以很多学生适应工作慢，日常劳动工具使用不好甚至不会使用，导致许多简单的工作都做不好。

20 世纪后半叶，人类已经进入知识社会，各行各业的劳动者都需要基于基础知识和专业知识开展劳动。劳动者除了应具备这些基础知识外，还需要掌握相应的技能或者技巧，后者通常需要经过练习甚至专门的培训才能掌握。这对于普通劳动者和专业劳动者来说都一样，例如洗衣服、叠被子、扫地、倒垃圾、收拾整理房间等日常生活劳动，都能通过训练提高劳动技能，从而提高劳动效率。例如学生叠被子需要数分钟，但是经过学校军训内务整理的强化训练以后，不到一分钟就能完成，而且完成的效果比以前更好。

二、日常生活劳动的教育目标

中共中央、国务院印发的《关于全面加强新时代大中小学劳动教育的意见》（简称《意见》）明确将劳动划分为生产劳动、服务性劳动和日常生活劳动三种类型；根据教育目标，针对不同学段、类型学生特点，以日常生活劳动、生产劳动和服务性劳动为主要内容开展劳动教育。结合产业新业态、劳动新形态，注重选择新型服务性劳动的内容。

小学低年级要注重围绕劳动意识的启蒙，让学生学习日常生活自理，感知劳动乐趣，知道人人都要劳动。小学中高年级要注重围绕卫生、劳动习惯养成，让学生做好个人清洁卫生，主动分担家务，适当参加校内外公益劳动，学会与他人合作劳动，体会到劳动光荣。

初中要注重围绕增加劳动知识、技能，加强家政学习，开展社区服务，适当参加生产劳动，使学生初步养成认真负责、吃苦耐劳的品质和职业意识。

普通高中要注重围绕丰富职业体验，开展服务性劳动、参加生产劳动，使学生熟练掌握一定劳动技能，理解劳动创造价值，具有劳动自立意识和主动服务他人、服务社会的情怀。

中等职业学校重点是结合专业人才培养，增强学生职业荣誉感，提高职业技能水平，培育学生精益求精的工匠精神和爱岗敬业的劳动态度。

高等学校要注重围绕创新创业，结合学科和专业积极开展实习实训、专业服务、社会实践、勤工助学等，重视新知识、新技术、新工艺、新方法应用，创造性地解决实际问题，使学生增强诚实劳动意识，积累职业经验，提升就业创业能力，树立正确择业观，具有到艰苦地区和行业工作的奋斗精神，懂得空谈误国、实干兴邦的深刻道理；注重培育公共服务意识，使学生具有面对重大疫情、灾害等危机主动作为的奉献精神。

高等职业院校日常生活教育重在劳动观念养成。考虑到劳动教育内容的针对性和可行性，《意见》将非生产劳动教育分为日常生活劳动教育和服务性劳动教育，前者注重在学生个人生活自理中强化劳动自立意识，体验持家之道，这也是学生健康发展、适应社会生活的重要基础。日常生活劳动教育，不是简单地让学生扫地、做家务，而是围绕讲解说明、淬炼操作、项目实践、反思交流、榜样示范等关键环节，加强对日常生活劳动教育方式方法的具体指导，要求通过组织学生参加劳动实践树立正确的劳动观念、具有必备的劳动能力、培育积极的劳动精神、养成良好的劳动习惯和品质。

高等职业院校是大学生提高日常生活劳动技能的园地。大学生既要珍惜参加日常生活劳动的机会，更要重视在实习实训课中有意识地锤炼自己的正确劳动价值观和良好劳动品质。在劳动实践中提升劳动技能水平、养成劳动习惯，在操作中使用"怎样做、为什么这样做、怎样才能做得更好"的学习、思维方式，提升手脑并用的能力和创新能力。掌握日常生活劳动工具、劳动技术和劳动形态的新变化，善于观察思考，注重运用所学知识解决实际问题，提高日常生活劳动质量和效率。在学习和借鉴他人丰富经验、技艺的基础上，尝试新方法，探索新技术，打破僵化思维方式，推陈出新，以便将来更好地适应社会需要。

家长是孩子的第一任老师，家庭是实施日常生活劳动教育的重要场所。《意见》从四个方面强调发挥家庭在劳动教育中的基础作用：一是鼓励孩子自觉参与、自己动手、随时随地、坚持不懈地进行劳动，每年掌握 1～2 项生活技能；二是鼓励孩子利用节假日参加社会劳动；三是树立崇尚劳动的家风，让孩子养成从小爱劳动的习惯；四是学校和社区、妇联等开展学生生活技能展示活动，加强对家庭劳动教育的指导。

第三节 日常生活劳动的主要内容

人类物质生活的重要内容为衣、食、住、行四个方面。古人言："食必常饱，然后求美；衣必常暖，然后求丽。"在物质生活相对丰富的今天，人们不仅要吃饱穿暖，居有定所，而且也在追求吃得精美，穿得精致，住得舒适，行得方便。所以在日常生活中投入更多劳动，不仅仅是技能性劳动，更多的是审美性劳动。当饮食服饰上升为一种文化现象，而不仅仅是果腹御寒之需时，那美食华服背后蕴含的意义除了人们的生活需求，更见证了一种文化的变迁。大学生是社会中有激情、创意、活力和希望的群体，应当以积极的心态认识饮食服饰文化的意义，穿着得体、洁净、优雅，饮食合理、健康、营养，居住环境整洁、舒适、温馨，充分展现当代大学生的自信、健康、美丽的精神风貌。

一、衣物有形

莎士比亚曾说：一个人的穿着打扮，就是他的教养、阅历和社会地位的标志。整洁、得体、和谐、优雅是最基本的要求。着装也是一种礼仪，好的着装会让人赏心悦目，并且一见难忘。大学生着装的整齐、洁净、优雅的基础，是以学会日常生活中关于衣物的基本劳动知识为前提的。主要包括衣物的清洁、熨烫、收纳和搭配等方面。

（一）衣物的清洁

洗衣服是日常生活的一部分，这项劳动有四千年以上的历史了。从人们挎着装满脏衣服的篮子到最近的河边，在石头上捶打、揉搓衣物，然后将洗干净的衣物在太阳下晾晒，到运用各种洗涤用品、洗衣机、烘干机等清洗烘干衣物，衣物清洗也经历了许多变化。衣物清洗的流程包括：分类，洗涤，漂洗和干燥。

首先是分类。衣物洗涤前要根据各类服装不同的洗涤要求进行分类。

（1）根据面料区分水洗与干洗、手洗与机洗。呢绒类西服、大衣等外套质地、厚薄、色泽差别大的，采用干洗方法；丝绸类衣物质料娇嫩，色泽牢度差，洗涤液宜用酸性的，温度不宜过高，不能与其他衣料混洗，大多要用手洗；棉麻类衣物耐热耐碱性强，一般可用机洗；化纤类衣物技术要求各不相同，要仔细阅读衣物上的洗涤标注，选择洗涤温度和操作方法。

（2）按衣物颜色分类，衣物一般可分为白色、浅色、深色三类。衣物按照白色—浅色—深色的顺序清洗，不能将白色、浅色、深色衣物一起洗。

（3）区分褪色衣物。对容易褪色的衣物要单独洗，以免串色，染坏其他衣物。全棉、真丝的面料大多易褪色。初次洗涤的衣物若不能确定其面料是否会褪色，可用一小块白布蘸上清水或洗涤溶液在衣物的贴边等暗处稍用力擦洗，如果沾染上颜色，说明该面料容易褪色，应分开洗涤。

（4）按衣物的干净程度分类。洗涤的衣物脏净程度不一样，要根据衣物的脏净程度分类，先洗不太脏的衣物，后洗较脏的衣物，最后洗很脏的衣物。

（5）区分内衣与外衣。内衣贴身穿着，与皮肤直接接触，洗涤要求更高，漂洗次数更多。外衣直接与外界接触，易弄脏，不明细菌、病毒都可能沾染上，内衣与外衣不能放在一起洗涤。

预处理。预处理是在服装洗涤前对某些部位、某些污渍作单独处理，使服装洗得更干净。一般针对领口、袖口等易脏地方，可用衣领净之类的辅助洗涤用品喷涂，或用去渍皂搓洗干净；针对油渍等特殊污渍，应采用相应的有效方法去除。

其次是洗涤。洗涤阶段主要是用洗涤剂溶液等对衣物进行清洗，目的是将衣物上的污垢与织物分离。

浸泡是在洗涤之前的一个短暂过程，浸泡分清水浸泡和洗涤剂溶液浸泡。洗涤剂溶液浸泡效果好，但容易使深色和易褪色的衣物掉色。丝绸、毛料以及不太脏、易褪色的衣物不能浸泡，要直接洗涤。深色衣物只能用清水浸泡，不能放入洗涤剂溶液中浸泡，否则容易褪色。使用时间较长，脏污与织物结合比较牢固的衣物，比如床单、工作服等在洗涤之前可浸泡，但浸泡时间不要太长，15～20分钟即可。脏污过分严重的衣物可适当延长浸泡时间，使污垢软化、溶解，提高洗涤质量。

再次是漂洗。漂洗也叫过水，是用水漂洗衣物，是保证衣物清洁的重要环节。

漂洗时应该注意第一次过水时的水温不能太低（尤其在冬天需要注意）。在水洗的过程中纤维已经膨胀，遇冷收缩，洗衣液不能洗净，容易造成衣物晾干后发硬，严重时会泛黄变质。衣物过水次数不要太少，手工洗涤由于力度有限，应增加过水次数直至将洗涤剂完全洗净。过水时，不能使劲拧绞衣物，尤其是丝绸、软缎等衣物要避免与硬物摩擦，只能轻轻拎起沥水。绣花衣物，深色丝绸衣物，洗涤过程中会有落色现象，可在清水中加入适量醋酸，抑制颜色溶落，中和残留在衣物上的碱，增加丝绸的光泽。漂洗完毕，我们根据需要使用衣物柔顺剂、蓬松剂等进行后处理，使衣物清香、脱碱、蓬松、柔顺。

最后是干燥。干燥的方法有晾晒与烘干两种。

晾晒有阳晾和阴晾之分。阳晾是指在日光下晾晒，颜色日晒牢度较好的衣物可进行阳晾。阴晾是在通风处晾干，不直接接触阳光，丝绸、化纤以及颜色日晒牢度较差的衣物均宜阴晾。

衣物在晾晒之前要抖松、拉平，缝线处、褶皱明显处都要用手拉一拉，使干燥后的衣物比较平整。羊毛衫、羊绒衫、棉线编织衫遇水后容易变形，用晾衣竿（竹竿）串好后晾晒；特别容易变形的服装，要把它平摊在平面上，待七八成干后再用晾衣竿串晾，以避免服装变形。

烘干是将衣物放在干衣机中烘干，此方式不受气候的影响，是比较理想、比较现代的干燥方式。许多全自动洗衣机带有烘干功能，衣物洗好后可以直接烘干。

衣物在烘筒内不要放得太多，若衣物过挤，烘出来会增加褶皱，不平服。纤毛收集口的绒毛要及时清理，保持筒内空气流通，提高烘干效率。烘干温度一般为60℃，不要调节得太高，以防把不耐高温的面料烘坏。衣物在烘干时要翻成反面，拉好拉链，保护正面减少摩擦。带有毛皮、皮革、绒毛镶拼，或有玻璃珠、塑料片等特殊装饰物的服装，以及保养标志上注明的不能用滚筒式烘干机烘干的衣物不要进烘干机烘。金属装饰物要用布包裹起来，以免滚动时刮伤服装面料。

（二）衣物的熨烫

衣物在穿着前，需要熨烫。熨烫的设备——"熨斗"，当时亦称"火斗""金斗"。一般由金属制成，古时多用炭火加热后熨烫衣料。现代的熨斗有聚氨酯塑料的，多用电加热或蒸汽加热，又称电熨斗和蒸汽熨斗。家庭中，常用两种熨衣服的器具，一种是电熨斗，一种是挂烫机。随着人们物质文化生活水平的提高，人们对服装的审美要求越来越高，每个人都希望能穿上舒适、合体，充分体现自己仪表风度的服装，由此，对服装的立体造型越来越重视。作为体现服装立体造型手段之一的熨烫显得尤为重要。熨烫有烫平褶皱、改善外观的作用。服装外观平整，褶裥及线条挺直，能更好塑造立体服装的效果。

夏季衣服和薄料衣服宜用挂烫机熨烫。冬季衣服和厚料衣服要用电熨斗来熨烫。

（1）准备工作：准备工具为蒸汽熨斗一个，熨案一个，薄棉布一块。

（2）基本熨烫原则：先烫反面，再烫正面；先烫局部，再烫整体。

上装的熨烫顺序是：分缝—贴边—门襟—口袋—后身—前身—肩袖—衣领。

裤装的熨烫顺序是：腰部—裤缝—裤脚—裤身。

衬衫的熨烫顺序是：分缝—袖子—领子—后身—小裥—门襟—前肩。

（3）熨烫的基本方法：

推烫：是运用熨斗的推动压力熨烫衣物的一种方法。对熨烫的织物面积较大而又有轻微褶皱的部位，运用推烫的方法。

注烫：利用熨斗尖部对衣物上某些小范围进行熨烫的方法。在操作时，提起熨斗底后部，用熨斗尖部熨烫衣物纽扣和某些饰物的周边地区。

托烫：对于某些衣物不规则的部位，在熨烫时不能放在烫台上熨烫，而用"棉枕头"等物托着进行熨烫的方法。如对肩部、领部、胸部、被子或一些裙子的折边应运用托烫。

侧烫：对衣物上的筋、裆、缝等部分熨烫时，为不影响衣物上的其他部位，而用熨斗的侧面侧着熨烫的方法。

焖烫：运用熨斗的自身重力或加重压力，缓慢地对织物进行熨烫，使之平服、挺括的方法；主要针对的部位是衣领和袖子。

（三）衣服的收纳

衣物的整理收纳是一种技巧，也是一门生活艺术。可以把漂亮使用率高的衣服放在醒目的地方，或是按照春夏秋冬不同季节进行整理收纳，在收纳每一季衣物时，可以按照种类收纳，如将 T 恤、衬衫、长裤、短裤、裙子等进行归类整理。同时要注意以下收纳技巧。

1. 收藏毛料服装技巧

毛料服装收藏前一定要洗涤干净，晾干凉透后再收藏，不给微生物以滋生的环境。晾晒时，衣服里子要朝外，放在通风阴凉处晾干，避免曝晒，待凉透后再收藏。

毛料服装应在衣柜内用衣架悬挂存放，特别是长毛绒服装更怕重压，无悬挂条件的，要用布包好放在衣箱的上层。不论以何种方式存放毛料服装，都要反面朝外，一是可以防止风化褪色，二是有利于防潮防虫。

毛料服装在梅雨季节晾干后最好放入塑胶袋中，可加少量樟脑丸，密闭扎实袋口。

2. 收藏化纤类服装技巧

化纤织物中的人造棉、人造丝等是以木材、芦苇、麦秸等为原料制成的，保管不妥会被虫蛀，故收藏时须放卫生球，且衣服要叠平收藏，不可久挂在衣钩上，以免变形。合成纤维类服装在收藏时，尽可能不用樟脑丸。因樟脑丸的主要成分是萘，而萘的挥化物具有溶解化纤的作用，会影响化纤织物的牢度。

合成纤维类服装不怕虫蛀，但收藏前仍须洗净晾干，以免产生霉斑。

3. 收藏羊毛织物的技巧

羊毛织物在换季收藏时，应事先洗涤干净，并在阳光下晾晒。如果毛衣不太脏，且不需要水洗，则将尘土拍净，后放置樟脑丸再收藏。

羊毛织物收藏时不宜用衣架挂，长时间撑挂容易使羊毛织物变形，只要整平叠好放入箱内，再加入防虫剂即可。

羊毛织物在换季收藏时，应事先洗涤干净，并在阳光下晾晒。

4. 收藏棉织品的技巧

棉衣等棉织品穿过后会沾上不少灰尘污物，特别是领口、袖口很容易脏；有条件时最好拆洗，并将棉花晒干，复原后贮藏。如办不到，也应拍净灰尘，用水刷洗一次，晒干后再收藏。

棉织品由天然植物纤维织成，其特点是吸湿性强，怕酸耐碱，在收藏前一定要洗净晾干，在衣箱中放置樟脑丸。

（四）衣物的搭配

俗话说："人靠衣装马靠鞍。"著名时装设计大师夏奈尔曾经说过："当你穿得邋遢时，人们注意的是你的衣服；当你穿得无懈可击时，人们注意的才会是你。"美是人类的一种永恒的追求，是人类特有的精神活动，也是大学生生活的重要组成部分。大学生作为拥有知识和青春活力的特殊群体，对服饰文化审美和形象设计的追求呈现出多样化的发展趋势，他们对美的追求更加迫切，他们对一切美的对象的喜爱和欣赏更为直接、强烈。但审美活动要受自身的修养、个性、审美、观念、经济状况等因素的制约。大学生可以跟随时尚选择自己的服装，化自己喜欢的妆容，作为自己个性的体现。大学生是善于学习的青年，对于社会上流行的审美时尚有很强的消化力和附和力，善于模仿，有较强的自我意识，乐于将自己包装成一个成熟的社会人的模样，尽管一些时尚并不适合校园这个环境，但是只要流行，许多人就会感觉很好，这种紧随时尚的模仿与从众心理使大学生对美缺少理性的分析，在审美选择时出现盲目性，审美活动显得世俗化、平庸化，暴露了自身审美趣味肤浅的一面。所以大学生要树立正确的审美观，提高审美品位，掌握一些服饰搭配技巧，更好地体现大学生的修养和风度。

服饰搭配随着社会的发展愈加重要，作为一名即将走入社会的当代大学生，在学好自己专业知识的同时，更要注重自己艺术修养和审美能力的提升，关注外在形象，掌握着装常识、着装原则和服饰搭配、服饰礼仪的基本知识。尽量做到衣着整洁合体，搭配得当，姿态端庄，彬彬有礼。在任何场合，穿着得体，都会给人留下良好印象。在社交场合，得体的服饰更是一种礼貌，一定程度上直接影响着人际关系的和谐。因此，大学生一定要重视自己的服饰形象，做到内外兼修。

二、食物有道

（一）中国饮食文化

"民以食为天"，可见饮食在中国民间的重要地位。中国作为饮食文化之邦，长期以来形成了丰富多彩的饮食文化，以其独特的文化内涵享誉世界，这是在长期的历史发展中形成的，饮食文化离不开历史的发展，在不同的朝代有着不同的饮食文化。中国菜肴更体现了中国饮食文化的博大精深。经过数千年的发展，中国饮食文化形成了丰富的内涵，大致可以概括成四个字：精、美、情、礼。这四个字，反映了饮食活动过程中饮食品质、审美体验、情感活动、社会功能等所包含的独特文化意蕴，也反映了饮食文化与中华优秀传统文化的密切联系。精、美、情、礼，分别从不同的角度概括了中华饮食文化的基本内涵。精与美侧重于饮食的形象和品质，而情与礼，则侧重于饮食的心态、习俗和社会功能。但是，它们并不是孤立地存在的，而是相互依存、互为因果的。唯其"精"，才能有完整的"美"；唯其"美"才能激发"情"；唯有"情"，才能有合乎时代风尚的"礼"。四者形成了中华饮食文化的最高境界。

总而言之，中国饮食文化大致有以下主要特征：

1. 风味多样

由于我国幅员辽阔，地大物博，长期以来，在饮食上也就形成了许多风味。我国一直就有"南米北面"的说法，口味上有"南甜北咸东酸西辣"之分，主要有巴蜀、齐鲁、淮扬、粤闽四大风味。各地由于气候、物产、生活环境和生活习惯的不同，人们的口味也不尽相同，如南方人口味清淡，北方人口味较重，等等。根据食材和做法、风味与口味的不同，在中国就形成了具有地方特点的菜肴文化。如清代出现"帮口""帮口菜"的名称，有如"扬帮""川帮""扬帮菜""川帮菜"的叫法。从20世纪50年代开始，中国有"四大菜系"之说，即山东（鲁）、淮阳（苏）、四川（川）、广东（粤）等菜系；后又有"八大菜系"之说，即"四大菜系"再加上浙江（浙）、安徽（徽）、湖南（湘）、福建（闽）等四大菜系；还有"十大菜系"之说，即"八大菜系"再加上北京（京）、上海（沪）两个菜。各大菜系各具特色。

2. 四季有别

一年四季，按季节而吃，是中国烹饪的一大特征。自古以来，我国一直按季节变化来调味、配菜。冬天味醇浓厚，夏天清淡凉爽；冬天多炖焖煨，夏天多凉拌冷冻。

3. 讲究美感

中国菜肴，不仅用料多样，烹饪技术精湛，而且有讲究菜肴美感的传统，注意食物的色、香、味、形、器的协调一致。厨师们在选料、刀工、火候、烹饪、调味、调汤、拼盘、搭配、上菜等方面各有千秋，也体现了中国饮食讲究美感。对菜肴美感的表现是多方面的，无论是个红萝卜，还是一个白菜心，都可以雕出各种造型，独树一帜，达到色、香、味、形、美的和谐统一，给人以精神和物质高度统一的特殊享受。

4. 注重情趣

我国烹饪很早就注重品味情趣，不仅对饭菜点心的色、香、味有严格的要求，而且对它们的命名、品味的方式、进餐时的节奏、娱乐的穿插等都有一定的要求。中国菜肴的名称可以说出神入化、雅俗共赏。菜肴名称既有根据主、辅、调料及烹调方法的写实命名，也有根据历史掌故、神话传说、名人食趣、菜肴形象来命名的，如"全家福""将军过桥""狮子头""叫花鸡""东坡肉"……

5. 食医结合

我国的烹饪技术，与医疗保健有密切的联系，在几千年前就有"医食同源"和"药膳同功"的说法。食医结合是指利用食物原料的药用价值，做成各种美味佳肴，达到防治某些疾病的目的。

（二）基本烹饪方法介绍

我国饮食文化源远流长，历史悠久。古人云，食不厌精，脍不厌细，对食物烹饪方法也极有讲究；或炒或蒸，或煎或炸，根据不同食材、不同时令制作美食。下面介绍几种常用的烹饪方法。

1. 炒的技巧

炒，就是把原料改刀成丁、条、丝、片等形状，有的直接生炒，有的需上浆、挂糊等，经焯、煮、蒸、滑、炸、煎等初步熟处理后再用少量油翻炒至熟的一种方法。炒适用于制作各种不同原料的菜肴，是中式烹调中最常用的一种烹调方法。炒主要分为生炒、熟炒、爆炒、滑炒、干炒等。

（1）生炒：也叫作火边炒，是把改刀后成丁、上浆、挂糊的原料下入热油锅内，炒至六七成熟，再下入配料、调料，迅速颠翻几下，断生即好。有的原料形状较大，或不太易熟，也可在炒制时放入适量的汤或水炒熟出锅，有的可勾点薄芡，如生炒油菜，生炒蒜薹肉片等。

（2）熟炒：是将切成大块的材料经过水煮、烧、蒸、炸成半熟或全熟后，再改刀成片、丝、丁、条等形状，放入有少量油的热油锅内煸炒，再加入配料、调料或少量汤汁翻炒出锅的一种方法。熟炒的原料一般不上浆挂糊，出锅前有的可勾点薄芡。成菜特点是鲜美浓香，有少许卤汁，如川菜回锅肉等。

（3）爆炒：是将脆性材料以油为主要导热体，在大火上，于极短的时间内灼烫而成熟，调味成菜的一种方法。爆炒要掌握的要点是要提前把味汁调好，动作迅速，快速烹制。炒的过程可以分为焯（还可叫汆、烫、冒、飞水）、炸（还可叫爆、过油）、炒三个步骤。三个步骤要连续操作，一气呵成。特别是焯和炸，时间要短，火力要大。焯要大火开水，炸要大火沸油，炒要大火热锅，"三旺三热"，是油爆的基本条件。成菜特点是汤汁紧裹原料，脆嫩咸香，如爆炒腰花等。

（4）干炒：又称干煸。是把改刀后的原料经过腌制入味，放入加有少量油的热锅内，炒至外表微黄时，下入配料、调料炒熟出锅的一种方法。干炒要掌握的要点是原料不上浆、不挂糊，原料中的水分要炒干才能加配料、调料，不加汤或水，出锅时不勾芡。成菜的特点是无汤汁，干香、酥脆，如干煸牛肉丝、干煸牛河等。

（5）滑炒：是把经刀工处理后的动物性原料加调味品入味后，再加蛋液和淀粉拌匀上浆，下入四成热油中快速拨散，滑熟后放入有少量油的热锅内，加配料及调味汁，迅速翻匀出锅的一种方法。滑炒要注意原料上浆不能太厚，滑炒时油温不能太高。滑炒菜大多是提前把味汁调好，烹汁炒匀后要尽快出锅，以免影响成品菜的口感。滑炒菜的特点是滑嫩香鲜，如滑炒里脊、滑炒鱼片等。

炒菜时应注意的要点：

首先，原料在加工成形时，要注意刀工精细，做到丝、条要粗细均匀，片要薄厚均匀，丁要大小均匀，花刀块要保持入刀深度相等、形状一致。另外，原料在加工成形时，还要根据原料不同的质地，采用不同的刀法。

其次，炒菜时要控制火候，注意油温。原料较嫩或形态较小的，下锅后用火要稍小一些；原料质老或形态较大的，下锅后用火要稍大一些。而且如果原料数量较多，则下锅后用火要稍大一些；若原料数量较少，则下锅后用火要稍小一些。

最后，炒菜油量要少，大火热油下料，翻炒手法要快而匀，而且汁少芡薄并紧包原料，切忌汤汁过多或勾浓芡。

2. 炖的学问

炖，一种常见的烹调技法，是将食材事先进行清洗、浸泡、飞水等简单处理后，放入容器中，加入汤或水及调味料，大火煮沸后，改中小火长时间烹制而成菜。炖菜方法有两种，一种叫隔水炖，另一种即不隔水炖。

隔水炖法是将食材和汤汁放入瓷制或陶制的炖盅内，封好炖盅的口，再将炖盅放入盛有适量水的锅里，锅内的水面略低于盅口，盖上锅盖，加热后用沸水煮炖盅，一般需炖三小时左右。这种炖法因食材在烹制过程中密封较好，盅内会保持一定的温度和压力，可保持食材的原汁原味。还因为食材囿于炖盅的狭小空间不能翻滚，故汤汁清澄，特别适合清汤的炖菜。

不隔水炖法就是不用炖盅，将食材和汤汁直接放入锅内，一般多采用砂锅，其他程序与隔水炖基本相同。这种方法不受炖盅容积的影响，可以炖大块头的食材，可以一次炖一大锅，是北方地区最常见的炖法，特别适合浓汤和红汤的菜肴。东北乱炖一般有红烧肉、猪排骨、茄子、扁豆、土豆、南瓜、青红尖椒，做的时候要先在锅里放上适当的动物油，再放大葱、老姜、蒜在锅里煸炒，一定要煸出香味，然后按顺序放入扁豆、茄子、青红尖椒、土豆，炒至四成熟的时候继续加入高汤和做好的红烧肉、排骨等，根据口味适量加入食盐、鸡精等调味品就可以了。适宜炖的蔬菜有白菜、土豆、萝卜、玉米等，并不是所有的蔬菜都可以用作炖菜。炖菜讲究荤素搭配，五色俱全。这样搭配起来颜色也好看，另外营养也充分。要注意的是炖菜的容器，一定不要用铝制和锡制品，因为如果用这种材质的容器长时间炖酸性食物会产生化学反应，生成有害物质，影响健康，所以建议用砂锅炖煮。

（三）食物营养与健康

饮食，除满足食欲之外，主要是借助膳食补充营养、调节人体机能。要学会通过菜肴的组合发挥营养的互补作用，提高食物的营养价值。要学会运用现代科学合理配膳，既要继承和发扬我国各民族高超的烹调技艺、优良的饮食传统，也要不断地改革创新以求不断发展，健康饮食。

1．良好的饮食习惯

良好合理的健康饮食习惯，可使身体健康地生长、发育；不良的饮食习惯则会导致人体正常的生理功能紊乱而感染疾病。恰当的饮食对疾病会起到治疗的作用，帮助人体恢复健康。我们要注意养成下列良好饮食习惯：①坐着吃饭。医学上对世界各地不同民族用餐姿势研究表明，坐位最科学，站姿次之，蹲着最不宜。②饭前喝汤。饭前先饮少量汤，可使整个消化器官活动起来，使消化腺分泌足量消化液，为进食做好准备，在餐间也可适当喝一点，但不宜多。③食物温度不宜过高。科学家认为，降低体温是人类通向长寿之路。吃温度过高的食物，对食道健康有害，而冷食则可增强消化道功能。④饮食有节，定时定量，少吃多餐，避免过饥过饱，或者暴饮暴食；三餐皆须早。

2．均衡的营养搭配

健康饮食的三大原则分别为：进食多类食物、避免暴饮暴食及注意均衡，以吸收各种所需营养。原卫生部发布的《中国居民膳食指南》（2007），对一般人群的膳食指南共有十条，适合6岁以上的正常人群：①食物多样，谷类为主，粗细搭配。②多吃蔬菜水果和薯类。③每天吃奶类、大豆或其制品。④常吃适量的鱼、禽、蛋和瘦肉。⑤减少烹调油用量，吃清淡少盐膳食。⑥食不过量，天天运动，保持健康体重。⑦三餐分配要合理，零食要适当。⑧每天足量饮水，合理选择饮料。⑨如饮酒，应限量。⑩吃新鲜卫生的食物。

3．防止"病从口入"

人们常说"病从口入"，如果不注意食品安全，尤其是在炎热的夏季，气温高、湿度大，细菌等微生物大量滋生，特别容易引起食源性疾病。由于饮食引发的疾病称为食源性疾病，而大部分食源性疾病是可以通过正确的食品安全知识和实际操作预防的。世界卫生组织组织专家提出了食品安全五个要点，只要做到这五点，就能预防食源性疾病的发生。

（1）保持食物清洁：操作食物之前应该先洗手，在备餐过程中应注意清洁和卫生。所有用于准备、制作食物的设备表面应进行清洗和消毒。避免虫类及其他动物进入厨房和接触食物。上厕所后应洗手。

（2）食物生熟分开：把生的畜禽肉，如牛肉、鸡肉等或海产品，如鱼、虾等与其他食物分开存放和处理。处理生的食物时要用专用的设备和用具。生食和熟食应分开存放，放在专用的器皿内，避免生熟食物互相接触。

（3）食物要做熟：彻底煮熟食物，尤其是畜禽肉，如牛肉、鸡肉等，蛋和海产品，如鱼、虾等。做汤或炖菜（煲）等要煮沸。烹调畜禽肉及其制品时，应烧熟煮透，确保汁水是清的，而不是淡红色。熟食二次加热的时候，需要彻底热透。

（4）在安全的温度下保存食物：熟食在室温下存放不能超过两个小时。所有熟食和容易腐败变质的食物应及时冷藏，冷藏温度最好在4℃以下。即使在冰箱中也不能过久贮存食物。

（5）使用安全的水和食物原料：不使用未经处理的河水，应使用经过安全处理的水。挑选新鲜、卫生的或经过安全加工的食品，如经过巴氏消毒的牛奶。水果和蔬菜要清洗干净，尤其不要吃超过保质期的食物。

三、环境有序

专栏 5-1

环境与人生

一个卖花的小姑娘把剩下的一朵玫瑰花，送给了路边的一个乞丐。

乞丐于是做了一个决定，今天不行乞了，回家！

他在家把玫瑰花插进瓶子养起来，然后把花放在桌子上，静静地欣赏玫瑰的美丽。他突然觉得，这么漂亮的花怎么能插在这么脏的瓶子里，所以他决定把瓶子洗干净。他又坐在边上静静地欣赏着美丽的玫瑰，突然间他感觉这么漂亮的花和这么干净的瓶子，怎么能放在这么脏乱的桌子上，于是他开始动手把桌子擦干净，把杂物收拾整齐。处理完之后，他又坐着静静地欣赏眼前的一切，突然间他感觉到这么漂亮的玫瑰和这么干净的桌子，怎么能放在这么杂乱的房间里呢？于是他做了一个决定，把整个房间打扫一遍，把所有的物品摆放整齐，把所有的垃圾清理出房间……突然间整个房间变得明亮、温馨起来。正在陶醉时，他突然发现镜子中一个蓬头垢面、不修边幅，衣衫褴褛的年轻人，这样的人有什么资格住在这样的房间里呢？于是他立刻去洗澡，刮胡子，换上干净的衣服，把自己从头到脚整理一番，然后再照镜子，突然发现一个从未有过的年轻帅气的脸出现在镜子中！这时候，他的灵魂瞬间觉醒，他突然间觉得自己很不错，他当下立刻做出一个人生中最重要的决定：第二天不再当乞丐而是去找工作。随着他的不懈努力，他慢慢脱离了贫困，成了一个小老板。

这个故事告诉我们：你所居住的房间正是你自身的折射，你的人生其实就像你的房间。哈佛商学院经过多年的研究，发现一个现象：幸福感强的成功人士，往往居家环境十分干净整洁；而不幸的人们，通常生活在凌乱肮脏的环境中。正如舛田光洋在《扫除力》这本书中提到的那样：你的人生其实就像你自己的房间。如果你的房间脏乱不堪的话，很遗憾地告诉你，你的"好运""梦想"都会溜走。让生活变得井井有条、干净整洁并没有你想的那么困难，你需要的就是一份"扫除力"。扫除力，就是通过扫除产生的魔力，不仅包括外在的打扫房间，使之变整洁，还包括内心的自省。扫除力能塑造良性的"心理磁场"，有助于解决烦恼，成就事业。打扫的过程，就是处理、选择、扬弃的过程，是你与环境的互动。整洁的环境能体现你的逻辑性和条理性。

宋朝洪迈曾经在《夷坚志》里提出：高堂素壁，无舒卷之劳；明窗净几，有坐卧之安。干净的房间可以让人消除疲劳和不安，让心态更平和安静，好情绪同时又可以促进家庭的和谐。所以《朱子家训》开篇就告诫子孙："黎明即起，洒扫庭除。"这样看似朴素简单的文字，却凝结着中国古人治家的智慧。

作为一名大学生，我们要掌握整理内务的基本技巧，了解宿舍保洁的要求，做到环境整洁，心情舒畅。

（一）宿舍内外整洁的标准

大学生集体宿舍，环境整洁主要是针对宿舍的清洁收纳而言。由于宿舍空间有限，同学们的生活物品又多，因此十分需要对宿舍空间进行整理收纳，有效利用空间，营造一个整洁、舒适、美化的居住环境。

1. 宿舍楼保洁内容与要求

（1）走廊等公共区域的清洁应标准化。做到走廊无烟头、果皮、纸屑、广告纸、蜘蛛网、灰尘积聚、污迹等。

（2）清扫应自下而上清洁楼梯、扶手、栏杆、墙壁、电子门、信报箱、配电箱、门窗和走廊的电灯开关等。用抹布从上到下擦拭扶手和栏杆，并将袋装生活垃圾收集到清洁车内。用抹布擦拭可安全触及的窗玻璃。脏抹布必须及时更换或清洗。

（3）用羽毛掸子和扫帚清理墙上的灰尘和蜘蛛网。

（4）宿舍公共区域地面无积水、无污渍。如果有明显的污渍，必须先用洗涤剂去除，然后用半湿拖把擦干。

（5）宿舍公共区域要放置垃圾箱，箱内应套垃圾袋。保持垃圾箱表面干净无污渍，及时清运垃圾，垃圾不满溢、不得堆放在垃圾箱旁。定期清洗垃圾箱，必要时做消毒处理。

（6）宿舍宣传栏干净整洁，玻璃橱窗无灰尘、蜘蛛网、污渍和指纹等。

2. 寝室内保洁标准

室内家具和生活物品定点摆放，务求宿舍内部美观大方，格调高雅健康。床铺、书桌、水桶、脸盆等用品，都要本着美观、舒适、有序、方便使用的原则定点摆放。

（1）地面、墙壁、衣柜、门窗、玻璃、床、卫生间、洗手槽等，须每天擦洗干净。地面干净整洁，无纸屑、果皮、杂物、污水积存现象。

（2）门窗、玻璃、柜子、灯具上（包括洗手间、卫生间）无浮尘污迹，无手、脚印，室内墙角无蜘蛛网等现象。严禁墙上乱钉钉子，乱挂杂物，乱贴字画，乱扯绳子等。室内不得乱拉电线绳索晾晒衣服，衣服也不能挂在蚊帐杆及铁丝上。

（3）暖瓶、洗漱用品、餐具、卫生用具等要有层次、统一位置、固定摆放、脸盆内不能残留污水。

（4）床上被褥、床单叠放整齐，干净整洁，方向一致；床铺下鞋子摆放有序，统一形式。

（5）洗手间、卫生间地面、瓷片干净整洁，无果皮、纸屑等杂物和污水积存，空气新鲜。便道内冲刷干净，流水畅通，无粪便积存，无异味。室内清理的垃圾必须用袋装，每天及时送到指定位置。

（6）宿舍内公用电话上无尘土积存。

（7）按照消毒规范消毒。室内要经常通风，保持空气清新，有利于卫生健康。

（二）物品整理收纳

掌握一些简单高效的整理收纳技巧很重要。关于整理，日本近藤麻理惠有一套很有名的整理法则值得我们学习借鉴。近藤麻理惠是日本著名的家居整理专家。通过她的"怦然心动魔法"，不少人都找回更具幸福感的空间状态。近藤麻理惠认为一个能让人专注的工作环境是很重要的，特别是在家工作或者学习的人，都希望营造一个轻松高效的空间。零碎混乱的物品所产生的干扰，会降低大脑工作的积极性。建议遵循如下四个收纳原则提升工作效率：

（1）只留下令人心动的物品。纸张很薄，我们常常没多想就留下了，但累积的纸张愈多，要找到想要的文件就愈花时间。近藤麻理惠表示，要抱着全部丢掉的原则去整理，这样才能留下真正需要的文件。把所有没必要的物品都从办公空间移开，放上令自己心动的物品，例如两朵含苞待放的鲜花，或有趣的咖啡垫等。有限的空间只留下令人心动的物品，就能提升工作时的幸福感。

（2）物品分类收纳整理。要按物品分类来思考，并且具体定位。每种分类都清晰明了，会非常便于管理。整个空间的物品分类，可参考办公用品、电子用品、个人护理、零食类型分类整理。多人使用可以贴上小标签，以免混乱。

文件是影响办公效率的关键性因素，它可以大致分为三类：待办文件、必存文件、杂项文件。当天必须处理的文件放进"待办文件"盒子。建议使用直立式的文件盒，平放的托盘式文件盒也无妨，因为待办文件会不断减少，不会积压。存档类重要文件需要保留一段时间，分好类后将其放进档案柜或者资料夹。如果不一定需要纸质存档，就完全可以扫描后存电子档，这样更利于管理。像发票、杂志剪报等不太重要但需要花时间思考去向的杂项文件，可放在一起定期清理。

（3）善用盒子，直立收纳。直立收纳是轻松维持整理后原状的关键技巧，要善用盒子隔断，让物品竖立放置，这样一眼就能看到需要的物品，更方便取放。

（4）桌面基本不放杂物。桌面上只放最常用的办公用品。文具类杂又小的物品，最好放在抽屉内分格收纳，让每个物品都有固定的位置，每次使用完毕，不需要多思考就能整理好。这样收纳之后，视野范围内的东西都明确清晰，找物品和打扫起来方便快速。

巧用收纳器具，学会高效收纳。每个人的房屋面积和布局可能不一样，但是生活中使用东西的类别都相差无几。门、墙挂钩架，带吸盘毛巾架和篮筐，收纳盒，有格调的储物柜，等等，都是不错的收纳器具，合理运用，可以使环境整洁有序。

关于收纳整理，很多人还会有这样一个困扰：整理之后没多久就又恢复原样了。所以，要养成良好的生活习惯，收纳后的最大原则就是物归原位：物品使用完后，能够随手放回，这样才能使空间保持整洁。生活在干净整洁舒适的家里，物品井井有条地安放，人就会变得活力满满，对未来充满希望。

（三）垃圾分类

1. 垃圾分类的意义

垃圾分类，一般是指按一定规定或标准将垃圾分类储存、分类投放和分类搬运，从而使其转变成公共资源的一系列活动的总称。分类的目的是提高垃圾的资源价值和经济价值，力争物尽其用。

2015 年 9 月，《生态文明体制改革总体方案》将制定垃圾分类制度列为一项重要改革任务；2019 年 4 月 26 日，住房和城乡建设部等有关部门下发了《关于在全国地级及以上城市全面开展生活垃圾分类工作的通知》，决定在 46 个重点城市先行先试的基础上，对全国地级及以上城市全面启动生活垃圾分类工作。2019 年 6 月25 日，固体废物污染环境防治法修订草案初次提请全国人大常委会审议。草案对"生活垃圾污染环境的防治"进行了专章规定。2019 年 9 月，为深入贯彻落实习近平总书记关于垃圾分类工作的重要指示精神，推动全国公共机构做好生活垃圾分类工作，发挥率先示范作用，国家机关事务管理局印发通知，公布《公共机构生活垃圾分类工作评价参考标准》，并就进一步推进有关工作提出要求。

垃圾分类处理的意义如下：

①减少土地侵蚀：生活垃圾中有些物质不易降解，使土地受到严重侵蚀。垃圾分类，去掉可以回收的、不易降解的物质，可减少垃圾数量达 60% 以上。②减少环境污染：中国的垃圾处理多采用卫生填埋甚至简易填埋的方式，占用上万亩土地；并且虫蝇乱飞，污水四溢，臭气熏天，严重污染环境。土壤中的废塑料会导致

农作物减产；抛弃的废塑料被动物误食，导致动物死亡的事故时有发生。因此对垃圾进行回收利用可以减少各种危害。③实现变废为宝：中国每年使用塑料快餐盒达40亿个，方便面碗约7亿个，一次性筷子数十亿双，这些垃圾占生活垃圾的8%～15%。1吨废塑料可回炼600千克的柴油。回收1 500吨废纸，可免于砍伐用于生产1 200吨纸的林木。一吨易拉罐熔化后能结成一吨很好的铝块，可少采20吨铝矿。生活垃圾中有30%～40%可以回收利用，应珍惜这个小本大利的资源。比如，利用废弃的易拉罐制作笔盒，既环保，又节约资源。

垃圾中的其他物质也能转化为资源，如食品、草木等可以堆肥，生产有机肥料；垃圾焚烧可以发电、供热或制冷；砖瓦、灰土可以加工成建材，等等。如果能充分挖掘回收生活垃圾中蕴含的资源潜力，仅北京每年就可获得11亿元的经济效益。可见，消费环节产生的垃圾如果及时进行分类、回收再利用是解决垃圾问题的最好途径。垃圾分类后被送到工厂而不是填埋场，既省下了土地，又避免了填埋或焚烧所产生的污染，还可以变废为宝。

总而言之，进行垃圾分类收集可以减少垃圾处理量，降低处理成本，减少土地资源的消耗，具有社会、经济、生态三方面的效益。

2．国外垃圾分类情况

（1）日本：日本是世界上垃圾分类工作做得很好的国家之一，其垃圾分类在五个突出的方面值得我们学习借鉴。

有关垃圾分类的法律法规十分完备。日本制定了三个层次的法律来保障垃圾回收的实施。第一层次是基本法《建立循环型社会基本法》。第二层次是综合性的两部法律，即2001年4月开始实施的《资源有效利用促进法》和1970年制定的《固体废弃物管理和公共清洁法》。第三层次是根据产品的性质制定的具体法律法规，如《家用电器回收法》《建筑及材料回收法》等。在日本，随意丢弃垃圾是违法行为。

垃圾分类各参与主体的责任十分明确。日本通过法律明确了国家、地方政府、企业和民众各方所应承担的责任。日本《建立循环型社会基本法》规定，国家的责任主要在于制定关于建立循环型社会的基本原则。地方政府的责任是根据国家制定的基本原则，采取必要措施，确保可循环资源得到适当的循环和处置。企业的责任是根据国家制定的基本原则，采取必要措施，在其经营活动中，尽量减少废弃物的产生。公众与企业一样，有责任尽可能长期使用产品，使用循环物品。同时，公众也有责任协助国家或者地方政府实施有关建立循环型社会的政策和措施，对企业采取的分类收集措施予以配合，主动为建立循环型社会作出自己的努力。

政府承担了大量细致的工作。日本政府除保证垃圾收集、搬运、中转等环节的正常运转，以及从事垃圾处理设施的维护、管理、运营等常规事务外，政府还采取了一系列的措施，强化垃圾减量化、资源化分类及处理。如，每年印发有关垃圾分类收集的资料，并以"日历"的形式发给公众，在"日历"中标注各类垃圾收集的时间、回收方法及联系方式，公众要按照"日历"丢放垃圾。

政府充分调动民众的参与积极性。日本政府很早就对中、小学生进行环境教育，把垃圾问题纳入小学社会课课本。垃圾要分类，要定时定点扔垃圾，早已成为家喻户晓、老幼皆知的规矩，完全融入生活的方方面面。

政府采取一定的强制性措施。如，日本根据垃圾的性质将回收垃圾的时间也进行了分类。居民一旦错过某种垃圾的投放时间，就不得不等待下次垃圾车的来临。这种强制性措施很好地促使日本国民垃圾分类意识的形成。

（2）美国：美国的垃圾分类充分借助了市场的力量，通过经济利益驱动，促进全民进行垃圾分类。如美国旧金山为了在全市推广垃圾分类，除了大力加强宣传之外，还采取了两种方式区别收取垃圾费。一是按垃圾丢弃量的多少收取垃圾费，每户居民每月扔的垃圾多，垃圾费就高，反之则低，这样可以抑制垃圾总量的产生，促进居民对垃圾进行再循环处理；二是按丢弃垃圾是否进行分类区别收取，如果居民对丢弃的垃圾主动进行了分类，则垃圾费就可以按比例打折收取。显然这种将物质利益和垃圾丢弃行为直接挂钩的方法，提高了实施垃圾分类政策的有效性。

（3）德国：德国在垃圾分类利用方面走在世界前列。很多方法值得借鉴。德国有比较完善的法律法规来保障垃圾分类工作，如《废弃物处理法》《废物分类包装条例》《循环经济与废弃物处理法》《再生能源法》等，并强化配套相关实施条例。德国从垃圾回收到循环应用主要还是通过私营回收公司完成。由于法规严密，执行到位，德国政府通过垃圾分类有效地实现了大量有用垃圾资源的回收和利用。加之财政政策的支持，使参与其中的私营公司获利颇丰，从而实现环境保护、资源利用、参与公司获利几方共赢的结果。比如在汉堡，每年年初，地方主管机构都会将新一年的"垃圾清运时间表"和"垃圾分类说明"挨家挨户地投到各家的信箱，以方便居民遵照执行。每个生活社区都设置专门的轻型包装物回收箱，还有三个成套的专门收旧玻璃的回收桶，分别收集透明、褐色、绿色的玻璃瓶罐。居民按时间表的规定时间，将可回收垃圾捆扎好摆放在自己家附近的街道边，回收公司会及时收取，一般每月一至两次。对金属易拉罐和一次性饮料瓶等回收率较低的容器，实行押金制度。

（4）韩国：韩国也和日本一样，严格执行垃圾分类。特别是韩国的首都首尔，更是有非常浓厚的环保氛围。韩国相关法律规定，如未按照法律规定的方式分类排出垃圾，会对违者处以高额罚款。

韩国垃圾分类标准非常细致，可回收垃圾可以细分为废纸类、金属类、玻璃瓶类、塑胶类、塑料类、特殊垃圾和大件垃圾七个种类。韩国对塑料垃圾的处理方法特别严格，如塑料瓶丢弃之前，必须里外清洗干净，撕下标签。塑料瓶要放进透明的塑料袋里，扔到指定的垃圾回收点。不可回收的垃圾也要分类处理，大致分为：可燃烧垃圾和不可燃烧垃圾。不可燃烧的垃圾，如：破碎的玻璃、灯泡、陶瓷等，要装在专用的麻袋扔掉。可燃烧垃圾，要装在计量垃圾袋。

3. 我国垃圾分类情况

我国垃圾分类主要遵循以下原则：

（1）分而用之：分类的目的就是将废弃物分流处理，利用现有生产制造能力，回收利用，包括物质利用和能量利用以及填埋处置。

（2）因地制宜：因各地、各区、各社（区）、各小区的地理、经济发展水平、企业回收利用废弃物的能力、居民来源、生活习惯、经济与心理承担能力等各不相同而采取不同的分类处理方式。

（3）自觉自治：社区和居民（包括企事业单位），逐步养成"减量、循环、自觉、自治"的行为规范，创新垃圾分类处理模式，成为垃圾减量、分类、回收和利用的主力军。

（4）减排补贴，超排惩罚：制定单位和居民垃圾排放量标准，低于这一排放量标准的给予补贴；超过这一排放量标准的则予以惩罚。减排越多补贴越多，超排越多惩罚越重，以此提高单位和居民实行源头减量和排放控制的积极性。

（5）捆绑服务，注重绩效：在居民还没有自愿和自觉行动而居（村）委和政府的资源又不足时，推动分类排放需要物业管理公司和其他企业介入。但是，仅仅承接分类排放难以获利，企业不可能介入，而推行捆绑服务就能解决这个问题。将推动分类排放服务与垃圾收运、干湿垃圾处理业务捆绑，可促进垃圾分类资本化，保障企业合理盈利。

4. 大学生应模范执行高校垃圾分类

大学生做好垃圾分类，往大了说，是一项事关国计民生的重要工程，往小了说，事关每个人的卫生健康和生存发展。习近平总书记强调，实行垃圾分类，关系广大人民群众生活环境，关系节约使用资源，也是社会文明水平的一个重要体现。作为新时代的大学生，承载着国家的未来和民族的希望，是社会文明的示范者和引领者，必须做好垃圾分类。2020 年爆发了新型冠状病毒肺炎，这次疫情教会了我们很多，要学会勤洗手、戴口罩、时常通风、经常消毒、保持卫生、注重健康等。在疫情期间，也有很多大学生志愿者投身于疫情防控第一线，帮助和指导广大人民群众做好各类防护措施，养成良好的卫生习惯，营造健康的生活和工作环境。垃圾分类本身的目的既是变废为宝，也是让各类垃圾各归其位，这样才能让我们的生活环境更加干净卫生，减少细菌滋生，守护健康。大学生做好垃圾分类，是卫生健康习惯的一种习得养成，也有利于大学生更好地成长为文明个人。

（1）大学生要树立垃圾分类意识。我国在不断完善垃圾分类制度与法规，垃圾分类最终落实却需要人们建立接受和认同垃圾分类的观念，并对垃圾分类方法等有正确的认识。大学生作为高素质人群、未来建设的骨干力量，首先要树立良好的垃圾分类意识。但是目前有不少大学生垃圾分类意识比较淡薄。曾有高校对大学生垃圾分类意识、垃圾分类知识、垃圾分类行为等进行调查，结果显示83%以上的大学生不太了解垃圾分类知识。仅有26%的大学生能够准确分辨出垃圾分类的标志。目前我国大学生对垃圾分类的意义、标准、方法认识不清楚，导致其垃圾分类行为很滞后，垃圾分类意识不强。因此要大力加强对大学生的宣传教育，营造提高大学生垃圾分类意识的良好校园环境。

（2）大学生应熟悉垃圾分类标准。多数高校学生并非不愿意进行垃圾分类，而是不知道如何将垃圾进行分类投放，并且对垃圾分类的标识辨别不清，缺乏垃圾分类的具体知识。因此大学生要好好学习垃圾分类方法、分类标准以及分类标识，这样才能提高大学生进行垃圾分类的参与度。

学校也应充分运用校报、校园广播站、学校网站、宣传栏、展板等多媒体和多途径加大对垃圾分类的宣传教育。学校可定期邀请环保专家进校园开展相关讲座，还可定期组织学生代表参观环卫设施、垃圾分拣设施，以及垃圾填埋场等，让学生更好地了解生活垃圾的处理过程。

（3）大学生应在日常生活中严格执行垃圾分类。勿以恶小而为之，勿以善小而不为。垃圾分类在我们大学生日常生活中，是一件看似微小却有重大意义的事。通过宣传教育，大学生应认识到垃圾分类的重大经济、环境、生态和社会效益。我国人均资源并不丰富，更应珍惜本小利大的垃圾资源。大学生从我做起，在自己的日常生活中积极践行垃圾分类是一件利国利民的大事。

专栏 5-2

日常生活劳动项目设计

项目活动一：大学生服饰搭配大赛

活动对象：全体大学生

活动时间：××××年××月××日

活动目的：丰富大学生的校园生活，营造大学生自信高雅的着装氛围。

活动意义：有利于学生在紧张的学习生活中释放自己，用服装搭配来展示自己的魅力，彰显自己的个性，成为学校关注的焦点，使学生变得自信。有利于学校通过这样新潮的活动来丰富校园文化，吸引更多学子加入。

活动特色：新潮，时尚，符合当下大学生的身份特点和个性追求。

活动流程：××××年××月××日进行前期宣传，并且接受报名。

××××年××月××日，参赛者挑选服装进行搭配和现场展示，观众现场投票。

××××年××月××日24点前进行网络投票和后期宣传。

前期宣传：在校内张贴海报，发放传单。晚上8点"扫楼"。在学校官方网站、主页以及微博、微信进行网络宣传，制作宣传片在校内大屏幕播放。

后期宣传：将参赛者的比赛照片放到学校网站、微博上。××××年××月××日公布获奖名单。

颁奖：××××年××月××日进行颁奖。

项目活动二：制作广东名菜白切鸡

白切鸡又名"白斩鸡"，其做法简单，也是粤菜鸡肴中最普通的一种，以其制作简易，刚熟不烂，不加配料，原汁原味，皮爽肉滑，大筵小席皆宜，深受食家青睐，常食不厌。

准备食材：童子鸡、大葱、香葱、蒜、姜、香菜、糖、香油、八角、料酒、调味汁、大料等。

制作过程：

将大葱、香葱、香菜洗净切成末；用一个碗装起来，放到微波炉加热30秒钟，使它们的香味飘出来后，放一点点糖，调入适量调味汁，滴一两滴香油调匀。

将整只鸡洗干净，切去鸡爪甲；向锅里加入水、大料、八角、大葱段、姜片、蒜瓣、料酒；等水烧开时就把鸡放进去，最好水没过一整只鸡；开水下锅后马上捞出鸡，放入冰开水里浸泡一会，这样可以使鸡皮更紧致，鸡肉里的水质也不容易流失，煮出来的鸡肉就会更加爽滑；再把鸡放回锅里盖上锅盖继续煮约10分钟；水开后关火，焖45分钟，这样做出来的鸡肉由于没有过分加热，水分不容易流失，所以肉质松软细滑。还有一个小窍门，就是把鸡捞出后再放入冰开水里浸10分钟，这样鸡皮遇冷水收缩，不但爽滑而且还紧致有弹性。

把鸡捞出沥干，全鸡切成小块，盛入盘中，蘸调料食用即可，口味极具特色，回味无穷。

白切鸡制作注意事项：

食材宜采用童子鸡，肉营养价值较高。其肉里弹性结缔组织极少，所以容易被人体的消化器官所吸收，有增强体力、强壮身体的作用。鸡肉对营养不良、畏寒怕冷、乏力疲劳、月经不调、贫血、虚弱等有很好的食疗作用。中医认为，鸡肉有温中益气、健脾胃、活血脉、强筋骨的功效。

白切鸡不宜煮太久，如果直接开火煮上30分钟，鸡肉长时间加热，水分流失，鸡肉就会发硬发老，口感不佳。

思考题

1. 日常生活劳动的意义有哪些?

2. 日常生活劳动的教育目标是什么?

3. 我国饮食文化有哪些特点?

4. 垃圾分类具有怎样的意义? 应遵循哪些原则?

5. 大学生如何执行垃圾分类工作?

第六章　　服务性劳动

学习目标

1. 了解服务性劳动的含义。

2. 理解服务性劳动的教育功能和教育目标。

3. 掌握服务性劳动项目设计方法。

案例导入

青春逆行有担当，众志成城战疫情

2020 年伊始，突如其来的"新冠"肺炎疫情在中华大地上肆虐，为了让岁月静好的时光尽快回归。无数市民、无数青年加入了守卫家园的志愿队伍，打响了一场抗疫的人民战争。一群来自广东食品药品职业学院的"00 后"大学生，也走向志愿防控疫情前线。在他们无私奉献的背后有着各自的"小故事"。

传承奉献精神，坚守志愿岗位

2020 年 2 月 1 日，是 2018 级药品生物专业学生蓝鸿杰作为志愿者开始工作的第一天。他负责在村口站岗，宣传防疫知识和要求，检查来往车辆人员，并进行信息登记。一天工作下来，脸和耳朵被口罩勒出了一道道红印，握笔一天的双手也早已冻得冰冷麻木。

值班室是临时在村口搭起来的帐篷，他每天按时来到值班室，坚守在岗位上。在防疫宣传刚开始的时候，有一些年长些的村民坚决不戴口罩，甚至还找麻烦不配合工作，让大家很头疼。蓝鸿杰耐心细致地教他们戴口罩，并向村民们宣传许多防控知识。之后这些村民每天都会认真佩戴好口罩，大大减少了传染隐患。

疫情期间连日重复地进行人员信息登记和体温测量工作并不容易，他却从没有动摇过决心，他说："有我们的党带领全国人民团结一致抗击疫情，我相信，只要我们每个人都能坚守下去，一定可以战胜疫情！"

彰显青年担当，勇扛防疫责任

2019 级医学生物班的王萍是广东省湛江市雷州市附城镇北家村人，2020 年

1月25日加入村里的疫情防控志愿队。她随着村委干部走街串巷地去做疫情防控调查和宣传防疫知识。一开始，家人并不同意她参加志愿服务。小王就和他们说："父老乡亲们现在疫情防控意识不强，我是一名医学生，我想做好卫生健康知识宣传等志愿服务工作，提升群众疫情防范能力。"一次不理解就沟通两次，两次不理解就三次。家人虽然还是担心，但最终还是理解并支持了她。

得到了家人支持的王萍，更加积极地投入志愿者工作中去。由于所在村镇没有条件提供专业的防护用具，年纪小小的她开动脑筋，利用自己在校所学知识，用生活物品进行改造：没有防护服，就用风衣做防护；没有N95口罩，就戴上两个医用口罩；没有护目镜，就用遮阳帽来代替。这些点子随后得到了家人和志愿者的推广，大家都夸赞王萍这个大学生懂得多、学得多，安抚了大家买不到防护用具的焦虑心情。

1月31日，是王萍在志愿者岗位上工作的最后一天。她在本子上写下这段话，留在了办公室的桌子上："我最亲爱的志愿者伙伴们，你们要不忘记使命，用自己的实际行动发挥力量，在自己的家乡，为村镇作贡献，参加战疫攻坚志愿服务，你们是最棒的！"

（资料来源：广东食品药品职业学院官网，有删减）

思考：

你在大学中参加过哪些服务性劳动？有什么收获？

第一节 服务性劳动的含义

《中共中央 国务院关于全面加强新时代大中小学劳动教育的意见》（以下简称《意见》）《大中小学劳动教育指导纲要（试行）》（以下简称《纲要》）分别于2020年3月和2020年7月正式发布，文件指出，新时代劳动教育的内容包括日常生活劳动教育、生产劳动教育和服务性劳动教育。

经济学界最初对劳动性质的基本认识，首先是基于对商品"价值"来源的认识，也就是对于"国民财富"来源的认识。一般的观点是把劳动分为生产性劳动和非生产性劳动，而服务性劳动是从属非生产性劳动的一种形式。生产性劳动的目的是改变物的使用价值，在这个过程中劳动被固化，因而创造价值。而非生产性劳动不能将劳动固化在商品或特殊物品中，因而它无法创造价值。虽然非生产性劳动不创造价值，但是进行这些劳动的劳动力却是有价值的，而且非生产性劳动也是人类社会所不可或缺的。

一、服务性劳动理论发展

（一）古典经济学下的服务性劳动的界定

早在马克思经济学产生前，古典经济学就研究与探讨了资本主义的生产劳动与非生产劳动的问题，18世纪英国经济学家亚当·斯密是其中典型的代表，他在其著作《国民财富的性质和原因的研究》（《国富论》）中，以"制造工人的劳动"作为生产劳动的典型代表，以"家仆的劳动"作为非生产劳动的典型代表，论述了他划分"生产劳动"与"非生产劳动"的四个标准：一是认为生产劳动"可生产价值，因为它'加在物上，能增加物的价值'，非生产劳动不能生产价值"；二是认为"生产劳动是能够产生剩余即马克思主义的剩余价值的劳动，它'增加的价值，通常可以补还工资的价值，并提供利润'，而非生产劳动则不能产生经济上的剩余，'家仆的维持费，却是不能回收的'"；三是认为"生产劳动产生物质产品，它'可以固定并且实现在特殊商品或可卖商品上，可以经历一些时候，不会随生随灭'，而非生产劳动则不会体现在物质产品中，如'家仆的劳动，却不固定亦不实现在特殊物品或可卖物品上'，是'随生随灭'的"；四是"生产劳动再生产出资本来，而非生产劳动却只是消耗掉人们的收入，并不能再生产出资本来。因此，'雇佣许多工人，是致富的方法，维持许多家仆，是致穷的途径'"。[①]在划分生产劳动与非生产劳动时，亚当·斯密拿物质产品的生产与相对立的家仆的劳动进行对比，把家仆的劳动作为非生产劳动的典型。由于家仆的工作性质是为他人提供服务，所以可以理解为亚当·斯密在心目中是把非生产劳动看作为服务性劳动的。

（二）马克思主义关于服务性劳动的界定

马克思关于生产劳动和非生产劳动最直接和最集中的论述是在《剩余价值理论》中，在对英国古典经济学家亚当·斯密的理论的分析和批判中展开的。马克思认为："亚当·斯密对一切问题的见解都具有二重性，他在区分生产劳动和非生产劳动时给生产劳动所下的定义也是如此。"在对斯密生产劳动理解的基础上，马克思对生产劳动进行两个层次的阐释。第一个层次是："生产劳动是给使用劳动的人生产剩余价值的劳动，或者说，是把客观劳动条件转化为资本、把客观劳动条件的占有者转化为资本家的劳动。"这一论述是马克思对生产劳动的核心定义，体现了整个社会生产关系中劳动的本质属性。第二个层次是对生产劳动的补充定义，即生产劳动是物化在商品中，物化在物质财富中的劳动。这两个层次的定义与斯密的理

---

① 左大培. 亚当·斯密的生产劳动学说与当代现实：揭示经济发展的秘密 [J]. 政治经济学评论，2003 (1).

论十分相似，但是实际上马克思对生产劳动的补充定义与斯密的第二种定义是具有不同含义的。补充定义的限定条件是物质财富生产的一切领域从属于资本主义生产方式。马克思认为，决定劳动是生产劳动还是非生产劳动，并不是由劳动的特殊形式决定的，物化在商品中的劳动只是在特定条件下生产劳动的外在形式。同一种劳动，既可以是生产劳动，也可以是非生产劳动，区别的标准仅仅在于"劳动是与作为货币的货币相交换，还是与作为资本的货币相交换"。马克思对生产劳动的定义，超越了斯密对劳动的具体形态的研究，而将其放在资本主义的生产关系条件下，无论是在当时还是现代，都更具有普遍意义。根据马克思的定义，在物质生产领域，对生产劳动和非生产劳动的区分是显而易见的。但是，在非物质生产领域，他仅对"服务"进行一定的阐述。关于"服务是不是生产劳动"这个问题，马克思从不同的角度进行了分析。马克思认为，一切服务都是非生产劳动。因为服务提供者的"劳动是由于它的使用价值而被消费，而不是作为创造交换价值的东西被消费，是非生产地消费……所以服务不是生产劳动，服务的担负者也不是生产劳动者"。①

（三）新中国成立至改革开放初期劳动教育中服务性劳动的界定

以马克思主义的观点来看，和谐的个体涉及人与自然、人与社会、人与自我三个维度，人与自然维度在劳动中主要体现的是生产劳动关系，人与社会维度在劳动中主要体现的是服务性劳动关系，人与自我维度在劳动中主要体现为日常生活自理劳动。依据马克思主义劳动观，劳动可划分为生产劳动和非生产劳动，突出生产劳动在人类社会生活中的奠基意义，又进一步将非生产劳动划分为服务性劳动和日常生活劳动，和人与社会、人与自我维度相契合，体现了马克思主义劳动观的基本立场和思想方法。新中国成立伊始，劳动就被列入学校的教学计划，成为课外活动的重要组成部分。1950 年《中学暂行教学计划（草案）》和 1952 年《小学暂行规程（草案）》明确规定中小学课外劳动时间为每天 30 分钟左右。1955 年《小学教学计划》和 1958 年《关于 1958—1959 学年度中学教学计划的通知》则将劳动列入正式的教学计划，课外劳动活动和勤工俭学、公益劳动等校外劳动相互配合对学生进行系统的劳动教育。从当时学校组织学生参加的劳动来看，校内劳动主要有栽种植物、饲养动物、制作教具与玩具等；校外劳动主要有帮助农业合作社和家庭做事、打扫学校周边公共区域等；劳动课程的内容，小学以手工劳动为主，初中以手工劳动和农业劳动为主，高中以农业劳动和机械工业劳动为主。总体来看，20 世纪50 年代我国中小学开展的劳动教育主要以工农业和手工业劳动为主，兼顾服务性劳动和日常生活劳动。1963 年《全日制小学暂行工作条例（草案）》和《全日制

---

① 朱阳.马克思主义生产劳动与非生产劳动理论困境分析［J］.唐山师范学院学报，2019（2）.

中学暂行工作条例（草案）》对学校开展的劳动内容和形式的规定则更加明确，前者规定："教育学生在力所能及的范围内，照料自己的生活，保持环境的整洁，帮助家庭劳动，积极参加学校所组织的种植、手工、饲养等劳动和绿化等社会公益劳动。"后者则规定："组织学生参加生产劳动，可以采取校内劳动，同工厂、农村人民公社挂钩，回到生产队劳动等方式……城市和农村的学校都要在规定的劳动时间之内，安排一定的社会公益劳动（包括校内清洁卫生等劳动）。学校要教育学生参加家务劳动。"1981年《全日制五年制小学教学计划（修订草案）》和《全日制六年制重点中学教学计划（试行草案）》在明确劳动应该包含前述三项主要内容基础上，还明确提出了"服务性劳动"的概念。如《全日制五年制小学教学计划（修订草案）》规定："一、二、三年级学生可在课外时间，适当安排一些力所能及的自我服务性劳动；四、五年级每周安排劳动1课时，组织学生参加公益劳动或简易生产劳动。"①

（四）新时代大学生服务性劳动教育的界定

新中国成立以来，我国一直贯彻生产劳动与教育相结合的教育方针，但是一段时间内，由于过多强调文化教育与素质教育，劳动教育又存在弱化、淡化、边缘化等问题。中国特色社会主义进入新时代，习近平多次在不同场合强调劳动教育的重要性并对弘扬劳动精神等作出重要指示，劳动教育再次受到人们的关注，并且进入了前所未有的发展阶段，《意见》和《纲要》的发布，服务性劳动教育也被进一步明确为：让学生利用知识、技能等为他人和社会提供服务，在服务性岗位上见习实习，树立服务意识，实践服务技能；在公益劳动、志愿服务中强化社会责任感。一些专家、学者也提出了自己的见解。如，兰州大学马克思主义学院的彭舸珺老师认为：服务性劳动是指劳动者运用自身储备的知识技能，利用一定的设备工具为他人或社会提供一定的服务。作为非生产劳动的基本组成，相比于作为另一组成部分的日常生活劳动所特有的自我倾向性，服务性劳动具有更为明确的社会指向，存在明确的非功利性和利他性。本章所指的服务性劳动教育是指大学生利用所学的专业知识和掌握的专业技能以及自身生活能力，为他人和社会提供的公益性、服务性活动。

二、新时代大学生服务性劳动的内涵与外延

（一）新时代大学生服务性劳动的内涵

鼓励劳动者运用自己的劳动技能开展服务于他人和社会的具有公益性和利他性活动，以期成功培养具有强烈社会责任感、甘于奉献自我的社会主义劳动者，推动

---

① 王飞，徐继存.三类劳动的划分依据及其育人价值［J］.人民教育，2020（8）.

构建社会主义和谐社会。恩格斯在科学社会主义视域下的劳动思想通过描述共产主义社会中的基本劳动状态，指明当前开展服务性劳动教育是向理想社会状态靠拢的必然要求。大无畏的奉献精神和强烈的社会责任意识一直是我国在社会主义革命、建设和改革阶段的重要精神力量。广大青年作为肩负实现社会主义伟大复兴重要责任的新生力量，更要克服轻视劳动、无视劳动和功利化的劳动价值取向，自觉承担社会责任，在实现自我发展进步的同时服务他人，奉献社会，正如习近平总书记所说："广大青年要自觉奉献青春，为全面建成小康社会多作贡献。青年时光非常可贵，要用来干事创业、辛勤耕耘，为将来留下珍贵的回忆。"

新时代服务性劳动教育要培养广大劳动者爱岗敬业、甘于奉献的劳模精神，引导个体在帮助他人、服务集体中培养服务意识，通过参与不同类型的服务性岗位和公益性活动丰富服务技能、提升服务本领，在实践中提升社会责任感，培育良好的社会公德，共同推进社会主义和谐社会建设。①

（二）新时代大学生服务性劳动的外延

从广义上讲，在从事服务生产和经营活动过程中，劳动者运用特定的设备和工具，直接满足消费者对服务产品的需要的劳动。服务劳动有广义和狭义两种概念。广义的服务劳动，把社会的分工与协作都看成彼此提供服务。狭义的服务劳动，同农业劳动、工业劳动和商业劳动等专业劳动相并列，是社会分工的产物，因而服务劳动亦称服务业劳动。因而，一般意义的服务性劳动的外延可以包括以下几个方面：①生产性的服务劳动，主要指为第一、第二产业的生产活动提供的劳动。②社会性服务劳动，主要指交通运输、邮电、物流、房地产等部门机构开展的经营活动。③科学综合服务劳动，主要指文教、卫生、科学研究、技术研究等机构开展的咨询服务活动。④公共服务性劳动，主要指党政机关、军队、武警、救援等公共机构开展的管理活动。⑤生活服务劳动，主要指为公民或组织开展的家政，房屋、水电、家具维修等服务活动。⑥公益服务劳动，如社区义工、志愿者等提供的公益服务活动。大学生开展服务性劳动，主要包括学生利用专业知识和技能开展的专业咨询和服务活动，为学校、社区提供的义务劳动、公益服务等活动，以及利用假期开展的科技文化卫生"三下乡"、科技文体法律卫生"四进社区"活动、西部计划志愿服务等社会实践活动。本章将从专业服务性劳动、社区公益性劳动、社会实践活动和勤工俭学劳动等四个方面介绍如何开展服务性劳动教育。

---

① 彭舸珺，张雪颖.恩格斯劳动思想视域下的新时代劳动教育内容探析［J］.社科纵横，2020（10）.

第二节 服务性劳动的教育功能和教育目标

一、服务性劳动的教育功能

（一）提高大学生的思想政治素质

大学生参加服务性劳动，对学生了解社会、认识国情、增长才干、奉献社会、锻炼毅力、培养品格，对于加强对党的路线方针政策的认识，坚定在中国共产党领导下，走中国特色社会主义道路，实现中华民族伟大复兴的共同理想，培养中国特色社会主义事业的合格建设者和可靠接班人具有极其重要的意义。

中华人民共和国自成立之初就是工人阶级领导的、以工农联盟为基础的人民民主专政的社会主义国家，共产主义社会是我国社会发展的终极目标。恩格斯在《共产主义原理》中具体描述了共产主义社会的基本表征，"根据共产主义原则组织起来的社会一方面不容许阶级继续存在，另一方面这个社会的建立本身为消灭阶级差别提供了手段……由社会全体成员组成的共同联合体来共同地和有计划地利用生产力；把生产发展到能够满足所有人的需要的规模；结束牺牲一些人的利益来满足另一些人的需要的状况；彻底消灭阶级和阶级对立；通过消除旧的分工，通过产业教育、变换工种，所有人共同享受大家创造出来的福利，通过城乡的融合，使社会全体成员的才能得到全面发展"。当下我们处于社会主义初级阶段，但这并不意味着放弃追求目标理想状态，而服务性劳动教育可以有效缩小二者之间的差距，通过处于不同领域的劳动者发挥自身优势，积极参与不同类型的服务性岗位和公益性活动，有效缓解社会矛盾，营造和谐共生的服务性社会，是向未来社会理想劳动者品质的靠拢，是对未来社会理想劳动状态的致敬，也是进一步迈向共产主义理想社会的有效实践。[①]

（二）提高大学生团队协作精神

在全球经济一体化下，国家与国家的开放与交往、企业与企业的交流合作、人与人之间沟通协作都更加紧密和频繁，因此对于培养大学生互相尊重、互相理解、团队协作精神就显得尤为重要。当今大学生基本都是本世纪出生的"00 后"，与"80 后""90 后"大学生相比，他们出生和成长的时代正是我国政治经济文化快速、高质量发展和改革开放不断深入的时代。在这一时代，中国国际地位得到了更大程度的提升，国家更加繁荣富强，人民生活水平整体提高；在这一时代，信息技术革命浪潮席卷全球，互联网经济与互联网技术深度融入生活；在这一时代，教育技术

[①] 彭舸珺，张雪颖.恩格斯劳动思想视域下的新时代劳动教育内容探析 [J].社科纵横，2020（10）.

改革不断深入，大学生获得知识的途径不断拓展，个性化、多元化、自主性学习方式日趋丰富，学生学习主体地位得到提升；在这一时代，基础教育更强调家校联系，更注重发挥家庭在孩子教育中的作用，学生家长学识水平也越来越高。正是这些原因，使"00后"大学生从小就见多识广，兴趣广泛，有很多特长，在文体活动、知识竞赛中表现突出，整体综合素质较高，因而形成个性化的价值追求、自主化的学习方式、网络化的娱乐生活、理性化的处事态度、务实化的人生理想等群体特点，受社会和家庭环境的影响，他们常常以自我为中心，自己的主体意识强烈，强调个人的主观感受，过于追求个人成功，导致忽略或减弱了团队意识的培养。让"00"后大学生参加服务性劳动，学校可以引导学生通过开展团队任务，打造沟通合作平台，让参与的学生发挥个性化特长和聪明才智，围绕共同的服务目标设计活动方案，在充分交流沟通、讨论的基础上进行分工合作，无疑将会增加学生合作的机会，从而培养团队协作精神。

（三）提高大学生的社会责任感和使命感

大学生参加服务性劳动，可以提高学生的公共服务意识、培养良好的社会公德、艰苦奋斗的意识与责任担当的优良品质，强化学生的社会责任感。大学生参加服务性劳动，是增强社会责任感和使命感的有效途径，大学生的服务性劳动应遵循贴近生活、贴近现实、贴近社会、贴近群众的原则，应要求大学生走出校园，走出课堂、深入社会、深入基层、深入实践，使大学生在服务中充分认识到社会主义现代化建设的成就，理性地思考在实现中华民族伟大复兴过程中所面临的问题，有效体验民间生活的酸甜苦辣，从而端正自身的思想认识，约束自身的实践行为，促进自身的心理成长，理解自身作为社会主义现代化建设者的责任和使命，形成良好的社会责任感和使命感。

二、服务性劳动的教育目标

（一）认知目标

认知导向是人类认识世界的总方向，也是服务性劳动教育的理论依据。大学生应"把准劳动教育价值取向"，形成正确的马克思主义劳动观，坚持马克思主义劳动观的认知导向，了解劳动的划分方式，理解服务性劳动和日常生活劳动与生产劳动的联系和区别。大学生应理解劳动是人类生存的基础，也是社会关系形成与发展的前提，更是人自身发展的决定性要素，服务性劳动是个人与社会紧密相连的桥梁与纽带之一。尽管新时代服务性劳动的形态与方式发生了较大变化，但马克思主义劳动观的基本原理并没有变。党的十八大以来，习近平总书记多次强调要在全社会大力弘扬劳模精神、劳动精神、工匠精神，"让劳动最光荣、劳动最崇高、劳动最伟大、劳动最美丽的观念蔚然成风"，《意见》明确提出了劳动划分为日常生活劳动、生产劳动和服务性劳动，服务性劳动的观点得到进一步加强和重视，这是对马克思主义劳动观、劳动的划分的重大发展，也是新时代对服务性劳动教育的根本要求，对形成"我为人人、人人为我"良好社会风尚和志愿精神将起到极大的推动作用。同时，开展服务性劳动实践能推动广大青年大学生旗帜鲜明地反对一切不劳而获、贪图享乐、崇尚暴富的错误思想，让中华民族勤俭、奋斗、创造、奉献的劳动精神不断发扬光大，让劳动光荣、创造伟大成为铿锵有力的时代强音。

（二）情感目标

情感目标属于人类自我意识与对象意识的范畴，也是劳动教育的重要内容，更是服务性劳动教育目标的重要组成部分。《意见》指出要"崇尚劳动、尊重劳动，增强对劳动人民的感情"。开展服务性劳动教育，让大学生参与到为社会、为人民提供力所能及的服务性劳动，对大学生形成"崇尚劳动""尊重劳动"的情感具有重要的意义。大学生参与专业服务性劳动、社区公益性劳动和社会实践活动等形式多样的服务性劳动，能让广大大学生更理解劳动创造价值、劳动改变世界，服务传递温暖的思想真谛，使其成为一个崇尚劳动的人、乐于奉献的人。一个崇尚劳动、乐于奉献的人，往往更能珍惜劳动果实，尊重劳动人民；同时，一个心中有劳动人民的人也会崇尚劳动、热爱劳动。作为社会主义合格建设者和接班人，理应崇尚劳动，尊重劳动人民。新时代劳动教育，特别是服务性劳动实践，能向青年大学生提供更多的参与劳动过程、服务社会和人民、收获劳动成果的机会，使其体会劳动之美。

（三）能力目标

开展服务性劳动实践，能有效地提升广大青年大学生的专业技能和实践能力，提升大学生报效国家和奉献社会的精神力量。实践能力是人们在现实社会中生存和发展基本要求，也是参与社会主义现代化建设的必备本领，更是劳动教育的目标。《意见》在育人原则中，明确提出"报效国家、奉献社会"，对新时代劳动教育指明了教育的落脚点和前行方向。开展服务性劳动实践，能激发广大青年大学生辛勤劳动、诚实劳动、创新性劳动、志愿服务的热情。广大青年大学生参与服务性劳动，还有助于大学生加强对服务性劳动的认识，强化中国特色社会主义新时代的美德，追求热爱劳动、关心他人、积极奉献、乐于助人、互相关爱的精神目标；开展服务性劳动实践，有助于提升大学生的社交技能和动手能力，以便能更好地应对未来挑战；开展服务性劳动实践，能让大学生在服务过程中利用知识、技能、工具、设备等为他人和社会提供服务，使其在公益劳动、志愿服务中强化社会责任，增强奉献意识。

第三节　服务性劳动的内容

一、专业服务性劳动

（一）专业服务性劳动的含义

广义的专业服务性劳动，是指某个组织或个人，应用某些方面的专业知识和专业技能，按照客户的需要和要求，为客户在某一领域内提供特殊服务，其知识含量和技术含量都很高，是已经获得和将要继续获得巨大发展的行业。本章所讲的专业服务性劳动，是指在校大学生或学生团体，利用本人所学专业知识和专业技能，为其他个人、学校、社区等提供的专门服务。

广义的专业服务性劳动具体包括但不限于：法律服务；会计、审计和簿记服务；税收服务；咨询服务；管理服务；与计算机相关的服务；生产技术服务；工程设计服务；集中工程服务；风景建筑服务；城市规划服务；旅游机构服务；公共关系服务；广告设计和媒体代理服务；人才猎头服务；市场调查服务；其他专业性服务；等等。本章所称的专业服务性劳动，其外延主要是指学生利用所学的专业知识和技能，为社会提供的服务性劳动。如：电器维修服务、专业知识咨询服务、法律宣传服务等内容。

（二）专业服务性劳动的特点

大学生专业服务性劳动的特点，包括以下几个方面：

（1）服务提供者具备相应的知识或技能。开展专业服务性劳动是为受服务者提供特定的服务。为保证服务的效果，就要求提供服务的学生，应该是相关专业的在校生或由学生团队邀（聘）请的专业人士。

（2）专业服务性劳动来自组织和组织之间，个体和个体之间的直接接触。在这种关系中，服务提供者直接面对受服务者，所提供的服务是与消费同时进行的。服务提供者和受服务者，同时在服务供应和消费中得到新的利益，大学生的收益更多地体现在能力技能的提升。

（3）专业服务性劳动提供者可以根据服务提供情况，获得一定的经济利益。在这里，专业服务性劳动与公益劳动最大的区别就在于，专业服务性劳动并非绝对的义务劳动，服务提供者可以通过学生社团、勤工俭学组织，经合法的途径获得一定的服务劳动报酬。受服务者，也可能因为接受了服务，而支付一定金额的服务费。

（4）专业服务性劳动在提供服务方和接受服务方之间都会形成一种委托代理关系。这种委托代理关系可以以契约或签订服务协议的方式固定下来。因此，专业服务务在一定范围内可以是以契约为纽带提供服务。这通过契约固定下来的专业服务性劳动对法律的依赖程度相当高。

（三）参加专业服务性劳动的重要性

正是因为专业服务性劳动的特点，大学生参加专业服务性劳动，能够将所学的知识和技能，运用在劳动的过程中，对在校大学生的职业技能和职业竞争力的培养都有极大的帮助。在劳动的过程中，也可以让学生发现自己存在的不足，从而激发学生的学习兴趣和学习动力。

（四）专业服务性劳动项目的设计

专业服务性劳动的一个显著特征，就是利用学生已学习的专业知识或专业技能，提供专业的服务。这里以法律类专业开展校园法律宣传为例，介绍开展专业服务性劳动的一般方法。

专栏 6-1

法律宣传服务项目设计

1. 服务目标

深入开展法治宣传是构建社会主义和谐社会的内在要求。中国特色社会主义已进入新时代，随着改革开放的进一步深化，在当前和今后相当长一段时间内，经济社会发展面临的矛盾和问题可能更复杂、更突出。只有加强法治宣传教育，才能在全社会牢固树立法律面前人人平等的观念、维护法律权威的观念、严格依法办事的观念，才能使公民懂法、守法、用法、护法，自觉运用法律手段管理经济社会事务，推动社会管理走上法治化的轨道。高等学校法律相关专业学生要积极参与"八五"普法服务，深入学习贯彻习近平总书记关于建设社会主义法治国家的重要论述，积极开展相关法律法规的学习、宣传。开展丰富多彩的法律宣传活动，可以进一步调动高等学校法律类专业学生学习专业的热情，提高专业素养，充分展现当代大学生的精神面貌，营造良好的法律氛围。

2. 服务内容

组织高等学校法律类专业大学生结合当前国家普法宣传的重点内容，向在校大学生开展重点法律法规宣传，广泛传播法律知识，提高公民法律意识和法律素质，促进在校大学生自觉养成学法、守法、用法的良好习惯。法律宣传的内容要注重宪法和国家基本法律制度的宣传，加强与经济社会发展相关的法律法规的宣传，加强与在校大学生和群众学习、生产、生活密切相关的法律法规的宣传。如在"八五"普法宣传期间，可以将《民法典》作为重点宣传内容。

3. 服务形式

学生可以在专业教师的指导下，以班级或专业为单位，以学生为主体，结合学校实际和学生关心的热点法律问题，采取征文比赛、知识竞赛、演讲比赛、制作宣传展板、专题讲座、法治小品展演、现场咨询等多种形式开展法律宣传。

（1）组织开展法治宣传征文比赛。在全校范围内开展以弘扬社会主义法治精神为主题的征文比赛，要求青年学生通过不同形式的文体展示当代大学生的法律意识。

（2）组织法律知识竞赛。根据宣传的内容，学生组织命题，开展法律知识竞赛。

（3）组织演讲比赛。根据宣传的内容，学生组织命题，开展演讲比赛。

（4）制作法治宣传展板。根据宣传的内容，学生制作宣传展板，宣传相关法律知识和维权意识。

（5）开展普法专题讲座。选定宣讲内容，向在校学生进行相关法律普法宣讲。

4. 服务过程

下面以"消费者权益保护法"现场咨询服务活动为例，简要介绍服务过程。

（1）准备工作。

① 组织机构组建：以班级或专业为单位，成立活动组织机构，设立若干工作小组，明确人员分工。

② 活动方案制订：根据分工，策划组制作活动方案，并报学校相关部门审批。

③ 活动资料准备：根据分工，资料准备组负责制作内容宣传展板、宣传小册子等。

以我所学
服务社会

④ 活动开展宣传：根据分工，宣传组负责制作活动宣传海报、宣传单页、活动宣传视频、活动横幅等。

⑤ 活动后期保障：根据分工，后勤保障组负责活动设备设施的准备，活动经费（包括学校划拨、社会捐助）的筹措。

（2）活动中。

① 开展《消费者权益保护法》宣传，向全体接受服务的师生分发相关资料。

② 针对师生的问题，尽可能进行详细的解答。

③ 宣传组负责拍摄活动照片、视频。

④ 全体服务队员紧密配合，轮流开展宣传活动。

⑤ 组织消费维权常识问答，向参与者发放小礼品进行奖励。

（3）活动后期。

① 服务活动场所整理，包括相关设备设施的归还。

② 活动总结报告撰写。

③ 召开总结大会，交流服务心得体会。

二、社区公益性劳动

（一）社区公益性劳动的含义

社区公益性劳动，又称为志愿服务。志愿服务一般是指志愿者组织、志愿者服务社会公众生产生活和促进社会发展进步的行为。或者说，志愿服务泛指利用自己的时间、技能、资源、善心为邻居、社区、社会提供非营利、无偿、非职业化援助的奉献行为。奉献精神是高尚的，是志愿服务精神的精髓。志愿者通过参与志愿服务，提高自身的办事能力，促进了社会的进步，同时自身也得到了很大提升。2017 年 10 月 18 日，习近平同志在十九大报告中指出，推进诚信建设和志愿服务制度化，强化社会责任意识、规则意识、奉献意识。2017 年 12 月 1 日起，国务院颁布的《志愿服务条例》（以下简称《条例》）也正式施行。《条例》是为保障志愿者、志愿服务组织、志愿服务对象的合法权益，鼓励和规范志愿服务，发展志愿服务事业，培育和践行社会主义核心价值观，促进社会文明进步而制定的法规。

广义的社区公益性劳动（志愿服务）是指为优化城市市容、市貌和生态环境，维护市政公共设施、公共秩序，满足城市基础建设和社区居民的需要，所开展的公益性活动；包括社区服务、环境保护、知识传播、公共福利、帮助他人、社会援助、社会治安、紧急援助、青年服务、慈善、社团活动、文化艺术活动等。本章所讲的社区公益性劳动，包括但不限于高等学校学生或学生团体，参加学校公共卫生保洁、图书馆图书整理、植树造林、到社会福利机构开展服务等公益性的志愿工作。

（二）社区公益性劳动的特点

社区公益性劳动（志愿服务），其本质是直接服务于公益事业、不收取报酬的劳动。它的精神实质是一个以利他、自愿、无偿为基本要求，形成团结互助、平等友爱的人际关系，体现公民的社会担当和责任意识，反映社会文明进步水平的一种劳动形式。它是"我为人人、人人为我"良好社会风尚的具体体现，更是加强思想道德建设、培育和践行社会主义核心价值观的重要载体。开展社区公益性劳动，其目的在于培养学生为人民服务、为公众谋利益的良好思想品德；推动学生接触社会，深入生活，参加各种社会实践，形成良好社会风尚。

社区公益性劳动（志愿服务）具有自愿性、无偿性、公益性、服务性、组织性等五大特征。

1. 自愿性

志愿服务是不受法律强制，为改善社会，促进社会进步而自愿付出个人的时间及精力所作的服务工作。认识志愿服务，不能片面地认为从事志愿工作是"慈悲为怀、乐善好施"的表现，不能把志愿工作看作一种单方面的施舍或给予，也不能把志愿工作看作只是为了减轻专职人员的工作负担而开展的活动。当然，志愿服务也并非排斥义务性。比如有的城市道路、公众场所、公共交通工具等并没有设置无障碍设施，遇到残障人士出行时，我们就有义务帮助他们同样可以享受这些公共设施所提供的公共服务。

2. 无偿性

志愿者无报酬，志愿服务有成本。志愿服务是动机上不受私人得益驱使，不以任何物质报酬为最终目标的服务性劳动，但这并不是否定了开展志愿服务需要一定的物质条件。志愿者在志愿服务过程中所付出的时间、体力、智力等，是不能获取报酬的，但为此付出的误餐、交通等成本，是可由志愿服务组织、服务对象或企业，通过补贴或实物的方式来帮助志愿者分担，也可通过提供保险、培训学习等方式，给予志愿者一定回报或保障。志愿服务成本既可由志愿者组织方、志愿者、志愿服务对象独自承担，也可由多方共同承担。因此，不能认为只有那些衣食无忧及有大量空余时间的人，才能或者才会参加志愿工作，更不能把志愿者当作一种廉价或免费的劳动力去驱使。其实，每个人都有参与社会事务的权利和促进社会进步的能力，同样，也都有促进社会繁荣进步的义务和责任。

3. 公益性

志愿服务是培育"我为人人、人人为我"良好社会风尚的重要平台，其中一个显著特征就是公益性；即服务的内容是社会公众利益或困难群体的利益，不是社会非困难群体的小团体利益。志愿服务的一个基本核心就是拒绝私益。《中国志愿服务大辞典》关于"志愿服务"的定义中，明确提出"服务于非近亲属"。因此，青年大学生利用假期回家帮助家长或亲属洗衣、做饭等家务活动，都不是志愿服务，而是承担其本身就应该承担的家族义务。当然属于政府职责服务范围内的事情，如果能通过正常的购买服务来获得，一般不能作为志愿者的服务内容。

4. 服务性

《志愿服务条例》第六条明确规定："本条例所称志愿者，是指以自己的时间、知识、技能、体力等从事志愿服务的自然人。"其第二条规定："本条例所称志愿服务，是指志愿者、志愿服务组织和其他组织自愿、无偿向社会或者他人提供的公益服务。"由此可以看出，志愿服务强调的是非物质化的援助。因此一些义举，如日常的捐款、捐物、无偿献血等行为，更多地属于扶贫济困、救死扶伤行为，而不是志愿服务。但为组织保障捐款、捐物、无偿献血等活动顺利开展，而提供的时间、知识、技能、体力等就属于志愿服务。

5. 组织性

志愿服务可以是志愿组织开展的志愿服务活动，也可以自行依法开展志愿活动。很多时候，志愿服务需要由志愿者组织统一组织安排，才能极大地提升志愿服务的贡献力。如大型体育赛事、展览、政府部门组织的节日庆典等活动，就需要由志愿者组织招募志愿者开展服务活动。为保证服务的效益，志愿者、志愿服务组织、志愿服务对象还可以"根据需要签订协议，明确当事人的权利和义务，约定志愿服务的内容、方式、时间、地点、工作条件和安全保障措施等"。"志愿服务组织安排志愿者参与的志愿服务活动需要专门知识、技能的，应当对志愿者开展相关培训。""志愿服务组织安排志愿者参与志愿服务活动，应当与志愿者的年龄、知识、技能和身体状况相适应，不得要求志愿者提供超出其能力的志愿服务。"为避免出现某些志愿服务潮汐现象，也很有必要对志愿服务活动加以引导。如，为避免去养老院的志愿者集中在重阳节而平时无人问津的现象，为避免应急救援去往灾区的志愿者太多造成交通拥堵，就需要志愿者在相关平台或组织进行预先登记，合理安排："发生重大自然灾害、事故灾难和公共卫生事件等突发事件，需要迅速开展救助的，有关人民政府应当建立协调机制，提供需求信息，引导志愿服务组织和志愿者及时有序开展志愿服务活动。""志愿服务组织、志愿者开展应对突发事件的志愿服务活动，应当接受有关人民政府设立的应急指挥机构的统一指挥、协调。"（《志愿服务条例》）这些引导无疑对推动志愿服务制度化、专业化发展，提升志愿服务效益，保障志愿服务事业持续健康发展都将起到很大的作用。

（三）社区公益性劳动的作用

1. 可以传递爱心，传播文明

志愿者在把关怀带给社会的同时，也传递了爱心，传播了文明，这种"爱心"和"文明"从一个人身上传到另一个人身上，最终会汇聚成一股强大的社会暖流。

2. 有助于建立和谐社会，提供社交和互相帮助的机会

通过社区公益劳动，人与人之间可以加强交往及关怀，降低彼此间的疏远感，促进社会和谐。

3. 有助于促进社会进步

社会的进步需要全社会的共同参与和努力。社区公益劳动正鼓励越来越多的人参与到服务社会的行列中来，对促进社会进步有一定的积极作用。

4. 有助于大学生全面提高

青年大学生通过志愿服务，可以获得丰富多彩的服务实践，可以与社会各界群众面对面交流，经过细微具体的帮扶，增强人们的社会责任意识，更可以陶冶情操、提升境界，养成高尚的道德品质，把培育和践行社会主义核心价值观落在实处。

5. 可以培育"我为人人、人人为我"的良好社会风尚

以奉献、友爱、互助、进步为主要内容的志愿精神，既包含着中华民族的传统美德，也表现出社会进步的时代要求，必须大力弘扬，将这种精神贯穿在社会生活

的各个方面，转化为人们的价值追求和自觉行动。"赠人玫瑰、手有余香"，志愿服务事业光荣而崇高，大力弘扬志愿精神，培育"我为人人、人人为我"的良好社会风尚，是我们每一个人的责任。

（四）社区公益性劳动的重要意义

1. 对志愿者个人而言，志愿活动具有积极意义

（1）奉献社会。志愿者通过参与志愿工作，有机会为社会出力，尽一份公民责任和义务。

（2）丰富生活体验。志愿者利用闲余时间，参与一些有意义的工作和活动，既可扩大自己的生活圈子，又可亲身体验社会生活，加深对社会的认识，这对志愿者自身的成长和提高是十分有益的。

（3）提供学习的机会。志愿者在参与志愿工作过程中，除了可以帮助人以外，还可培养自己的组织及领导能力，学习新知识、增强自信心及学会与人相处等。

2. 对服务对象而言，志愿活动具有积极意义

（1）接受个人化服务。志愿者服务，提供大量的人力资源的同时，更能发挥服务的人性化、个人化及全面化的功能，从而令服务对象受益。

（2）帮助融入社会，增强归属感。志愿者服务，能有效地帮助服务对象扩大社交圈子，增强他们对人、对社会的信心，同时，志愿者以亲切的关怀和鼓励，帮助服务对象减轻接受服务时的自卑感和疏远感，从而使其建立自尊心和自信心。

实践证明，公益劳动对于培养学生全心全意为人民服务、为社会主义事业服务的思想，自觉自愿地为公共利益服务而不计报酬的劳动态度，关心集体、关心他人，以及团结互助、遵守纪律、爱护公共财物等思想品德，都有重要的作用。学校组织公益劳动应遵守不影响教学的原则，从本校和本地区的实际情况出发，安排学生参加力所能及的劳动。

（五）社区公益劳动项目的设计

社区公益劳动项目，其最重要的一个标志，就是服务的提供者，完全是志愿、无偿的。公益性劳动的对象广泛，服务形式多样化。这里以学生宿舍区自行车棚整理为例，简要介绍一般性社区公益劳动活动方案的设计。

专栏 6-2

学校宿舍区自行车棚整理项目设计

1. 服务目标

调查校区内，学生宿舍区自行车停放情况，解决部分宿舍楼下自行车棚内自行车乱停乱放，杂乱无章，存取车困难，影响广大同学出行、正常学习生活，影响校园环境美化的问题，还学校宿舍优美环境，方便同学出行，建设良好生活环境，进

一步激励广大同学维护"团结、奉献、互助、友爱、进步"的良好校风。

2．服务内容

整理校园内宿舍区自行车棚，优化生活环境。

3．服务形式

开展环境美化宣传；整理车棚内自行车。

4．服务过程

（1）准备工作。

① 服务小组组建：以小组为单位，设立若干个服务队，明确服务分工。

② 活动方案制订：根据分工，班级组织委员（或劳动委员、志愿者协会班级负责人）制订活动方案，并取得后勤、宿管支持。

③ 活动资料准备：根据分工，指定专人负责制作劳动服务内容宣传资料等。

④ 活动形式沟通：由班长或团支书与学校后勤、宿管联系，说明活动的初衷，预期效果，以取得相关部门的指导。

⑤ 活动后期保障：根据分工，后勤保障组负责活动设备设施的准备，资料印刷费用的筹措。

大学生
"四进社区"
暑期实践
活动

（2）活动中。

① 对学校学生宿舍区，自行车停放情况进行调研，形成自行车停放情况统计图表。

② 确定各服务小组所负责的宿舍区域。

③ 每个小组确定1名同学负责拍摄活动照片、视频。

④ 全班同学紧密配合，完成责任范围内自行车停放整理。

⑤ 全体同学，分别在各宿舍区站岗，发放宣传单页，发出文明停车倡议，纠正不良行为。

（3）活动后期。

① 撰写活动总结报告。

② 召开总结大会，交流服务心得体会。

③ 通过网络、自媒体、学校官媒宣传活动成果。

三、社会实践活动

（一）社会实践活动的含义

大学生社会实践是在校大学生利用课余时间，步入社会进行社会接触，提高个人能力，触发创作灵感，完成课题研究，发挥自己的聪明才智以求和社会有更大的接触，对社会作出贡献的活动。用在大学学习到的理论知识和专业技能进行社会实践活动是每个大学生必须上的一门课程。

专栏 6-3

大学生暑假利用专业知识服务农村

在湖南湘西花垣县十八洞村，活跃着一群志愿者，他们冒酷暑、顶烈日，行走在田间地头，走村串户，或与百姓座谈，或与政府对接。不仅如此，他们还对隔壁的桃花村、芷耳村、鸡坡岭村等9个村的18个农民专业合作社进行考察，对合作社的主要产品、运行机制等问诊把脉，形成调研报告提交给当地政府。

这些志愿者是长沙理工大学经济与管理学院2017年精准扶贫暑期社会实践活动的老师和学生。他们在长沙理工大学经济与管理学院院长陈银娥的指导下，开展此项活动。陈银娥主持的国家社会科学基金重大项目《普惠金融发展视角下精准扶贫、精准脱贫的理论与政策研究》的研究成果《贫困人口脱贫后如何实现生计的可持续》，被全国哲学社会科学规划办公室编入2017年第17期国家社科基金项目《成果要报》，为精准扶贫提供了理论依据和实践范式。

2017年，长沙理工大学经济与管理学院暑期共组织300名师生分为20支服务队，深入邵阳新宁县与邵阳县、湘西花垣县等12个县市的39个贫困村，开展精准扶贫暑期社会实践活动。

2017年7月20日，赴花垣县的十名队员来到"残联农家养殖专业合作社"。该社2016年召集50户残疾人加入，目前带动了全县80户残疾人贫困户参与其中。在怀化靖州，服务队致力于推动当地政府、龙头企业等主体与合作社深度合作。在邵阳县按照"情系脱贫攻坚"主题实践活动，做好数据收集工作，完善精准扶贫档案，帮助贫困村填制好《挂图作战表》。在炎陵县、新宁县，服务队为保证农村精准脱贫工作成效的稳定性和持续性，就如何帮助农村脱贫人口，从提升生计资本、调整生计策略、消除贫困脆弱性等方面着手，提供调研报告和决策建议。

带队指导老师曹冰玉说："让经济类大学生运用所学知识，服务农村，是当代大学生的时代责任和历史使命；也是他们深入社会、了解社会的有效途径。"

（资料来源：华声在线，2017年7月22日，https://baijiahao.baidu.com/s?id=1573588311955744&wfr=spider&for=pc）

思考：

如何看待服务性劳动的社会意义？

（二）社会实践活动的特点

大学生社会实践经过多年的发展，已经形成了广泛的共识，得到了社会的认同和重视。大学生开展理论宣讲、教育帮扶、医疗服务、科技支农、社会调查等形式多样、主题鲜明、内容丰富的实践活动，积累了不少成功的经验，形成以下特点：

1. 高校团组织高度重视

各高校都十分重视大学生社会实践活动，大学生社会实践活动形式多样，形成了点、线、面相结合的形式。点上体现为高校团委和其他部门抓好实践队伍的组织、培训、指导工作，线上主要体现在以某一主题为主的实践队伍，而面上主要体现在以学生个体为主的自愿的社会实践上。

2. 大学生参加社会实践的愿望强烈

大学生参加社会实践的愿望强烈，特别是低年级的学生，他们希望能参加学校组织的社会实践活动。在学校组织的社会实践活动中，学生的报名人数往往远超预期，大量的学生表达了想参加社会实践的愿望。在组织的面试中，很多学生表现出参与意识和对社会实践的深刻认识。说明大学生开始充分发挥积极性、主动性，也意识到通过参加社会实践活动可以增加社会经验、培养实操能力、拓宽视野，积极面对可能遇到的困难。

3. 社会实践的内容与社会发展、时代主题相结合

大学生社会实践的内容与时俱进，与社会发展相适应，紧扣时代主题和社会发展，关注社会发展中的热点和难点问题。大学生社会实践可围绕改革开放和新中国发展变化所取得的成就，开展理论及成就宣讲，围绕新医改方案，开展医疗合作政策宣讲、流行疾病预防、基本医疗卫生知识普及等活动；围绕节能减排，开展环境保护、污染源调查，以及公民环境意识调查等活动；围绕农村教育落后状况，开展中小学辅导、支教活动；结合专业知识，开展学生科技支农服务活动，这些都体现了社会实践与社会发展和时代主题相结合。

4. 社会实践组织参与的方式多样化

社会实践组织参与的方式主要表现在以下两个方面。①社会实践由主题式向专题式转变。原来的实践形式主要是围绕某一上级部门确定的主题展开，现在的社会实践主要是针对某个专题开展，不同的专题因为地域和实践服务的对象不同而有所不同。专题式社会实践强调的用专业知识满足某个需求的有针对性的社会实践活动，重在强调要解决实际问题。②社会实践组队方式的多样化。社会实践组队有学生自愿组成的综合性实践队，有按专业组成、解决实际问题的专业队，有按生源地组成的生源地实践队，有按学生社团类别组成的服务队，有按项目需求设置的项目队，有按硕士、博士组成的专家服务团队，等等。不同的组织形式，能更好地服务于社会实践的需要。

（三）社会实践活动的意义

"社会实践活动是大学生认识社会、提升能力的重要载体，是生动的第二课堂，对大学生健康成长有着非常重要的作用。"随着各大高校逐年扩大招生规模，大学

生的数量逐年增加，每年暑假都是各大高校组织学生参加社会实践活动的有利时间，新时代的大学生积极报名参加社会实践活动能够锤炼自己的意志品质和提升自己的能力。

1. 能全面推进素质教育，提升学生的素质

《中共中央　国务院关于深化教育改革，全面推进素质教育的决定》中指出："全面推进素质教育，要坚持面向全体学生，为学生的全面发展创造相应的条件。"全国各大高校之所以纷纷组织大学生社会实践活动，其意义绝非一般，高校组织的社会实践活动旨在帮助在校大学生深入实地考察，了解当前国情，借此增强社会责任感和使命感。学生通过亲自参加社会实践活动，能够亲身体验不一样的教育方式，其与在学校所接受的课程教育有很大不同。以实际的社会实践活动，让学生亲自操作，发现其中的困难并解决，增强学生解决实际问题的能力，有利于提升学生的综合素质。

2. 能践行社会主义核心价值观，培养奉献和服务意识

党的十八大报告指出"富强、民主、文明、和谐、自由、平等、公正、法治、爱国、敬业、诚信、友善"是社会主义核心价值观。全国各大高校在大一的时候都要开设"思想道德修养与法律基础"课程，目的在于培育和引导学生树立正确的人生观和价值观。大学生积极参加社会实践活动，通过参观和瞻仰烈士陵园以及爱党爱国教育基地，能培育积极向上的态度，与党中央保持高度一致，激发自己的爱国的热情。另外，践行社会主义核心价值观，还有利于培养学生的奉献和服务意识，通过向革命英雄和时代楷模学习，树立为中国共产主义事业的发展而奉献和服务终身的理想，积极投身社会主义建设。

3. 能树立为人民服务的意识，加深对学科知识的理解

众所周知，高校大学生尚未正式进入社会生活，学校与社会还有一墙之隔，学生最大的任务就是努力学习，其社会生存能力还远远达不到竞争如此激烈的社会行业的需求。为此，各大高校都选择让学生参加社会实践活动，部分院校甚至选择去交通闭塞、经济条件较差的山区让学生与劳动人民同吃同住同劳动，体验生活，培养勤俭节约、艰苦朴素的传统美德。学校通过组织社会实践活动，帮助学生树立为人民服务的意识，不断提高自己的能力，为未来发展保驾护航。现代大学生社会实践活动还能加深学生对学科知识的理解，例如学英语的学生通过下乡教学能够加深对英语的认知，并发现自己在教学中的不足；学生物的学生可以通过与当地农户交流与沟通，就作物栽培进行讨论，理论与实践相结合才能加深对所学知识的理解。

（四）社会实践活动项目的设计

社会实践活动对个人、集体、社会有重要的意义。这里简单介绍社会实践活动方案的设计。

专栏 6-4 ━━━━━━━━━━━━━━━━━━━━━━━━━━━━━━━━━━━━━━

大学生暑期社会实践活动项目设计

1. 活动目标

促进大学生在社会实践活动中接受教育、增长才干，培养大学生的学习能力、实践能力、创新能力，促进大学生全面成长，为将来毕业后尽快融入社会做充分准备。

2. 活动内容

（1）开展思想引领教育：开展主题诗歌朗诵、主题征文比赛，培养以爱国主义为核心的民族精神和以改革创新为核心的时代精神。

（2）了解社会：充分利用当地历史文化资源，组织大学生学习英雄的先进事迹，参观纪念场馆，观看陈列展览，瞻仰历史遗址，寻访革命老战士，聆听"五老"队伍（老干部、老战士、老专家、老教师、老模范）讲座，参观城市建设亮点工程，感受家乡的变化，弘扬革命传统，教育引导大学生继承发扬敢为人先、艰苦奋斗、务实进取、开放包容的光荣传统。

3. 活动形式

（1）主题朗诵。

（2）主题征文。

（3）了解当地历史。

（4）听当地革命英雄讲座。

4. 活动过程

（1）准备工作。

① 明确调研主题：在相关教师指导下，在学期末前确定假期社会实践活动主题。

② 组织实践团队：根据主题和方便程度，学生个人自行组成调研团队，开展假期社会实践活动。

③ 方案设计：根据活动形式及活动内容，学生制订主题朗诵、主题征文活动方案。

④ 活动准备：相关实践教育基地门票费、交通费等筹措。

⑤ 活动形式：个人（小组）根据辅导员的要求，确定活动形式，拟定活动计划。

（2）活动中。

① 根据实践情况，学生积极推动相关项目的进展。

② 积极参加征文、诗歌比赛。

③ 积极参观爱国主义教育基地。

（3）活动后期。

① 撰写活动总结报告。

② 召开总结大会，交流服务心得体会。

③ 通过网络、自媒体、学校官媒宣传活动情况。

四、勤工俭学劳动

（一）勤工俭学劳动的含义

广义的勤工俭学指大学生利用业余时间参加劳动，赚取报酬；包括学生接受学校的安排，从事有偿劳动，也包括学生自发到校外其他组织从事相对固定的有偿服务。

狭义的勤工俭学是指学校组织的学生个人从事的有偿劳动。学生从事有偿劳动，学生参与勤工俭学的主要目的，一般是为了获取经济报酬，改善学习和生活条件。当然，也有一些学生参与勤工俭学，其主要目的并不是获取报酬，而是想获得更多的社会经验和工作实践，提升就业竞争力。

作为工作岗位提供方的学校，可以借助勤工俭学活动对学生进行劳动教育，培养他们正确的劳动观和态度，使其养成自立、自强、艰苦奋斗等良好作风；加强理论与实际联系，掌握一定的生产知识和劳动技能。通过劳动，学生能够用个人所得劳动报酬弥补和解决部分学习与生活费用。学生自发到学校外进行的有偿劳动，不纳入本章所指的勤工俭学范畴。

很多学校为实现"学习路上，不让一人掉队""不让一个贫困生因为学费原因辍学"，从奖学金、贷学金、社会助学金、学杂费减免、特困生补助和勤工俭学等方面做了大量的工作，也取得了良好的效果。哪一种方法更长效？更能激发学生的潜能？"勤工俭学"无疑是解决这一问题的有效办法。这主要是因为，"勤工俭学"是以大学生付出劳动的方式，获取相应的报酬，解决学费、生活费困难，积累实践工作经验，这样可以让学生自食其力，获得荣誉感，维护其自尊心。

（二）勤工俭学的特点及发展趋势

在我国，大学生勤工俭学由来已久，如发轫于二十世纪初，结束于 1925 年前后的留法勤工俭学运动，是一场声势浩大的出国求学运动。这场运动的参加者在异国首次大规模地将"俭学"和"勤工"有机地结合起来。新时代环境下勤工俭学的环境和形式发生了很大的变化。

1. 勤工俭学由个体自发逐渐回归到学校引导的路子上来

20 世纪 60—70 年代勤工俭学主要是学校主导，由学校提供相关岗位给贫困学生或有需要的学生，岗位相对较少，这个时候的大学生大多享受免费大学教育并能获得一定数额的生活补助，因此需求也不是特别旺盛。20 世纪 80 年代之后，随着改革开放的深入发展和社会主义市场经济活动越来越活跃,学校提供的勤工俭学的岗位和报酬已经明显不能适应现实的需要,大学生更热衷于自己到校外寻找兼职的机会,在这种情况下,学校的主导地位逐渐消失。进入新时代,以前松散的管理模式已显露出明显的弊端,譬如,学校不能及时掌握学生的动向,复杂多变的社会环境也给学生的安全造成了很大的隐患。因此,学生与社会对学校加强组织勤工俭学活动的呼声越来越高,对学校规范化、整体化的管理要求也越来越高。

2.勤工俭学由形式杂乱的简单劳动向与专业相结合的多样性发展

之前,大学生参加勤工俭学活动的形式有很多,为能快速地找到岗位,很多大学生并未特别注意所从事的岗位与其所学专业的结合度如何,大多选择家教、销售、餐饮服务等体力劳动或简单脑力劳动。由于所从事的工作劳动强度大、周期长、报酬低,长此以往,势必会对学生的学业造成一定的影响,从而影响到学校的人才培养质量和办学水平。进入新时代,随着高等学校办学水平和人才培养质量的提高,学校加强了对勤工俭学的规范化管理,向学生提供更多的专业性岗位,以调动学生的自主性和能动性。

3.勤工俭学由单纯的增加收入向提升专业素质转变

随着时代的变化,因经济条件差而进行勤工俭学的学生比例逐年下降,当代大学生已不完全是为了增加收入而进行勤工俭学,其目的取而代之的是转向了提高综合素质,为未来就业做准备。

(三)勤工俭学的意义

随着改革开放的深入推进,特别是十八大以来,以习近平同志为核心的党中央把脱贫攻坚纳入"五位一体"总体布局和"四个全面"战略布局,摆到治国理政的重要位置,吹响了打赢脱贫攻坚战的进军号,脱贫攻坚取得了新的成就。2021年2月25日,习近平在全国脱贫攻坚总结表彰大会上发表重要讲话,庄严宣告,经过全党全国各族人民共同努力,在迎来中国共产党成立一百周年的重要时刻,我国脱贫攻坚战取得了全面胜利,现行标准下9899万农村贫困人口全部脱贫,832个贫困县全部摘帽,12.8万个贫困村全部出列,区域性整体贫困得到解决,完成了消除绝对贫困的艰巨任务,创造了又一个彪炳史册的人间奇迹。"00后"大学生较以往任何一个时代的大学生都有着更优越的物质生活条件,学生参加勤工俭学的目的发生了很大的变化,依靠"勤工俭学"来赚取学习、生活费用,解决学习、生活难题的学生比例越来越低。同时,政府、社会、家庭对"00后"大学生的关注度也越来越高,给予了他们更多更好的条件以支持其接受高等教育。因而,"勤工俭学"帮助大学生提前适应社会的功能也越来越突出,究其意义,可从以下几个方面来体现:

1.增加学生收入、减轻家庭负担

在一段时间内,勤工俭学仍是小部分大学生增加收入、减轻家长经济负担的一个很好的途径。诚然，全国脱贫攻坚取得了全面的胜利，但我们应该清醒地认识到仍会有一小部分从刚刚摆脱绝对贫困的家庭里出来的大学生面临经济困难。社会和学校也应给这部分大学生提供帮助，提供必要的"勤工俭学"岗位。在这个意义上，勤工俭学在未来一段时间内，仍将发挥其最初"增加收入、减轻家庭负担"的作用。勤工俭学可以帮助大学生实现自身价值，摒弃"等、靠、要"的不良思想。大学生参加勤工俭学，也将使其更能理解父母养育的艰辛，增强感恩之心。通过勤工俭学，大学生可以增加自己的收入，实现自己的价值，切实领略生活的艰辛，同时也在一定程度上减轻父母的经济压力。为自己毕业后进入社会、走向工作岗位奠定基础。

2. 勤工俭学能提升大学生认知社会的能力

大学生在校期间的学习，基本上是学习书本上的理论知识，当然也会学习一些实践能力和工作技能。但由于他们长期待在大学这个象牙塔里，即使在企业实习期间，他们也受到了良好的保护，真正接触社会的机会仍显不足，对社会的了解程度也不高，认识也略显狭隘。学生可以通过勤工俭学，在工作环境中扩大对社会的接触面，增强对社会认知。学生主动地将所学理论知识和技能与社会工作紧密地结合起来，客观上更有益于他们对所学知识的理解和发挥，切实做到学以致用，可以更好地定位自己，以便更好地适应社会。

3. 勤工俭学能让大学生对自己能力进行一次有效的检验

通过勤工俭学，大学生可以增强适应社会的能力，在实践中提高应变能力、人际交往能力以及未来的就业竞争力。通过在实际工作岗位上劳动，大学生可以更好地了解工作要求，提高岗位技能，因此，从这个意义上说，大学生参与勤工俭学，就是对自己学习能力和社会适应能力的一次有效检验。

（四）勤工俭学项目的设计

区别于志愿活动，勤工俭学劳动项目，其最重要的一个标志，就是服务的提供者，可以从服务中获取一定的报酬。这里以勤工俭学组织招聘兼职人员开展商场商品导购活动为例，简要介绍一般性勤工俭学活动方案的设计。

专栏 6-5

商品导购活动项目设计

1. 活动目标

促进大学生提升认知和适应社会的能力，提高收入，实现全面成长，为将来毕业后尽快融入社会做好充分准备。

2. 活动内容

（1）开展学生勤工俭学意愿专项调查，了解学校（学院或专业）在校生参与勤工俭学的意愿。

（2）了解学校内部商业场所、校外商场宣传商品的需要。

（3）承接相关机构委托项目，组织相关在校大学生开展商品宣传活动。

3. 活动形式

派发现场宣传单。

4. 活动过程

（1）准备工作。

① 明确调研主题：相关勤工俭学机构在有关教师指导下，组建专项调研小组，设计调查问卷，了解学校内部或校外商场商品宣传的需要，了解学生参与勤工俭学活动的主要意愿。

② 确定对接企业：根据前期调研结果选定合作企业，开展学生薪酬补助的谈判并确定对接企业。

③ 设计方案：根据活动形式及活动内容，组建组织机构，全面负责制订招聘方案和主题活动宣传方案。

④ 发布招聘广告：在全校范围内发布招聘广告，明确薪酬、补助等内容，并确定薪酬支付方式。

⑤ 沟通活动形式：代表学校（学院、专业）与相关企业开展磋商，确定工作时间、时长、地点和酬金预算及使用安排、分组情况等。

（2）活动中。

① 根据实践情况，积极推动相关项目的发展。

② 积极主动与学校相关部门联系，办理"勤工俭学"学生的相关请假、调课等事宜。

③ 组织学生报名。按教育行政主管部门相关要求进行备案。

（3）活动后期。

① 督促相关机构按预先约定的时间、金额支付酬金。

② 召开总结大会，交流服务心得体会。

③ 通过网络、自媒体、学校官媒宣传活动成果。

第四节 服务性劳动项目设计注意事项

项目活动方案策划，从经济学角度来看，实际上也是一种营销策略。活动是否成功开展，应以被服务者是否满意作为一个重要的评判标准。一般地，一个完备的服务性劳动项目方案，应包括劳动的目的、劳动的意义、劳动的主体、劳动的对象、劳动的内容、劳动的时间、劳动的场所、劳动的日程以及劳动总结及体会九个部分。在设计服务性劳动项目方案时，要注意以下几个事项，遵循以下几个原则：

一、服务内容与时间节点相协调的原则

在服务性劳动项目策划中，对于服务时间节点的安排，我们引入一组相对概念：显性时间节点和隐性时间节点。当服务活动内容与服务时间节点直接相关时，我们称这个时间节点为显性时间节点；当服务活动内容与服务时间节点不直接相关，但它们存在一定关联时，我们称之为隐性时间节点。我们可以采取用显性时间节点和隐性时间节点两种不同的方式来安排相关活动的策略。

如，我们可以在每年3月8日"国际劳动妇女节"前后，开展诸如"关注女性心理健康"的心理咨询活动；在3月12日"植树节"前后安排义务植树活动；在3月15日"消费者权益日"前后安排《消费者权益保护法》宣讲；在农历九月初九"重阳节"前后，安排"九九重阳节，浓浓敬老情"的敬老尊老活动，等等。这就是依据显性时间节点安排活动，它经常在中国传统节日及比较典型的新节日节点进行。

又如，通过对被服务者的心理的研究及把握，金融、财会类专业学生可在春节前后，给社区（学校）群众（师生）提供理财咨询服务；在毕业季，法律类专业学生可以给毕业生开展劳动法律法规的宣传和咨询等。这就是依据隐性时间节点安排活动。

由于人们在不同的时间节点，对不同服务的需求程度不一样，服务活动的效果也会有所不同，所以为了取得更好的服务效果，应该坚持服务内容与时间节点相协调的原则。

二、服务内容与服务地点相统一的原则

除了不同的服务时间节点会对服务效果造成不同的影响外，在不同的地方开展相同的服务也可能会产生不同的服务效果。在哪里开展？在哪里做什么？也是在设计服务性劳动项目方案时，应该考量的一个重要内容。在对的地方，做合适的事，服务效果自然也会更好。

比如，在开展文化服务活动时，就应该注意地域差异带来的影响。在设计服务方案时要考虑不同地区的人群因地域差异带来的文化归属感和认同性不同。在广东潮汕地区，开展文化进社区服务的大学生，如果把豫剧带到了当地，其起到的服务效果显然比不上把潮剧带到社区的效果好。因为绝大多数潮汕人听不懂豫剧，或者说对豫剧没有产生文化认同。反之亦然。

又比如，电子专业大学生开展电器维修服务，若在大学校园开展对学生的服

务，其效果就没有在传统（老旧）居民小区开展的效果好。原因显而易见，一是大学生所拥有的电器相对较少，二是受生活观念、生活水平、电器更新换代速度以及价格门槛越来越低等因素的影响，即使所使用的电器发生了故障，维修的欲望也显然没有传统（老旧）居民小区居民的强烈。因此，为了得到更好的服务效果，应该坚持服务内容与服务地点相统一的原则。

三、服务内容与服务对象相对应的原则

服务内容与服务对象对应与否，会对服务效果造成不同程度的影响。给谁服务？服务什么？在设计服务性劳动项目方案时，这也是一个不容忽视的问题。我们提供的服务，要根据不同服务对象进行调整。同一个活动，针对不同的服务对象，所产生的服务效果也会有所不同。

比如，同一大学生艺术团队，在养老院表演儿童音乐、儿童舞蹈的效果，当然没有在儿童福利院效果来得好；反过来，在儿童福利院表演传统戏曲，也比不上在养老院提供此类服务的效果。因此，为了得到更好的服务效果，必须坚持服务内容与服务对象相对应的原则。

四、服务提供者与服务内容相适应的原则

在设计服务性劳动实施方案时，还要注意谁来开展服务，开展什么服务的问题。不同的服务提供者，即使提供完全相同的服务，效果也不同。因此，在确定服务提供人选时，还要根据学校和学生的实际，选择更合适的服务提供者。试想一下，当你接受理发服务时，若服务提供者是艺术设计类专业和美容美发类专业，你是否更乐意接受美容美发类专业学生的服务？因此，为了得到更好的服务效果，必须坚持服务提供者与服务内容相适应的原则。

当然，除了上述四个注意事项（原则）外，怎样开展服务，采取什么样的服务方式，也会对服务效果造成不同的影响。

💡 思考题

1. 如何区别公益性服务劳动和勤工俭学活动？
2. 服务性劳动有哪些教育功能？
3. 自来水公司员工在岗值班时为用户提供的优质维修水管服务，是不是志愿活动？为什么？请说明。
4. 进行服务性劳动项目设计时需注意哪些问题？请简述其主要内容。
5. 请根据自己的专业或某个主题，设计一个服务性劳动项目实践方案。

第七章　　生产劳动

学习目标

1. 理解生产劳动的含义。
2. 理解生产劳动的教育功能与教育目标。
3. 掌握一定的生产劳动知识与技能。
4. 掌握生产劳动项目设计方法。

案例导入

周树春：焊花飞溅写青春

周树春，男，中共党员，汉族。中国十九冶集团有限公司焊工，高级技师，中国冶金建设行业焊接领域里的领军人物。

一、焊花飞溅写青春

（1）技湛艺精巧攻坚。在昆钢高炉工程焊接施工中，面对作业面狭窄、焊口隐蔽、管道内空气流动性大等众多难题，其他焊工踌躇为难。关键时刻，周树春主动请缨，凭借自己积累的丰富经验和练就的高超技艺，大胆采用在管道中充氩气置换、隐蔽部位用镜子反射焊口的巧妙办法，一举攻克难关。300 多道焊口，检测合格率达 98% 以上。同样，在邯郸高炉炉体风口大套焊接中、在攀枝花市白马球团工程核心部位回转窑安装中，周树春多次用高超技艺攻克技术难题，被业内专家称赞"创造了奇迹"。

（2）艰苦奋斗勇克难。在巴布亚新几内亚瑞木镍钴矿浆管道铺设工程中，面对地形复杂，高温多雨，且第一次焊接全球最大口径长输矿浆管道 X60 管线钢等难题，作为焊接负责人，周树春通过数百次的实验，成功创造出 X60 管线钢焊接新工艺，大大缩短了焊接时间，提高了合格率，填补了国内的技术空白。在巴新国土上蜿蜒的 66.9 千米"银色巨龙"——镍钴矿浆管道，既是周树春焊接青春的光辉写照，更是中国焊工创造奇迹的见证。

二、业精于勤成于思

二十年前，周树春上班的第一天，面对自己从未见过的机械构件，在电机上连电流都调不准。作为一名有志青年，周树春暗下决心：无论多苦、多难、多累都不能退缩，一定要成为一名优秀的焊工。从此，以焊枪为伴的他，白天忙干活，晚上学技术理论。他熟读专业书籍，读书笔记达数十万字，推敲和琢磨每项关键技术的细节，焊接技术和理论水平不断提高。他参与研制的《高炉炉顶钢圈安装、焊接施工工法》被评定为企业级工法，《巴新瑞木 X60 镍钴矿浆管道焊接工艺研究》获 2009 年度攀枝花市科学技术进步奖三等奖，获得国家知识产权 2 项，在《工程焊接》杂志发表论文 2 篇。

三、桃李芬芳飘海外

周树春始终把不断提升自我和培养更多优秀的焊接人才作为己任，他培养出来的 200 余名焊工，大多数都取得了高级工以上职业资格。在巴新的矿浆管道工程施工中，周树春利用施工间隙举办了 2 期 X60 管线钢焊接工艺培训，"手把手"地将技术传授给巴新籍焊工。周树春用自己的焊枪，架起了中国与巴布亚新几内亚人民之间友谊的桥梁，在当地引起了强烈反响！

2011 年 10 月，在英国伦敦举办的第 41 届世界技能竞赛焊工比赛中，由周树春精心执教的选手发挥出色，不仅为中国在此次大赛中赢得唯一的一枚银牌，也在世界舞台上展示了中国焊工的风采。

（资料来源：搜狐网，2018 年 7 月 18 日，https://www.sohu.com/a/242013922_229991）

思考：

从周树春的生产劳动实践中，你得到了什么启示？

第一节　生产劳动的含义

学校要依托实习实训，组织大学生参与真实的生产劳动，增强其职业认同感和劳动自豪感，提升其创意物化能力，培育其不断探索、精益求精、追求卓越的工匠精神和爱岗敬业的劳动态度，使其坚信"三百六十行，行行出状元"，体认劳动不分贵贱，任何职业都很光荣，都能出彩。职业教育的目的是培养具有一定文化水平和专业知识技能的应用型劳动者，与普通教育和成人教育相比，职业教育侧重于实践技能和实际工作能力的培养。在办学条件上，学校要建设开展劳动教育的适合平台和有利条件，但技能教育并不是天然的劳动教育，当劳动成为学生的精神需求和兴趣时才有价值。因此，对大学生而言，要正确理解生产劳动的内涵，清楚生产劳动的教育功能和价值，主动参与生产劳动。大学生要重点结合专业特点，不断增强职业荣誉感和责任感，提高职业劳动技能水平，培育积极向上的劳动精神。

生产劳动是一个随着社会经济形态变化而不断发展的范畴，不是一成不变的概念，其含义根据不同的时代背景而发生变化。从经济社会的发展来看，生产劳动的内涵可分为三个阶段进行理解。①

一、自然经济社会中的生产劳动是制造使用价值的劳动

第一个阶段是在自然经济社会中，生产劳动是制造使用价值的劳动。马克思首先从简单劳动过程的角度来考察，得出了关于生产劳动在自然经济社会中的概念，即指能够生产满足人们某种需要的使用价值的劳动。马克思认为：劳动首先是人和自然之间的过程，是人以自身的活动调整和控制人和自然之间的物质交换的过程。如果整个过程从其结果的角度，从产品的角度加以考察，那么劳动资料和劳动对象表现为生产资料，劳动本身则表现为生产劳动。马克思由简单劳动过程得出的生产劳动一般的定义，是从产品的角度考察给出的。作为产品，它只具有使用价值，而不具有价值，因此生产劳动的目的，当然只能是取得使用价值。

二、简单商品经济社会中的生产劳动是生产商品的劳动

第二阶段是在简单商品经济社会中，生产劳动是生产价值和使用价值的统一体，即生产商品的劳动。在简单商品经济条件下，生产者不仅要生产使用价值，还必须生产价值。这种价值和使用价值的统一体就是商品。因此从商品经济的角度看，只有实现了商品价值的劳动，才是生产劳动。为此，马克思对生产劳动一般的定义又做了一个更确切的、具体的规定，即"实现在商品中的劳动，对我们表现为生产劳动"，这就是简单商品经济社会中的生产劳动。

与自然经济社会中的生产劳动相比，简单商品经济社会中生产劳动是更具体的概念，它在原来的基础上加上了价值关系这一特殊规定性，生产劳动的概念就变小了。从简单劳动过程看，生产使用价值的劳动是生产劳动，而从商品经济条件下的劳动过程看，只有在生产使用价值基础上，赋予生产的交换目的，生产商品的劳动才是生产劳动。要理解这里的生产劳动，首先要弄清什么是商品。马克思认为，商品是价值和使用价值的统一体，缺一不可。价值本质上不是物，而是商品生产者之间互相交换劳动的一种社会关系。价值并不是以实物为其物质承担者，而是以使用价值为物质承担者。应该指出，认为实物是价值的承担者的观点，并不是马克思的观点。实物即有形的物，并不一定有使用价值，而没有使用价值就不会有交换，也不会有交换价值，价值也就无从谈起。反过来，有使用价值的，不一定是物品，如服务。因此，马克思的提法是："使用价值总是交换价值的承担者。""使用价值成为交换价值因而成为商品的实体。""每个商品的价值都是由物化在它的使用价值中的劳动量决定的。""互相交换的商品实际上无非是物

---

① 程建华，张秋.生产劳动概念新说及其重要意义［J］.当代经济研究，2000（10）.

化在各种使用价值中的劳动。"这里的"物化"又译为"体化",它与"凝结""凝固""结晶"一样,都是一种形象而生动的比喻说法,泛指劳动体现在某种使用价值中,而不是规定劳动必须固定在有形状、尺寸、重量、大小、密度可以捉摸的物品中,正如"凝结"不是说劳动遇冷达到冰点而冻结,"结晶"不是说劳动由液体变为晶体一样。

马克思认为,使用价值就其形态而言,包括两类:一类是"实物形式",另一类是"运动形式"或服务形式。这一思想至少在 1857—1858 年就已形成。如他在《经济学手稿(1857—1858 年)》中就经常讲。在 1861—1863 年间,他再次将使用价值分为两类。其一是,"这个使用价值是随着劳动能力本身活动的停止而消失"的;其二是,它"物化、固定在某个物中"。所谓实物形式的使用价值,就是指"具有离开生产者和消费者而独立的形式,因而能在生产和消费之间的一段时间内存在"的使用价值;而运动形式的使用价值,就是"不以物品资格但以活动资格供给的特别的使用价值"。生产后一种使用价值的劳动,"产品同生产行为不能分离""不留下任何可捉摸的,同提供这些服务的人分开存在的结果",可称为非实物形式的产品,即无形产品。因为这些无形产品是人类抽象劳动的凝结,因此只要它们不是废品,就会有使用价值,如果它们是为了交换而生产的,它就是用于交换的劳动产品,即为无形商品。

马克思还进一步谈了服务,认为例如教师、医生、律师等的"服务式活动"也可以是商品,因为它们本身具有使用价值和交换价值。"它不采取实物的形式,不作为物而离开服务者独立存在",这种服务劳动所提供的消费品是一种无形产品,对于提供这些服务的生产者来说服务就是商品。"服务有一定的使用价值(想象的或现时的)和一定的交换价值"。由此可知,商品应是涵盖了物质财货及相关服务产品和精神财货及相关服务的产品。因此,一般而言,人的体力、智力等其他消耗并不因为它是劳动才创造使用价值,而是相反,正因为这种体力、脑力等的消耗创造了使用价值,才是生产劳动。不创造使用价值的劳动,是无效劳动,是负效率劳动。这种标准对于生产劳动一般而言是成立的,但特殊而言,仅有这种规定是不充分的。就商品生产而言,一种劳动并不是因为它是生产劳动才创造价值,而是相反,正因为它创造价值,才是生产劳动。

三、发达商品经济社会中的生产劳动包括不同社会体制的生产劳动

第三阶段是在发达商品经济社会里,生产劳动包括两种情况,即资本主义的生产劳动和社会主义的生产劳动。资本主义生产劳动,作为一种生产关系,它只有"加上资本主义生产关系"的社会形式这一规定性,即加上"价值增殖",才是资本主义生产劳动的概念。在资本主义生产条件下,生产者不仅要生产价值,还必须生产剩余价值,而且只有当他的商品通过交换实现并增值时,其个别企业

的劳动才是生产劳动。因此只有"直接增大资本的价值或生产剩余价值的劳动"才是资本主义的生产劳动，或言"只有直接生产剩余价值的劳动才是生产劳动"。马克思在《资本论》中明确指出："作为劳动过程和价值形成过程的统一，生产过程是商品生产过程；作为劳动过程和价值增殖过程的统一，生产过程是资本主义生产过程，是商品生产的资本主义形式。"马克思在《资本论》中又进一步论述在资本主义社会里，生产性劳动与非生产性劳动的关系。同一种劳动既可能为生产性劳动，也可能为非生产性劳动。他举例，一个自行卖唱的歌女是非生产劳动者，但是，同一个歌女被剧院老板雇佣，老板为了赚钱而让她去唱歌，她就是生产劳动者，因为她生产资本。另外，一个制造钢琴的劳动者在工厂里生产钢琴是生产劳动，如果他被请到私人家里做钢琴，就不是生产劳动。由此可见，生产劳动是"直接同资本交换的劳动"，而非生产劳动则是"直接同收入即工资或利润交换的劳动"。同一种劳动可能为生产性劳动，也可能为非生产性劳动，而劳动的物质规定性，以及劳动产品的物质规定性本身，同生产劳动和非生产劳动之间的这种区分毫无关系。

社会主义生产劳动是为了满足人民的物质和文化生活需要而提供的有形商品和无形商品的社会有效劳动。生产劳动的范围及劳动产品的种类会随着社会分工的加深和社会需求的发展而不断扩展。首先，生产劳动应是社会有效劳动。一旦违背社会生产目的，不利于社会及人民生活健康发展的劳动及其产品均是无效的。制贩毒品、制造淫秽物品、制假造假，贩卖人口等，均不应纳入社会有效劳动的范畴。其次，不只把创造有形商品的劳动划分为生产劳动，其实创造无形商品的劳动也是生产劳动。尽管粮食、衣物、住房总是人们生活的必需品，但随着社会生产的发展和人民生活水平的提高，社会需求及消费的范围也在不断扩大，健康、教育、娱乐等许多非物质属性的服务和无形商品对人们的正常生活来讲，越来越具有如粮食、衣物、住房一样的消费必需品属性。所有提供这些满足人类不断增长的需求的劳动也应是生产劳动。再次，在社会主义市场经济条件下，马克思对资本主义生产劳动概念的论述，脱去资本主义生产关系，也适合于社会主义社会。从社会主义市场经济条件下不同经济主体来说，部分教师、医生、演员、服务人员、按摩师的劳动也都是生产劳动。因为他们一方面能够满足人们的某种需要，另一方面又能为他们所在的单位创造丰厚的利润。

我国是社会主义国家，且正处在社会主义初级阶段，在理解生产劳动的含义时，要从社会主义发展的不同阶段来理解。当前，我国已进入中国特色社会主义新时代，生产劳动则是指那些有利于社会主义现代化建设，满足人民日益增长的美好生活需要的直接的经济活动。

第二节　生产劳动的教育功能和教育目标

一、生产劳动的教育功能

中共中央、国务院印发的《关于全面加强新时代大中小学劳动教育的意见》（简称《意见》）明确将劳动划分为生产劳动、服务性劳动和日常生活劳动三种类型。生产劳动是以直接创造生产生活必需品，满足国家社会和个人物质需求与财富积累为目的的活动，大学生在生产劳动中亲历物品、产品制作过程，感受生活必需品来之不易，体会劳动创造物质财富、满足基本生活需求的伟大，从而尊重普通劳动者、尊重劳动成果，为形成正确的劳动价值观奠基。[①]马克思曾深刻指出："生产劳动同智育和体育相结合，它不仅是提高社会生产的一种方法，而且是造就全面发展的人的唯一方法。"就立德树人而言，德智体美劳是人的自由全面发展的五个维度，参加生产劳动，感受劳动之美、劳动最光荣，相比其他劳动形态而言，更有利于促进学生职业理想的形成，促进学生自身职业素质养成，促进学生专业技能发展，它的树德、增智、强体、育美的综合育人价值更加有效。[②]

（一）促进大学生职业理想的形成

大学生参加生产劳动，可以发现自己的素质禀赋和认知特点，提升自己的专业思想，明确具体的职业方向。例如，饲料与动物营养、畜牧兽医等职业岗位，通过生产劳动，大学生可了解专业特点，掌握基本技能，培养职业兴趣和职业认同，认识本职业的社会功能和社会价值，为专业学习提供充足动力和思想保证。大学生参加生产劳动，能发现问题、分析问题，产生创造性解决问题的灵感，提高创新能力；在劳动过程中，能施展才能，全面发展整体素质，培养爱岗敬业的职业精神。

（二）促进大学生自身职业素质养成

生产劳动教育对学生职业素质的形成具有以下作用：一是在现实生产环境的熏陶中实现素质养成。企业发展直接影响着职工的切身利益，企业职工的各种生产行为并不是为了"答卷""交作业"，而是与生产作业的正常进行、生产管理标准的现实要求、未来的生活状况等息息相关，只有在这种环境下，学生才能真正体会到提高职业素养的必要性和紧迫性。二是在与企业职工的交往中体验劳动关系。合作能力是建立在现实的生产组织之上的，学生只有在企业生产组织中与职工共同劳动，才可能体会到各个工序之间、各个工种之间、各个班组之间需要处理的具体问题，

---

① 王飞，徐继存.三类劳动的划分依据及其育人价值［J］.人民教育，2020（8）.
② 崔发周.职业院校劳动教育的基本功能与有效形式［J］.职教论坛，2020（8）.

自觉地融入生产组织生态之中，而在学校教室中的学习组织生态与生产组织生态有着本质区别，很难培养出适应生产场景和具有实用价值的合作能力。三是通过客户反馈意见深化质量意识。书本上的"质量"只是一个概念，而生产和服务现实中的质量体现在客户满意的程度中，学生只有在生产和服务过程中接触客户，才能真正理解客户要求，并形成工作目标和工作计划，最后以产品和服务交出高质量的"答卷"。

（三）促进大学生专业技能发展

学校也为社会培养复合型技术技能人才，教育目标之一是"培养掌握特定技艺的职业人"。因此，学生掌握一技之长是职业能力的重要组成部分。在校内，仅靠教师（或师傅）传授间接经验是难以掌握专业技能的，还需要在社会生产劳动中获得直接经验。因此，大学生要掌握基本的生产劳动知识和技能，正确使用常见的劳动工具，积累一定的经验，快速适应职业岗位的基本要求，促进自身专业技能发展。

二、生产劳动的教育目标

大学生通过生产劳动，能够真正提高自身的劳动素养。南京师范大学劳动教育课题组经过大量研究，构建了劳动素养框架，一级维度包括劳动观念、劳动知识与技能、劳动习惯与品质三方面。[①]

（一）劳动观念

劳动观念的总体目标：弘扬劳动精神，崇尚劳动，尊重劳动，认同劳动，乐于劳动。具体可从树立正确的劳动价值观、劳动过程观、劳动技能观、劳动成果观、劳动关系观五个二级维度描述。

劳动价值观：深刻理解"人民创造历史，劳动开创未来"的道理，树立劳动光荣、创造伟大的正确观念。

劳动过程观：深刻理解"空谈误国，实干兴邦"的道理，认识到"脚踏实地，肯干苦干、持之以恒"是劳动的基本态度。

劳动技能观：深刻领会并在专业学习和实践中发扬"劳模精神""工匠精神"。

劳动成果观：亲身体验用劳动换来成果的艰辛与价值，尊重劳动人民，珍惜劳动成果，感受到为社会作贡献的成就感、幸福感、滋养感，感受到劳动的充实美、收获美。

劳动关系观：知道劳动者的权利和义务，准确理解劳动与经济、劳动与法律、劳动与职业的关系。

（二）劳动知识与技能

劳动知识与技能的总体目标：掌握劳动的基本知识与技能，学习有关劳动的新

知识、新方法、新技术、新工艺，能分析问题、解决问题，具备质量意识、环境保护意识、劳动伦理意识和劳动安全意识，学会劳动、善于劳动、科学劳动；可以从本体性知识、对象性知识和劳动技能三个维度来确立生产劳动教育的目标。

本体性知识：结合专业实践和职业体验了解人工智能、5G、互联网大数据等新知识、新方法，熟悉新技术在行业中的应用，熟悉与专业相关的新工艺、新技术，懂得创新奉献的时代精神。

对象性知识：结合专业了解产业，掌握现代产业中的劳动工具、材料、生产条件、环境等知识，掌握某一领域的现代生产知识，养成自觉遵守行业劳动法规、标准与实际运行规则的习惯，掌握劳动法、劳动合同的知识。

劳动技能：结合专业掌握现代性生产技能，具备动手解决问题、生产产品的能力。

（三）劳动习惯与品质

劳动习惯与品质的总体目标：养成自觉劳动的习惯，以集体利益为重，强化奉献意识，懂得通过服务国家与社会来实现自己的人生理想。大学生具体可从责任感、坚韧性、诚信度、创造性四个维度描述劳动习惯与品质的教育目标。

责任感：养成自觉维护寝室、教室、校园环境的习惯，能够在实习实训中展现出良好的责任意识与行为，愿意扎根一线。

坚韧性：具有在艰苦行业基层一线工作的职业意向，具备吃苦耐劳、脚踏实地、有始有终的工作品质。

诚信度：能够自觉遵守劳动规范、劳动纪律，认真负责地完成劳动任务，建立质量观念和品牌意识，掌握劳动法律法规，遵守合约。

创造性：具备创新精神和创业热情，能够在劳动实践中追求幸福并获取创新灵感。

第三节　生产劳动的内容

人类社会经济形态的演化是沿着农业经济、工业经济、知识经济的过程前进的。从原始社会后期人类进入农耕文明以后到英国工业革命以前的经济形态是以农业经济为主的经济形态；从英国工业革命到 20 世纪下半叶的经济形态是以工业经济为主的经济形态；从 20 世纪下半叶开始，知识经济在一些西方发达资本主义国家初露端倪，到现在，世界上少数发达国家开始进入知识经济社会，与人类社会经济形态的变化、发展相适应，在每一个社会经济形态里，其占主导地位的生产劳动形式也有很大的差别。农业社会以农业劳动为主，工业社会以工业劳动为主，知识社会以知识劳动为主。与每一个社会经济形态的物质生产方式相适应，每一个社会经济形态里的人们便会形成与当时的社会经济形态相适应的生产劳动观念。马克思离开我们的时代已经 100 多年了。人类社会经济状况已经发生了很大的变化，这些变化之巨大可以说是马克思本人难以想象的。现在，一些西方发达市场经济国家已经走完了工业化的道路，正在向知识社会迈进。在知识社会里，知识劳动、科技劳动、管理劳动、服务劳动成为生产劳动的主导形式，而生产物质产品的农业劳动和工业劳动的重要性大大降低，从业人数大大减少，人类的生产劳动概念发生了质的变化和飞跃。①

社会主义条件下，生产劳动是以直接创造生产生活必需品，满足国家、社会和个人物质需求与财富积累为目的的活动。根据生产劳动的含义，一般而言，生产劳动的内容包括农业生产劳动、工业生产劳动、部分服务业（直接生产过程在流通领域继续的交通运输、包装、保管是能够创造新价值或国民收入的）生产劳动。②

一、农业生产劳动

（一）农业概述

广义的农业是指农业、林业、畜牧业、渔业等产业形式；狭义的农业是指种植业。包括生产粮食作物、经济作物、饲料作物和绿肥等农作物的生产活动。农业属于第一产业。农业的劳动对象是有生命的动植物，获得的产品是动植物本身。我们把利用动植物等生物的生长发育规律，通过人工培育来获得产品的各部门，统称为农业。农业是支撑国民经济建设与发展的基础产业。

农业是人们利用动植物的生活机能，把自然界的物质和能源转化为人类需要的产品的生产部门。现阶段的农业分为植物栽培和动物饲养两大类。土地是农业中不可替代的最基本的生产资料，劳动对象主要是有生命的动植物。生产时间与劳动时间不一致，受自然条件影响大，有明显的区域性和季节性。农业是人类衣食之源、生存之本，是一切生产的首要条件。它为国民经济其他部门提供粮食、副食品、工业原料、资金和出口物资。

（二）农业生产劳动的特点

（1）受自然条件影响大。与工业生产的"人工环境"不同，农业生产的作业环境绝大多数是自然露天的环境。外界不良因素，如寒冷、潮湿、炎热、日晒及自然界其他物理、化学、生物因子（蜜蜂叮咬）直接作用于劳动者，并且这些不利的自然因素难以人为地消除。

（2）工种繁多。农业生产劳动有手工劳动和机械劳动，每个人在不同的时间内可能从事不同的作业，由于频繁转换作业类型、作业方式和劳动条件，农业生产劳

---

① 芦丽娟，王跃路.对生产劳动范畴的再认识 [J].经济论坛，2003 (14).
② 易炼红.三种涵义的生产劳动与社会主义第三产业的劳动性质 [J].求索，2001 (6).

动接触职业危害因素的种类也随之频繁转换。

（3）劳动者分散。劳动者缺乏统一的组织，劳动场所、劳动时间、作息时间比较分散。

（4）缺乏劳动卫生服务。农业劳动缺乏专门的劳动卫生管理机构和劳动卫生服务，目前也无针对农村劳动卫生和劳动保护的法规。

（三）参加农业生产劳动的重要性

人类最早的劳动形式就是农业劳动，参加农业劳动是学生经历和体验完整的作物生长、亲近大自然、获得劳动技能最好的方式之一。就劳动教育而言，农业生产劳动也是看得见、摸得着、手脑并用的一个基础载体。经历完整的农业劳动过程后，学生会形成和丰富对劳动工具、劳动对象、劳动环境等的基本认知。所以，学生应主动参加农业生产劳动，直接体验劳动过程，感受劳动之美，了解劳动的基本环节及相关知识，了解农村生活，真正知道劳动果实来之不易，从而获得知识体验和感悟，增强劳动意识，增长知识和技能。

二、工业生产劳动

（一）工业概述

工业是指采集原料，并把它们加工成产品的行业。工业是社会分工发展的产物，经过了手工业、机器大工业、现代工业几个发展阶段。工业是第二产业的重要组成部分，传统意义上分为轻工业和重工业两大类。根据我国《国民经济行业分类》（GB/T4754—2017），工业包括采矿业、制造业、建筑业、电力燃气及水的生产和供应业等行业。工业的重要性对一个国家来说十分重要。①工业是唯一生产现代化劳动手段的部门，它决定着国民经济现代化的速度、规模和水平，在当代世界各国国民经济中起着主导作用。②工业还为自身和国民经济其他各个部门提供原材料、燃料和动力，为人民物质文化生活提供工业消费品。③它还是国家财政收入的主要源泉，是国家经济自主、政治独立、国防现代化的根本保证。除此以外，在社会主义条件下，工业的发展还是巩固社会主义制度的物质基础，是逐步消除工农差别、城乡差别、体力劳动和脑力劳动差别，推动社会主义向共产主义过渡的前提条件。工业是国民经济中最重要的物质生产部门之一。工业生产主要是对自然资源以及原材料进行加工或装配的过程。对从事此行业的人要求有一定的体能和技能。总之，工业劳动是我国现代化进程中非常重要的劳动形式。若没有大规模工业化生产，就没有我国现代化的发展。

（二）工业生产劳动的特点

（1）与农业生产的环境不同。工业生产劳动大多数是在室内进行。一般受外界不良因素影响小。

（2）工业生产劳动是一种机械化、程序化、标准化的流水线式的劳动过程，工业生产劳动过程是对农业生产劳动成果或自然资源再加工、再生产、再制作的过程。

（3）劳动者集中。一般在工厂有统一的组织，劳动时间、作息时间相同，便于管理和评价。

（三）参加工业生产劳动的重要性

学生参加工业生产劳动，例如学生进入食品加工厂，感受原材料从进厂到进入流水线环节，再到成品的完整过程，了解不同食品的生产过程以及食品安全的保障等知识；学生进入服装加工厂，感受和体验不同服装的设计制作过程，了解每件衣服机械化的制作过程；学生进入工艺品加工厂，感受原材料成为艺术品的完成过程，感受工人师傅的工匠精神与负责任的态度，学生在工厂体验工艺、进行生产劳动的同时，也能够体验感受工人师傅的生活状况，了解不一样的生活。

创造条件，让学生感受和体验工业生产劳动过程，可以让学生了解我国工业生产发展过程，了解科学技术是第一生产力的深刻内涵，了解并尊重工人的劳动成果，亲身体验科学技术，学习劳模精神、工匠精神等。

三、服务业生产劳动

（一）服务业概述

服务业是指利用设备、工具、场所、信息或技能为社会提供服务的产业，包括代理业、旅店业、饮食业、旅游业、仓储业、租赁业、广告业等。一般来说第三产业就是服务业。根据运营对象和产品性质来分类，服务业的运营对象和产品大概可以分成以下四种：人流、物流、资金流、信息流。据此，第三产业可以划分为以下四个新的层次。第一层次：人流服务业，包括交通、旅游、商业饮食、理发照相、医疗卫生、体育保健、房地产和物业服务等。第二层次：物流服务业，包括运输、邮政、物流仓储、批发零售等。第三层次：资金流服务业，包括金融、保险、银行、证券、租赁、社会福利等。第四层次：信息流服务业，包括教育、科研、电讯、广告、广播影视、信息咨询、地质普查等。

（二）服务业生产劳动的特点

由于服务业的兴起，提高服务运作的效率日益引起人们的重视。然而，服务性生产的管理与制造性生产的管理有很大不同，不能把制造性生产的管理的方法简单地搬到服务业中。与制造性生产相比，服务性生产有以下几个特点：

（1）服务是无形的产出。

（2）服务的提供与消费具有同时性，无法储藏。

（3）服务一般是劳动密集型。

（4）提供服务时顾客也参与。

（5）服务的生产要求高度地用户化。

（6）市场覆盖面小。

（7）与最终用户保持直接接触。

（三）参加服务业生产劳动的重要性

服务业生产劳动是我国社会发展进程中非常重要的实践活动，社会越发达，服务业发展水平越高。大学生有必要在服务业领域参与实习和实践活动，例如学生可以进入商品零售市场，真正去体验和感受产品是如何流通的，学习与人沟通、交往，推销产品，尊重顾客感受，开展商业活动。

学生提前进入商业和服务业领域，从事与年龄相称的力所能及的劳动，对其更好地认识商品和交易活动、与人交往都有积极的促进作用，也有利于学生进行职业生涯规划，认识自我；同时也有利于改变学生因不了解某些劳动而歧视、逃避劳动的习惯。

第四节　生产劳动教育资源建设

将生产劳动纳入学校教育活动中，首先要考虑生产劳动教育资源建设、开发和利用的问题，资源影响着生产劳动教育的实施，资源质量决定着生产劳动教育的质量。学校除了充分挖掘校内的资源外，还需要连通企业资源，开发社会资源。

一、挖掘校内资源

（一）课程资源

课程是实施人才培养的重要载体。高校将劳动教育课程纳入人才培养方案后，结合学生的特点和本校的资源条件，要开发实用的项目化生产劳动课程资源，构建具有综合性、实践性、开放性、针对性的劳动教育课程体系。学生在系统的文化知识学习之外，学校要有目的、有计划地组织学生参加日常生活劳动、生产劳动和服务性劳动，让学生动手实践、出力流汗、接受锻炼、磨炼意志，培养学生正确劳动价值观和良好劳动品质。

（二）场地装备资源

生产劳动不能等同于职业技术教育，也不同于常规的学科教育，要高质量地进行劳动教育，除了建设课程资源外，还必须有充足的场地装备资源。学校内部的场地装备资源主要包括场地、装备、工具、器材等，学校的实训基地、创新创业基地、劳动教室、实验室、科技馆以及校内种植园、仿真实训室等，都属于劳动教育的场地资源。学校劳动教育的场地装备资源，往往是影响劳动教育开展的关键因素。

（三）组织资源

劳动教育的组织资源是容易被忽视而又处处存在的一种资源，它体现为对劳动教育资源的组织调配力。在校内，学生工作系统、教学工作系统、资产或后勤保障系统可以互相配合，组织学生进行劳动教育、组织课程与安排教师、协调场地和装备等资源。如学生工作系统在组织开展社团活动、组建兴趣小组、邀请劳模作报告、组织劳动竞赛时，就需要协调课程、装备和场地。当校内劳动资源不足时，学校可以在行政力量的帮助下，进行校际互助。如本校生产劳动教育资源不足时，就可以向同区域的兄弟院校寻求帮助或合作，充分利用兄弟院校的装备资源优势，或租借设备，或共享师资，或由兄弟院校直接提供相应劳动课程。而当生产劳动教育资源里区域性不足时，又可借助上级管理部门的组织力量，集中和拓展区域性资源。

二、连通企业资源

（一）连通企业资源的政策支持

职业教育强调"校企合作，产教融合"。在政策层面，早在 2005 年，国务院印发的《关于大力发展职业教育的决定》就提出："大力推行工学结合、校企合作的培养模式。与企业紧密联系，加强学生的生产实习和社会实践，改革以学校和课堂为中心的传统人才培养模式。……高等职业院校学生实习实训时间不少于半年。……实习期间，企业要与学校共同组织好学生的相关专业理论教学和技能实训工作，做好学生实习中的劳动保护、安全等工作，为顶岗实习的学生支付合理报酬。"2012 年 1 月，教育部等七部门印发《关于进一步加强高校实践育人工作的若干意见》，提出："坚持教育与生产劳动和社会实践相结合，是党的教育方针的重要内容。"实践育人"基地建设可采取校所合作、校企联合、学校引进等方式"。"支持高等职业学校学生参加企业技改、工艺创新等实践活动。"2014 年 5 月，国务院印发《关于加快发展现代职业教育的决定》，再次强调要推进人才培养模式创新，坚持校企合作。2018 年 2 月，教育部等六部门发布的《职业学校校企合作促进办法》指出："职业学校应当根据自身特点和人才培养需要，主动与具备条件的企业开展合作，积极为企业提供所需的课程、师资等资源。企业应当依法履行实施职业教育的义务，利用资本、技术、知识、设施、设备和管理等要素参与校企合作，促进人力资源开发。"可见，连通企业资源得到了国家层面的政策支持。

（二）企业的资源优势

1.实习实训岗位

实习实训岗位是企业独有的生产劳动教育资源，是其他社会组织或机构所不具备的。企业提供的实习岗位与学生对企业生产的主观想象往往不一样。以印刷企业为例，根据印刷的主要工作流程与工作内容，其可提供的实习实训岗位就有拼版、版面设计、色彩设计、印前输出、工作流程控制、包装设计、印刷工艺设计、印刷材料检测、生产管理等。与之类似，对汽车维修中的机械故障、电路故障、软件问题等"疑难杂症"和仪表设备的使用等技能经验，学生也只有通过实际的企业实习实训方能有更加深刻的体会。可见，学生可以在企业提供的实习实训岗位上全面了解企业的生产组织方式、工艺流程、行业产业技术发展现状与趋势等基本情况，了解企业生产、管理过程，熟悉企业岗位职责、操作规范、准入门槛及管理制度等，体验实际生产劳动实践中的新知识、新技能、新工艺、新方法。因此，学校与行业企业开展深度合作，对企业而言，企业通过向学生提供实习岗位并从实习生中择优录用新人，能为企业补充新的人力资源。对学校的人才培养而言，学校输送学生到企业提供的实际岗位上进行实习实训，是培养学生劳动技能，促进学生职业能力与职业素质提升的有效手段。

2. 生产劳动实践教师

大学生参加生产劳动，培养劳动技能和实践能力，离不开劳动教育实践师资，这是学校的弱项，但恰恰是企业的强项。学校教师对生产劳动过程缺乏了解，缺乏一线的工作经验和劳动技能，对企业生产技术的发展情况也不够了解，没有及时学习新工艺、新知识和新技术，从而难以对学生进行符合现代企业发展趋势的实训、实习指导。行业企业中具有丰富实践经验的专家、工程师或高级管理人才掌握着企业生产劳动一线的新技术、新工艺，学校若将这样的企业技术骨干引入复合型技术技能人才培养教师队伍中，可以迅速引导学生将所学理论知识应用于具体劳动实践，快速缩短理论知识与实际应用之间的距离。他们可以在企业生产现场对实习生进行现场教学，也可以带着鲜活的实践经验和实际问题进入学校对学生进行职业技能培训，或者受聘教授学校相关课程，或者参与制订修改学校人才培养方案，或者直接担任应用型人才的导师。学校引进这类企业人才，不仅可以有效地解决生产劳动实践师资不足的问题，而且可以有效改善师资队伍结构。

3. 设施设备

设施设备资源是企业的硬件资源。近年来，不少学校因开展校内实习实训、学生技能鉴定、提供技术服务与进行社会培训等方面的需要，在国家和地方政府的大力投入下，设施设备大大改善，特别是国家大力推动"双高校"建设以来，部分职业院校引进了不少高精尖设备。即便如此，与行业企业的设备条件相比，与行业企业对人才培养的要求相比，学校与企业仍有不少差距。设施设备是企业的生产劳动工具，代表了企业的技术水平，学校应充分利用行业企业设施设备。从校企合作培养人才的角度来看，这些设施设备正是学生开展生产劳动的绝佳资源。企业设施设备可以通过提供实习实训岗位、合作建立企业实践基地等方式为学校所用。

4. 企业技术课程资源

企业是培养人才的独特场所，是开发技术课程的资源宝库。企业除了可提供独特的生产劳动课程以外，还可以通过如下两种方式提供技术课程资源。

（1）企业技术案例。

大量的理论和实践都充分证明，应用型人才的培养仅仅依靠讲授理论是不能实现的。实践能力的提高只能在实践中实现。在学校时空有限的情况下，加强案例教学是一项非常有效的措施。案例作为蕴含着鲜活知识的材料，反映了实践问题的复杂性、综合性和现实性，因此，其兼有理论与实践的双重属性。以案例进行教学，简洁又高效。鲜活的案例产生于实践，存在于企业中。因此，可以对行业企业中相关案例进行收集整理、重新编写，深入发掘案例的理论内涵，形成符合教学需要的优质课程资源。

企业技术案例既可以是综合发展的，也可以是某一技术创新的，都可以视人才培养需要而用于教学。在当前的人才培养实践中，企业技术案例更为多见。以数控机床故障诊断与维修为例，它虽然也需要一定的基础理论知识，但更需要丰富的实践经验支撑。因此设置这个专业的学校就可以充分挖掘企业技术人员丰富的机床维修经验，围绕机床常见故障和排除经验来研发案例库，服务于相应的课程教学。

（2）企业特色资源。

企业不仅可以为学校的既定课程提供实用案例，还可以利用自身的人才、设备、技术、经验等资源优势，开发和提供相应的企业培养课程。针对每一个专业的应用技术型人才培养工作，都有相应的人才培养目标和课程体系。而每一个企业都有企业标准和生产质量要求，它们是学校设计人才培养课程体系的重要参照。特别是企业拥有的独特的知识资源，如企业的知识产权、专利技术、技术流程、技术标准、技术规范、技术测试程序和工具软件、管理制度等，都可以服务于学校的课程开发。以茶叶企业为例，茶树栽培、茶树病虫害防治、茶叶采摘与加工、茶叶的审评与拼配、茶艺的创作与演示、茶叶精加工与深加工等内容，都为茶学专业的人才培养课程设计提供了框架。

5. 企业劳动精神资源

一个企业的成长史，往往是一部劳动史、奋斗史，企业的每一点发展都反映劳动者的劳动情怀和奉献精神，其中充满了劳模人物、劳动故事和劳动智慧，充满了劳动精神。企业劳动精神是劳动教育的精神资源。劳动模范是企业劳动者的优秀代表，劳模精神塑造了企业文化的独特内涵。劳模身上凝聚着无穷的精神力量，代表爱岗敬业的价值追求。企业中的劳模，既有大公无私的管理人员，也有刻苦钻研的专业技术人员，更不乏作出突出贡献的一线普通劳动者，而每一位劳模就是特定劳动岗位上的工作人员的榜样。在企业生产劳动中，劳模发挥着劳动带头作用、骨干作用。劳模的先进事迹、动人故事和感人品质，绘成了劳动最光荣、劳动最崇高、劳动最伟大、劳动最美丽的生动图像。以大庆油田为例，铁人王进喜身上所凝聚的那种"有条件要上，没有条件创造条件也要上"的创业精神，激励着一代又一代中国人建设伟大祖国的豪情。无论是企业劳模走进学校现场宣讲，还是学生到企业中学习劳模精神，都是对学生进行生动的劳动教育。

劳动文化是企业特有的精神资源。除劳模评选活动外，各种劳动技能和专业技术比赛、班组劳动竞赛、企业文艺活动和企业关心爱护劳动者的措施，都是企业劳动文化的重要符号。这些劳动文化符号不仅可以激发企业员工的劳动热情，也能感染来企业参加实习实训活动的学生。更重要的是，企业本身还富含劳动教育的理性内容。原材料供应商、生产商、销售商之间的利益关系，构成了企业之间的劳动关系；股东、管理方、员工则形成了企业内部的劳动关系。特别是企业劳动者的权益问题，如不得强迫劳动者劳动，及时发放合理足额的劳动报酬，保障劳动者拥有法定休息时间与休假权益，提供安全的劳动环境与其他安全保障，保障劳动者享有社会保险与相关福利，设置依法解决劳资冲突的制度，等等，也是企业所能提供的丰富的劳动教育资源。

三、开发社会资源

除了挖掘学校资源和连通企业资源外，在城市相关行业和农村的广阔天地中，蕴藏着丰富的生产劳动教育资源，它们都可以被开发和利用。

（一）产业资源

产业是社会分工和生产力发展的结果，并随着社会分工的细化而发展。目前，尽管世界各国产业划分不完全一致，但基本划分为三大类，即第一产业、第二产业和第三产业。产业反映着劳动方式与劳动内容，是劳动教育最丰富的资源所在。以茶叶产业为例，栽培、管理、采摘、初加工、精加工、包装、销售等整个产业流程的每一个环节，都需要不同的生产劳动技能，具有不同的劳动特点，它们都是劳动教育中可开发的产业资源。产业资源的聚集因区域而不同，因此，学校进行劳动教育所易获得的产业资源也因地而异。一般情况下，城市往往汇聚着第三产业，城市学校就因此容易获得旅馆、饭店、交通通信服务等方面的资源。而农村地区一般是农林牧渔资源丰富，学校较易开发这些资源以进行第一产业方面的劳动教育，各地发展水平和产业特色不同，学校在开展劳动教育时要因地制宜。有的地方工业发达，则该地的学校就可多组织学生到工厂参观和体验劳动教育活动。有的地方商贸发达，各类市场多，学校就可利用这类资源开发商贸类生产劳动教育课程。

（二）农村地区的资源

新时代农村生产劳动教育资源，既有承载着农耕文明的体力劳动，也有代表着科技文明的机械劳动甚至智能劳动。

劳动语汇是农村劳动的基本符号。在农村，诸如犁地、播种、浇水、施肥、喷药、收割、采摘、放牧、出海、织网、晾晒等直接反映劳动的词语，以及具有地方特点甚至是本村口音的劳动号子，是进行劳动教育的资源。农村劳模的故事、劳动致富的典型事例、村庄奋斗史，是学校可以加以运用的劳动教育的活教材。而春耕夏锄、防旱排涝这样的农村劳动事务以及二十四节气与农业耕作的关系，是学校在进行劳动教育时可以直接加以运用的文化内容。毫无疑问，农村还有土地、林场、养殖场、渔场、牧场等资源，这些是进行劳动教育的物质基础。

（三）城市地区的资源

不同于农村地区人们的村落聚居方式，城市人口以社区聚居的方式组成社会生活共同体，而各行各业的劳模就分布在城市各个社区里，他们显然是学校可以加以运用的优质的劳动教育资源。城区是一个地区各行各业最为集中的地方，为学校特别是城市学校进行劳动教育提供了丰富资源。在城区，银行、商场、医院、宾馆、高科技园区、创意产业园甚至菜市场等，都蕴藏着无限的劳动教育资源。学校完全可以通过与机关部门、企事业单位建立合作关系，将有关单位的劳动内容开发为劳动教育课程。

第五节　生产劳动项目设计与实施

一、生产劳动项目设计原则

为落实生产劳动的教育目标，需要研究设计科学的教育方法，合理设计生产劳动项目，制定规范的生产劳动项目标准，并持续地进行绩效评估。在设计生产劳动项目时，应注意以下四个方面：

（一）系统设计，多方联动

生产劳动项目设计与实施需要充分考虑必要的条件和要求，在内容上要与学校课程形成良性互动，实现与校内教育有效对接。在劳动资源的配置上，要充分利用校内专门实训基地、实训室、模拟工厂或车间、劳模工匠技能大师工作室和专业教室等，校外要打破各个单位的壁垒，做到资源整合与共享，建立起由学校和教科研部门共同参与的生产劳动项目设计体系。系统设计，多方协同，形成育人合力。

（二）生产劳动与实习相融合

学校生产劳动教育可以采用三种具体形式：一是将企业顶岗实习与劳动教育相结合，以劳动教育补充、丰富、优化顶岗实习内容，以顶岗实习作为劳动教育的一种常规形式，实现专业技能与劳动素养的同步提升，强化知行合一、理实一体的人才培养模式；二是在校内实训基地进行技能训练和公益性生产劳动，如金工实习、机电设备修理、仪器设备安装调试等；三是以学徒形式在企业完成生产劳动，学习过程与劳动过程合二为一。

以学徒和实习方式安排生产劳动，需要在人才培养方案和实习方案中预设劳动内容及时间安排，以二维表的方式找准实习与劳动教育的结合点，实现劳动教育目标和实习目标、培养目标的相互促进，避免因劳动时间过长而影响培养目标的实现。由于学徒活动和顶岗实习活动是在企业进行的，校企之间应该签订规范的合作协议，明确双方分工，确定劳动岗位和劳动内容，保障各方的合法权益；同时，应该注重企业的实习条件建设，配备数量充足的指导教师。

（三）扬长避短

生产劳动项目的设计要着力于高校自身优势的发挥和弱势的强化。强化劳动主题教育，夯实正确劳动观的理论基础；以专业课程为载体强化劳动素养教育；融合课堂教学、专业实训、课外活动、顶岗实习、社会实践，建构完整的劳动教育体系，确保劳动教育多措并举且有主线，形散而又神聚；在持续重视生产劳动能力培养的同时，关注学生生活劳动能力的培养和提高。

（四）因地制宜，凸显特色

因地制宜是实施劳动教育的一项基本原则，学校可根据当地的相关资源，宜工则工，宜农则农。例如，根据学校已有的条件设计种植、养护、厨艺等生产劳动的内容。有的学校地处经济开发区，可以与企业共同设计适宜学生参与的科技含量较高的劳动。有学校地处农业区、林业区，可以带领学生学习现代农林劳动知识，亲历劳动过程。设计生产劳动项目可以从无到有，逐渐丰富充实起来，可以将相当多的既有资源按照劳动教育的目的导向做进一步深度设计。

二、生产劳动项目设计内容

（一）明确生产劳动目标

学生良好的劳动素养的形成需要通过各个学段的贯通培养来实现。对学校而言，既要从自身特点出发实施劳动教育，又要和其他学段的劳动教育保持贯通。大学生在校学习阶段的劳动教育要注重围绕创新创业，结合专业积极开展实习实训、专业服务、社会实践等活动，要关注劳动与经济、劳动与法律、劳动与职业、劳动与安全健康等内容的渗透和落实，重视新知识、新技术、新工艺、新方法的应用，使学生增强诚实劳动的意识，积累职业经验，提升就业创业和创造性解决实际问题的能力，树立正确的择业观，具有到艰苦地区和行业工作的奋斗精神，懂得空谈误国、实干兴邦的深刻道理。因此，在进行生产劳动项目的设计时，要将具体目标落实到每一个生产劳动项目之中，结合所学专业进行劳动实践，强化职业劳动、专业实践和综合实践活动的有机结合，注重生产劳动项目体系的结构性、实践性、现代性的高度统一，注重项目内容中劳动情操、劳动意志培养等教育目标的有机融合，以全面提升其劳动素养。

（二）确定生产劳动内容

生产劳动的内容包括农业生产劳动、工业生产劳动、部分服务业生产劳动。高校在进行生产劳动项目设计时，应根据学校的条件确定生产劳动内容。例如，某高校开设了农林牧渔专业，则可开发一些农业生产劳动项目；若开设了制造类专业，则适合开发一些工业生产劳动项目；若开设了旅游服务类专业，则适合开发一些服务业生产项目。总之，学校要根据实际情况、具体条件科学合理设计生产劳动项目。

（三）生产劳动的准备

1. 制订安全规则

学校根据具体的生产劳动项目，为确保安全，在项目实施之前，应当对安全问题进行预判、分析，制订生产劳动安全规则。例如：设计木工劳动项目时，首先应考虑：学生是否具有一定的单独操作能力；各工具的使用是否有清晰的操作规程；原材料的使用如何严格控制；对回收材料如何要求；怎样做好使用的登记与管理；如何做到安全生产、文明施工等。如果学生在外开展生产劳动，应向学校主管部门上报劳动活动预案，拟定安全承诺书，明确安全责任，事先接受安全培训。

2. 做好人员分工

学校根据具体的生产劳动项目，统筹、合理安排人员。一项工作，往往需要多人合作才能够完成。进行比较繁重、无法独立完成的生产劳动时，可以建立小组，根据每个人的优势合理分工，制订分工表和工作推进表，保障小组工作有序开展，同时也能让每一个人都明确自己的任务。

3. 准备场地

学校根据具体的生产劳动项目，准备生产劳动场地。

4. 安排物料

学校根据具体的生产劳动项目，配置所需的物料。

（四）生产劳动过程

不同的生产劳动项目，其工作过程也不尽相同，学校在开展生产劳动时，要根据具体任务系统梳理，让学生在开展生产劳动之前，尽快熟悉工作流程，进入工作状态。例如，网络销售工作过程包括：创建网站或网上店铺，装修店铺发布信息，发布产品流程，网上销售，结账或处理客户退换货，等等。木艺孔明锁制作的工作流程包括：根据图纸参数准备原材料，木料画线，木料切割，打磨，调试装配，等等。

（五）劳动任务完成效果评价

开展生产劳动的效果评价可以从三个方面进行：

一是自我评价。学生的自我评价包括以下环节：

（1）在小组内相互比较、交流经验。

（2）自己根据实际情况认真填写评价表（表7-1）。

二是同学（小组）评价。同学（小组）评价包括以下环节：

（1）在一定范围内展示劳动成果，并围绕劳动成果从设计、创意等方面进行评议。

（2）评议在生产劳动过程中的态度、基本知识和技能掌握情况、劳动习惯和品质等方面的具体表现。

（3）提出结论和建议。

三是指导教师评价。教师可通过劳动记录单、劳动成果、劳动现场照片、学生的心得体会等方面对学生进行评价。

表 7-1　学生自我评价表

序号	评价项目	自我评价
1	能认真参与劳动，积极学习相关知识和技能	☆☆☆☆☆
2	能预先制订生产劳动计划，围绕劳动目标，有效地完成劳动	☆☆☆☆☆
3	能通过网络、社会企业等多种途径调查收集信息，并对收集的信息进行有效整理，能从不同角度了解行业、产业和企业信息	☆☆☆☆☆
4	能在规定的时间内完成劳动任务，劳动记录及时、真实、完整，文字表达清晰准确	☆☆☆☆☆
5	在劳动过程中能虚心听取他人的建议，不断进行自我反省，发现问题能及时解决	☆☆☆☆☆
6	能高质量地完成劳动任务，成果显著并有创新	☆☆☆☆☆

（六）生产劳动感悟

学生在生产劳动过程中，要填写劳动记录单，收集相关事实材料，如劳动现场照片、作品、研究报告等；完成生产劳动任务后，认真总结劳动任务的完成情况，如掌握了哪些知识和技能，锻炼了哪些能力，体验了哪方面的劳动精神，等等。

专栏 7-1

生产劳动项目设计
农业生产劳动项目的设计案例——种植蔬菜

种植蔬菜是指根据蔬菜作物的生长发育规律和对环境条件的要求，确定合理的栽培制度和管理措施，创造适宜蔬菜作物生长发育的环境，以获得高产优质、品种多样并能均衡供应市场蔬菜产品的过程。

一花一世界，一草一天地，在花草的世界里，处处是令人惊喜的生命力，只要一根小草，就可以让你拥有一抹林间野趣。菜园可以成为家庭园景的完美补充。种植自己的蔬菜，既能确保自己食用的是健康农产品，又能节省在食品杂货店里购买农产品的开支。但在实际操作过程中，我们要注意种植技巧，如挑选秧苗、防护工作、特殊种植方法等方面的内容。同时，蔬菜种植的技术也是多种多样的，如土壤栽培、无土栽培和反季节栽培等。

1. 劳动目标

掌握常见蔬菜的种植管理、防治病虫害的方法，安全使用相关工具。

2. 劳动内容

制订蔬菜种植计划，完成种植和收获。

3. 劳动方法

（1）劳动工具使用方法。

（2）种植方法。

（3）管理、防治病虫害的方法。

4. 劳动过程

（1）准备工作。

① 整理一块排水良好的田地，为了日后灌溉方便，田地最好是在接近水源或有水管可以到达的地方。

② 选择适合当时天气的蔬菜种类，例如在炎热的夏天，空心菜很适合种植。

③ 注意所选蔬菜的成长日期、收割时间是否符合要求。

④ 准备好工具：可以挖土或翻土的锄头或铲子，可以拨土的耙子。

（2）选种。通常在专业的种子机构购买种子或苗种，通常在其包装上都会有种植指导信息。

（3）播种。

① 先将土翻好，让土晒晒太阳。

② 撒种前将翻好的土整平，并将过大的土块敲碎，使其土块直径约小于5厘米，但也不要太细，注意不要再踩已经翻整好的土，以保持土壤疏松、透气。

③ 将种子撒在土壤上，不要太密，以免妨碍植物日后生长。

④ 撒好种子之后，用耙子轻轻地将土拨动，让种子可以被土覆盖，也可以防止麻雀等鸟类啄食种子。

⑤ 浇水。

（4）栽种。

① 有些种类的蔬菜间距必须很大，因此在撒下种子后，幼苗长高至约10厘米时，必须移植到较宽阔的土地上。

② 也有些种类的蔬菜很难撒种发芽，可以直接购买菜苗回来栽种，例如茄子。

③ 依照播种时的整土方法，将土壤整理好，有些种类的蔬菜种植前必须先将土整理成隆起状或沟状。

④ 种植时不要太深，以让土壤刚好覆盖其根部为种植原则。

⑤ 浇水。

（5）灌溉。

① 可用洒水的方式，但不要用很强的水柱冲刷土壤或植株，可使用莲蓬头状的洒水器。此法可以让蔬菜的叶子同时洗去尘垢，也较节省用水，但不能持续洒水太久。

② 也可用淹没的方式，引水将土壤完全淹没后，立即让水退去。其目的是要让所有土壤充分潮湿。一般种植较多农作物时可用此法，以确保所有土壤都能同时浇湿。

③ 灌溉间隔时间要视天气与土质而定。在炎热的天气，洒水可以 2～3 天一次，淹没则 5～7 天一次，冬天则分别为 5～6 天和 7～10 天一次。

（6）施肥。

① 可以使用化肥或有机肥。

② 施用化肥便宜，能迅速见效，但容易因为使用过量而造成植株受伤。施用时尤其不能让肥料黏附在叶面上，否则极容易造成叶面受伤。

③ 施用有机肥见效慢，不易造成植株受伤。可以在种植前翻土时，将有机肥料混在土壤中。

④ 也可将自制的堆肥混入土壤中，这样既经济又可以有效改善土质。

（7）除草。

① 蔬菜园里很容易滋生杂草，要将杂草拔除，才不会让杂草和蔬菜争夺养分。

② 拔除杂草时，尽可能不要让杂草的种子掉落在菜园中，并且也不要用这些有种子的杂草制作堆肥。

（8）防治病虫害。

并非每一种病虫害都是毛毛虫所引起，有些是病菌所引起，若有这样的情形，可以摘取受害的叶子到专业的农药机构咨询，或将有病植株隔离，不要用来堆肥。

（9）收割。

① 一般蔬菜收割时用刀子从根和叶之间切除，不能离根太远，否则会造成叶子脱落，但也不要保留根部太多。

② 收割之后，要将留在土里的根部拔除，并将土壤翻松，让太阳照射几日，有利于下一次播种。

③ 有些蔬菜可以收割多次，例如番薯叶、龙须菜、九层塔，此类植物需要注意：忌一次收割之后就将其连根拔除。

5.注意事项

（1）购买蔬菜种子时，应当选择当月可施种的蔬菜。如果不懂，可咨询卖方。

（2）播种前，应将种子用温水浸泡 4～5 小时。可用碗或一次性杯子等容器浸泡种子，按种子的类别分装于不同的容器，避免混乱。

155

（3）最好选择适合种植花卉或蔬菜的营养土壤，并配以有机肥。这样可避免蔬菜长虫生蚊。

（4）撒播种子时，应按蔬菜种类决定间隙，例如，芽苗菜可密一点，而根茎菜可松一些。播完种子后，在上面撒1～2厘米的细土。

6．劳动成果展示

填写劳动成果展示表，并提交照片等佐证材料。

（资料来源：潘维琴，王忠诚.劳动教育与实践［M］.北京：机械工业出版社，2021）

工业生产劳动项目的设计案例——陶艺制作

1．活动目标

（1）感受生产劳动带来的愉悦感，培养学生吃苦耐劳的精神和独立思考的能力。

（2）学习陶艺制作的基本知识，能独立或以小组为单位进行作品的设计和创作。

（3）培养学生的设计思维和创新意识，提升学生的审美能力。

2．活动准备

（1）课前准备。

① 组织学生开展劳动前的动员工作，让参与劳动的学生提高思想认识，端正学习态度，认真学习劳动技巧，培养良好的劳动意识。

② 提高大家对生产劳动的认识，生产劳动不仅是体力劳动，更体现劳动者的劳动智慧。因此我们在端正态度的同时，更要开放思想、开拓思维，敢于在实践中大胆地尝试，并在反复实践和尝试中提高劳动技巧。

③ 教师要求学生在规定的时间内，通过网络或相关书籍收集花器和陶艺的相关资料，并调整自己的心理状态，做好进行生产劳动的思想准备。

④ 负责教师根据学生人数分配辅导老师，本活动中教师与学生互动较多，需要主讲教师和辅导教师共同配合，教师在上课前根据学生实际情况进行分组，每组学生控制在4人以内并提前选好组长。

（2）材料准备。

① 陶泥（按每个学生两包进行准备，如无陶泥也可以用轻黏土材料代替）。

② 陶艺工具（按每两组一套进行准备）：如水桶、海绵、擀泥杖、压花工具，以上材料和工具可按实际需要进行配置。

③ 拉胚机配置根据学校实际情况而定，泥塑操作台视场地布置情况而定，雕塑转台按每组一套进行准备。

④ 设计用的草图纸、笔、橡皮等工具。

（3）安全事项。

① 考虑到学生在操作过程中会接触刻刀、雕塑刀、美工刀等工具，在操作前教师应对工具使用方法做示范，并说明使用要求，特别要强调操作的安全性。

② 如在专业的陶艺制作室进行操作，请注意拉胚机等专业陶艺设备的使用，必须在教师的示范及指导下进行，切忌学生自行操作设备，尽量避免由于操作不当而引发安全事故。

③ 拟订《安全承诺书》，并明确安全责任，对学生进行安全培训，设计安全预案，填写学生《陶艺制作活动安全承诺书》并留存。事先举办安全培训会议，做好会议记录并留存。

（4）场地准备。

教师确定活动场地并进行布置。

3．活动步骤

（1）感悟生产劳动之美，激发学生劳动兴趣。活动能让学生感受生产劳动的意义，感悟生产劳动的价值，并激发学生对生产劳动的兴趣，鼓励学生大胆地进行活动，在活动中思考，在动手中提高。

（2）发布任务，探究设计。

① 教师发布陶艺作品的设计与制作任务，并提供部分花器照片供学生参考，在现场根据参考图片进行花器再设计的示范。

② 部分学生可能没有绘画基础，教师可鼓励学生集思广益，只要学生能画出基本的线稿，表达自己的想法就可以了。

③ 主讲教师与辅导教师一起对学生进行辅导，必要时对学生的设计进行修改。

（3）讲解陶艺基本成型技巧，尝试完成花器设计。

① 由教师讲解捏塑、泥条盘筑、泥板成型三种基本的陶艺成型技巧并进行示范。

② 教师根据学生设计的草图，引导学生选择相应的成型方法进行制作。

③ 学生分组进行制作，由主讲教师与辅导教师进行辅导，并在必要时亲自动手帮助学生进行调整。

（4）反思精进——陶艺制作心得体会分享。

① 每组选一位代表对本组作品的创意进行说明，展示本组学生的想法和设计思路。

② 学生对展示的作品进行评价。

③ 教师对学生作品进行点评，并再次强调劳动教育的意义，让学生在活动中增强对劳动教育的认识，提升学生创业劳动的热情，开拓学生的思维。

④ 学生分享活动感悟。

（资料来源：李琦，鲍鹏，刘强. 劳动教育实践活动手册 [M]. 北京：电子工业出版社，2020.）

服务业生产劳动项目的设计案例——公司年会的策划和组织

1. 劳动目标

活动通过公司年会活动内容和流程的确定，以及活动预算的安排和各项任务的分工协作，增进成员之间的凝聚力，使团队成员学会各司其职，相互配合，有效沟通。

2. 劳动内容

总体来说，活动就是要通过小组协作完成公司年会的策划和组织。活动前，小组讨论，要将公司年会的基本内容和流程确定下来，并通过小组分工，将各组需要完成的任务、时间等情况进行安排布置。活动中，各小组成员需要通力协作，相互配合，有条不紊地完成活动前对各项工作的安排。活动后，小组要进行照片保存、视频制作、工作总结等。

3. 劳动方法

本任务主要涉及的劳动方法：活动经费预算方法；会场布置方法；节目组织方法。

(1) 活动经费预算方法。

① 提前做好大概预算，以便策划时可以控制成本。

② 提前沟通场地费用、专业人员费用和其他各项费用。

③ 根据活动过程，完成详细的物料表。

④ 填写详细预算表。

(2) 会场布置方法。

会场布置方法主要包括以下几个方面：

① 会场环境布置包括设计制作年会舞台背景墙、横幅、签名板、开场PPT，采购或租赁鲜花或花篮，打印和分发各种材料，等等。影像工作包括安排现场摄影等。会场音乐准备包括收集年会期间除节目音乐以外的音乐等。

② 会场设备布置工作包括与酒店工作人员配合调试播放、灯光、音响、话筒、投影、电脑、年会所有节目伴奏音乐和进场PPT等。检查会场消防安全及电源设备等。

(3) 节目组织方法。

节目组织方法主要包括以下几个方面：

① 确定节目类型，包括歌曲、舞蹈、小品、话剧、魔术、乐器演奏、戏曲、相声和时装秀等。

② 确定节目规则和质量评价标准。

③ 彩排工作包括设计筛选，节目的编排和演出的顺序及流程衔接。

④ 道具服装的租用，主持人、演员的化妆等。

⑤ 现场活动设计，小游戏抽奖。

⑥ 安排文艺节目评委并确定颁奖人员等。

4. 劳动过程

年会策划组织流程的第一步，要根据经费的初预算编写策划书，并进行详细的经费预算。第二步，所有工作人员要进行小组分工。第三步，年会当天，小组成员要根据分工各司其职。

（1）编写策划书，确定年会活动内容和流程。

总负责人要结合公司类型、参与人数、公司效益、活动经费、年会性质、员工水平等进行活动策划，确定主题、场所、规模、内容和流程等。

（2）预算活动经费。

活动经费预算的内容主要包括：①聚餐费用，即宴会厅租赁、菜品、酒水、饮料等费用；②会务费用，包括年会横幅、优秀员工荣誉证书、邀请函、道具租赁制作等费用；③奖品费用，包括优秀员工奖品、幸运抽奖、游戏互动奖等费用；④其他相关费用，包括主持人、摄像录像、刻录光盘、干果水果等费用。

（3）小组任务分工。

将各项工作落实给每个小组，每个小组还要进行组内分工。

（4）各项文案起草和审核

起草主持人串词、祝酒词以及领导讲话稿并进行审核等。

（5）年会节目组织和彩排。

① 对舞台工作人员的基本要求：舞台工作人员的分工一定要明确，要做到责任落实到具体的人；同时要熟悉整个演出场地的情况，包括演员走位等。

② 对演出工作人员的基本要求：演出前，在年会的演出现场，负责演出的工作人员要确定演出的具体时间、节目的顺序、上下台方向、服装和妆容要求等，并介绍舞台工作人员和舞台的具体情况。

③ 彩排走台的组织要求：舞台搭建好后，要组织所有节目进行彩排走台，进行一场预演，以便演员们熟悉位置和适应整个演出的环境，同时舞台工作人员也可以检查一下设备接口的衔接、灯管布景、扩音等环节配合协调的情况，这样的预演可以使演出中可能出现的问题提前得到解决。

④ 舞台保障要求：灯光保障、音响保障、大屏保障、道具保障、催场保障等系列舞台保障工作都要落实到位，确保其发挥应有的作用。

（6）会场迎宾。

迎宾人员在年会进场入口迎接嘉宾和参会人员，引导他们签字、领取礼品和入座，同时还可能要完成燃放年会礼炮等工作。

迎宾人员站立方法：

女迎宾人员站姿为"丁"字形或"V"字形，左脚脚跟靠右脚脚心处，两脚之间呈 35～45 度为宜。双手自然下垂在腹部，右手放于左手上面。

男迎宾人员站姿为双脚与肩同宽，双脚绷直，双手置于背后，右手放于左手后面或自然叠放腹前。

（7）后勤保障。

后勤保障人员要完成活动礼品、奖品、纪念品、食品及其他年会物品的购买、准备、保管和发放，同时与酒店工作人员进行沟通、协调。

5.劳动成果

填写劳动成果展示表（包括成果名称、形式等）。

（资料来源：潘维琴，王忠诚.劳动教育与实践［M］.北京：机械工业出版社，2021.）

 思考题

1.新时代生产劳动的内涵是什么？

2.生产劳动有哪些教育功能？

3.开展生产劳动教育，能够提高大学生哪些劳动素养？其主要内容包括哪些？

4.进行生产劳动项目设计时需注意哪些问题？请简述其主要内容。

第八章　　面向未来的劳动

学习目标

1. 了解数字时代的典型新技术，理解数字新技术对未来劳动的影响。

2. 理解创新性劳动的内涵和特征，树立在劳动中进行创新、创造的理念和意识，掌握创新性劳动的方法和策略。

3. 理解协作性劳动的内涵和意义，在劳动过程中树立协作意识和协作精神，掌握协作性劳动的方法和策略，在劳动过程中能和他人开展协作性劳动。

案例导入

无处不在的人工智能

位于上海的京东"亚洲一号"仓库自动化程度非常高，它的面积有七个足球场那么大，但是里面却只有四名工作人员进行值守和管理，其他所有工作都交给智能化设备。自动化仓库已经有90%以上的操作实现了自动化。操作自动化的秘密在哪里呢？首先就是机器人的大规模、多场景的应用。进入京东自动化仓库，可以看见数百台机器人在忙碌而有序地工作着。从入库、供包、分拣，再到集包转运，机器人贯穿在智能仓储的方方面面。同时依托物联网中的传感器技术、智能识别技术，这些机器人可以智能化地进行主动避让以及路径优化，减少碰撞的同时提高了运行效率。其次是可以帮助自动化仓库更加智能化地运用数据感知技术。无人仓库的各项应用终究离不开智能大脑的指挥，所有的信息、数据、路线等全都在智能大脑的操纵之下有了意义。智能大脑可以在0.2秒内，计算出300多个机器人运行的680亿条可行路径，让运营效率提升3倍。自动化无人仓库的成功改变了传统的劳动模式。

马丁·福特在《机器人的崛起》一书中表示，人工智能将会重新塑造劳动力市场，并且认为这是不可避免的大趋势。但是人类也不必为智能科技会夺走自己的工作而担心，因为机器在接替传统人类工作的同时也在给人类创造更加轻松的管理层面或技术层面的工作岗位。未来的人类不会无工作可做，而是会在更有价值的岗位上工作。

人工智能时代，技能人才将被划分为技术的创造者、使用者和协作者。对于技术的创造者来说，需要具备计算思维和数字能力，需要拥有数字科学、技术科学、自然科学、人文科学的跨学科能力；对于技术的使用者来说，需要数据分析处理、内容开发、信息技术使用等方面的能力，需要利用信息技术来解决各种问题。随着人工智能及其他前沿技术的应用，需要利用人类特有的创新能力、协作能力等高技能的工作数量将不断增加。

思考：

人工智能的发展将会走向何方？人工智能对未来工作有何影响？

第一节　数字时代与未来劳动

随着大数据、云计算、物联网、人工智能、5G 等新数字技术的广泛应用，当今社会正处在高速发展的数字时代，几乎所有领域都在发生"数字蝶变"。数字技术不断创造新的奇迹，并渗透到人们生活的方方面面，不断改变人们的行为模式。作为数字时代基本特征的"数据"越来越像"石油"一样成为社会的战略资源，成为各国提升综合竞争力的又一关键资源，成为各行业的重要生产要素和战略资产。究竟该如何用好数据为人和社会提供更好的服务成为当下和未来不得不慎重考虑的重大问题。

一、数字技术的发展趋势

展望未来，大数据、云计算、物联网、人工智能、5G 等新数字技术的迅猛发展使人们正在从互联的网络中挖掘出更大的价值，"万物互联"将成为现实，而"人工智能"会让机器替代人类胜任越来越多的工作，提供更智能的服务，也将催生大量新产业、新业态、新模式，给世界发展和人类生产生活带来翻天覆地的变化。下面介绍三项典型的数字新技术。

（一）大数据

大数据（big data）是 21 世纪最具代表性的标志之一，是科技领域里的又一次重大飞跃，大数据已上升为大国竞争战略资源，全球已经进入了大数据时代。科学技术的发展，使得移动互联、智能终端、新型传感器快速渗透到地球的每个角落，处处可上网，时时能连线，互联网、物联网与云计算等带来了海量、高增长率和多样化的数据，这些无法用常规工具和方法进行捕捉、管理和处理的数据催生了大数据的相关技术的诞生和发展。大数据是指规模大到在获取、存储、管理、分析方面大大超出了传统数据库软件工具能力范围的数据集合，具有海量的数据规模、快速的数据流转、多样的数据类型和价值密度低四大特征。大数据技术包括大数据采集与预处理、大数据存储、大数据分析、大数据可视化、大数据安全与隐私保护、大数据应用等环节。

随着大数据技术的发展，数据渗透到各行各业，几乎所有行业都面临被大数据技术重塑的问题和挑战。大数据对企业生产、经营、销售等都会产生革命性影响，大数据存储、处理、挖掘、分析与可视化技术正在改变企业开展业务的模式。近年来，我国工业大数据应用迈出关键步伐，在需求分析、流程优化、能源管理等环节，数据驱动的工业新模式、新业态不断涌现，围绕着典型智能制造模式，从客户需求到销售、订单、计划、研发、设计、工艺、制造、采购、供应、库存、发货、交付、售后服务、运维、报废或回收再制造等整个产品全生命周期各个环节所产生的各类数据及相关技术和应用都在不断发展，工业企业对于跨企业、跨行业数据共享合作的需求也正在快速增加。大数据推动政府公共服务部门的决策水平、服务效率和社会管理水平快速提升，在民生领域，每一秒都有海量的数据产生，收集、分析、应用和管理好这些数据，让大数据更好地服务民生，是政府面临的重要课题，利用大数据技术可以深入分析公共服务供给过程中的每一个环节、步骤、行动，确立相适应的服务工作标准，最终推进公共服务的科学化、精准化、规范化。

专栏8-1

大数据让尿不湿和啤酒成为邻居

商业零售连锁巨头沃尔玛公司拥有世界上最大的数据仓库系统，利用数据挖掘工具对这些数据进行分析和挖掘后，发现一个令人惊奇和意外的结果："跟尿不湿一起购买最多的商品竟是啤酒。"

为了验证这一结果，沃尔玛派出市场调查人员和分析师对这一结果进行调查分析。经过大量实际调查和分析，他们揭示了一个隐藏在"尿不湿与啤酒"背后的美国消费者的一种行为模式：在美国，到超市去买婴儿尿不湿是一些年轻的父亲下班后的日常任务，而他们中有30%～40%的人同时也会为自己买一些啤酒。产生这一现象的原因是：美国的太太们常叮嘱她们的丈夫不要忘了下班后为小孩买尿不湿，而丈夫们在买尿不湿后又随手带回了他们喜欢的啤酒。另一种情况是丈夫们在买啤酒时突然记起他们的责任，又去买了尿不湿。

既然尿不湿与啤酒一起被购买的机会很多，那么沃尔玛就在他们所有的门店里将尿不湿与啤酒并排摆放在一起，结果是尿不湿与啤酒的销售量双双增长。

按常规思维，尿不湿与啤酒风马牛不相及，正是借助数据挖掘技术对大量交易数据进行挖掘分析，沃尔玛才能够准确了解顾客在其门店的购买习惯，知道顾客经常一起购买的商品有哪些。这是数据挖掘技术对历史数据进行分析的结果，反映的是数据的内在规律。

思考：

大数据的应用带给你什么启示？

（二）物联网

物联网是互联网基础上延伸和扩展的网络，是将各种信息传感设备与互联网结合起来而形成的一个巨大网络。物联网是通过射频识别、红外感应器、全球定位系统、激光扫描器等信息传感设备，按约定的协议，把物品与互联网相连接，进行信息交换和通信，以实现对物品的智能化识别、定位、跟踪、监控和管理的一种网络。

万物互联是物联网开发的下一阶段，指所有人、物的互联互通。其本质是实现人物、物物、人人间随时随地进行信息交换。其目的是使人们能随时随地获取任何想要了解的一切信息，使网络连接变得更加相关，更有价值。

万物互联的要素有以下四个：

1. 人

在万物互联中，人将能够以无数种方式连接到互联网上。今天，大多数人们通过设备（如电脑、平板设备、智能手机和电视）和社交网络（如微博、微信等）连接到互联网。随着互联网不断向万物互联进化，人们将以多种更为紧密和更有价值的方式连接在一起。根据 Gartner 公司的研究，人本身将成为互联网上的节点，既包含静态信息，又是一个不断传输数据的活跃系统。

2. 数据

在物联网中，通常是用设备收集数据，并通过互联网将数据流发向一个中央源，并在那里对数据进行分析和处理。万物互联借助更多的彼此连接，将自身的能力不断地横向拓展和纵向提升。它们能采集到更多样化的数据，并将其转化和整合为更有用的信息，从而变得更加智能化。互联的万物不仅只是报告原始数据，而且把更为复杂和详尽的信息传输给机器、计算机和人，以便能够作出进一步的评估和决策。在万物互联中，这种从原始数据到有价值的信息的转化变得非常重要，因为它将使人们能够更快、更明智地作出决策，以及更有效地管理我们的企业、组织和环境。

3. 事物

此处的事物包括传感仪、分析器、消费者终端、自动化设备、协作工具等，它们同时连接到互联网，又彼此相联。在万物互联中，这些物体能够检测出所需的任何数据，对环境中各种状态和指标的变动作出更为灵敏和实时的反应，并呈现更多体验式信息，以帮助人和机器作出更及时、具体和有效的决策。比如，这种"事物"可能是内置于设施（例如大桥）中的智能传感器或和放置在日用品（如饮料盒）中的一次性传感仪。事物是一种能够收集信息并与系统其他元素共享信息的对象。任何具有内置传感系统并连接到网络的元素都可以成为事物。

4. 流程

人、数据和事物中的每一项与其他实物一起协作，在万物互联的世界中传递和创造价值，其中，流程扮演着非常重要的角色。流程定义和规划了数据最初的连接与传输方式，而数据的指数级增长既能使既有流程变得更为有效和顺畅，也能创造出新的流程。流程既是数据连接的最初路径和方式，同时也是数据连接的最终诉求和目的。因为有了流程，万物的连接才变得有意义、有价值。

万物互联反映出一个趋势，那就是连接中的网络正在产生更多的数据和信息，从而也创造出越来越大的价值。据统计，2020 年智能设备连接数约 500 亿，但目前全球绝大多数设备或实物尚未实现互联。据估计，每个人平均有约 200 件实物可以实现连接。梅特卡夫定律告诉我们，一个网络的价值与联网的节点数的平方成正比。万物互联所能实现的价值还不只体现在连接的海量实物，更在于人员、流程、数据和万物的连接所产生的巨大网络效应以及网络中每个节点的能力的大幅攀升。和互联网或者物联网相比，万物互联能够使企业、组织和社会获得比以往任何时候都更加完整、精准、及时和有价值的信息，降低社会运行成本，提升决策力、效率，全面改善消费和生活体验。

专栏 8-2

物联网产线上的"人机共舞"

在德国宝马汽车丁格芬厂的装配车间里，一名工人正在组装一个变速器，他装好齿轮套管，同时一只应用了"物联网"技术的机器人手臂敏锐地察觉到了这名工人的动作，随即抓起一个 5.5 千克重的齿轮。当这名工人继续做下一项工作时，机器人手臂会精准地将齿轮嵌入套管，然后转向一旁抓取另外一个齿轮。物联网、机器人等新技术在工厂里越来越广泛应用，大大提高了企业的生产效率。在工人与机器人的配合下，这个场景仿佛是一段精心编排的"人机共舞"。

思考：

新技术的发展会使未来人类免除劳动吗？

（三）人工智能

人工智能是研究人类智能活动的规律，构造具有一定智能的人工系统，研究如何让计算机去完成以往需要人的智力才能胜任的工作，也就是研究如何应用计算机的软硬件来模拟人类某些智能行为的基本理论、方法和技术。简而言之，人工智能就是学习知识并用学到的知识适应和实现某一目标的技术科学。

人工智能最初是计算机科学的一个分支，随着技术的发展，人工智能涉及计算机科学、心理学、哲学和语言学等学科，其范围已远远超出了计算机科学的范畴，被普遍认为是一门综合性的前沿学科和高度交叉的复合型学科。

谷歌开发的围棋人工智能程序"阿尔法狗"战胜了围棋世界冠军，被誉为人类智慧王冠上的最后明珠的围棋也被人工智能攻陷。比赛结果不仅向全世界展示了人工智能的强大实力与巨大应用潜力，而且将人工智能这一领域推上了风口浪尖。如今，在人们日常生活中已经出现了很多人工智能应用，例如语音助手，苹果 Siri、天猫精灵、小米小爱同学等，人们可以通过与其对话，查询资料、控制硬件等；人脸识别，在过关安检、手机解锁与支付、公共事务的身份认证等领域得到广泛应用；还有基于用户行为数据的推荐系统，常用的 App 里的商品推荐、热点新闻推送，利用人工智能技术来推送与个人有关联或感兴趣的商品或新闻。还有诸如无人驾驶、机器人、智慧医疗、智慧城市、经济政治决策、仿真系统等更多更广泛的领域用到了人工智能技术。

人工智能本质是对人的思维信息过程的模拟，目标是对人类智能建立数学模型，并利用数字计算机或者数字计算机控制的机器模拟、延伸和扩展人的智能，感知环境、获取知识并使用知识获得最佳结果的理论、方法、技术及应用系统。该领域关键技术包括机器学习、深度学习、大数据、知识图谱、自然语言处理、计算机视觉、人机交互、生物特征识别、虚拟现实、增强现实等。

人工智能是引领未来的战略性技术，世界主要发达国家均把人工智能的发展作为提升国家竞争力、维护国家安全的重大战略进行部署，从而把握新一轮科技革命战略主动权。人工智能作为新一轮产业变革的核心驱动力，将进一步释放历次科技革命和产业变革积蓄的巨大能量，并创造新的强大引擎，重构生产、分配、交换、消费等经济活动各环节，形成从宏观到微观各领域的智能化新需求，催生新技术、新产品、新产业、新业态、新模式，引发经济结构重大变革，深刻改变人类生产生活方式和思维模式，实现社会生产力的整体跃升。

专栏 8-3

人工智能阿尔法狗完胜人类顶尖围棋高手

2016 年 3 月，谷歌公司基于"深度学习"的围棋人工智能程序"阿尔法狗"以总比分 4∶1 战胜围棋世界冠军"石佛"李世石。围棋被认为是人工智能领域一个非常具有标志性的"大挑战"，本次人机五番棋挑战被认为是人工智能历史上的一次里程碑事件。

2017 年 5 月，谷歌公司升级版"阿尔法狗"与世界排名第一的围棋世界冠军、中国棋手柯洁进行三番棋大战，最终以 3∶0 完胜了世界冠军！升级版"阿尔法狗"更高超的围棋水平，使得围棋界为之叹服，不得不感叹人工智能的强大。

二、数字技术对未来劳动的影响

未来社会的清晰全景图是无法预知的，但大数据、万物互联、云计算和人工智能在各个领域加速应用的趋势却是确定的，人工智能带给传统劳动的冲击以及对未来劳动者职业技能的新要求备受关切。智能机器将高效完成重复性劳动，大幅提升工作效率，进而对日常生活劳动、生产劳动和服务性劳动都将产生深刻的影响。

（一）数字技术与未来日常生活劳动

数字技术的广泛应用，会给生活带来一系列便利，减轻人们日常生活中重复性劳动量，同时日常生活劳动会在数字场景下出现新的方式，智慧家庭将会产生，家务劳动的新技术、新工具需要掌握和使用。人们可以想象一下未来某一天的数字生活。

20××年的某个周末，也许你的生活会如表 8-1 所描述的那样：

表 8-1　大数据时代的生活

时间	生 活 状 态
7:00	你被贴身机器人从睡梦中叫醒。昨晚你戴着一款小型可穿戴设备睡觉，这个设备连接着你手机里的一款应用程序，你打开它就可以看到你昨晚睡觉时的翻身次数、心跳和血压状况等。根据测量结果，智能机器人已经为你准备好了营养个性早餐，包括橙汁类的饮品来补充维生素
9:00	智能机器人为你网约的无人驾驶车停在你家门口，等待你带朋友到某步行街逛逛，你打开某互联网公司的大数据产品"××预测"，看看步行街今天预计会有多少人、交通状况如何，"××预测"根据你的定位请求信息，建议你乘地铁前往步行街
12:00	逛了一圈，你和朋友都累了，想找个地方吃饭。智能手环为你打开大数据软件，寻找附近的餐馆。利用该软件的视频功能，你可以提前看到餐馆的环境，看看就餐人数多少。大数据软件还可以在你的脸部打上马赛克，你不用担心个人信息泄露
14:00	吃过午饭，你想去附近的公园玩玩，但你不知道应该去 A 公园还是 B 公园。你又打开"××预测"，希望它帮你分析一下，哪个公园相对不太拥挤。根据推荐结果，你选择了去 A 公园
16:00	你正在公园休息，收到了催缴电话费的短信。你很好奇自己过去三年每个月的话费账单。过去运营商只能让你查到六个月以内的话费账单，但在大数据代，过去几年的话费账单都可以查到
18:00	你到了家，你的可穿戴设备告诉你，今天你在室内和室外的时间分别是多少，能量消耗多少，吸入的雾霾量是多少，智能机器人会为你按摩放松
22:00	晚上睡觉的时候，你家的孩子哭闹起来。你把孩子的哭声录入一款大数据软件中。软件能告诉你孩子为什么哭，是饿了，还是哪里不舒服，还是说只是想撒娇，并会给出处理措施的建议

可以预见，未来日常生活劳动将发生颠覆性变化，简单重复的家务劳动大量地被人工智能设备完成，生活劳动将更多地体现在对人工智能设备的运用上，更多的生活劳动时间会用在家庭学习、情感交流、精神陪伴等方面。

（二）数字技术与未来服务性劳动

大数据技术通过对用户的行为习惯、年龄、教育程度、消费习惯、社交特征等进行数据分析可作出精准而个性化的判断，人工智能在服务方面可以更深入地洞察客户需求，精确地捕捉用户的需求场景，有效地与客户沟通，实现更精确、更及时的服务。数字技术对服务性劳动会产生如下影响。

1. 服务内容个性化

分析消费者行为大数据，可以为顾客提供个性化、定制化的产品与服务。通过数字技术，企业能够更加及时便捷地对顾客进行实时统计分析，综合考虑他们的性别、年龄、行为习惯甚至情绪和精神状态，提供相应的服务和产品。服务行业可以更好地通过"观察"客户行为，获取大数据并进行分析，可更全面地了解客户需求，快速制订出个性化的服务方案。例如，很多资讯类的企业通过选择一种智能的、推荐性的呈现方式，基于用户的习惯和偏好进行相应的内容推送，这样能使用户在所浏览的内容上花更多的时间，也能增加客户黏性。

2. 用户体验情景化

人工智能在用户体验方面的优势正在改变着产品销售的模式。以某时装公司为例，该公司曾与位于旧金山的初创公司××实验室合作，开发了一项能够完善客户购物体验的技术。在其时装专卖店中，相连的每个试衣间中都配备了一面智能穿衣镜，可以通过射频识别技术，自动识别购物者带进试衣间的衣物。智能穿衣镜可以翻译六种语言，并能够在识别衣物后显示出该衣物的详细信息。它还可以改变照明（明亮的自然光线、日落、聚会场景等），使购物者能够在变换场景中观察衣物的效果。镜子还可以显示出这件衣物还有哪些可供选择的颜色或尺寸，并由销售人员送到试衣间里，大大改善了用户体验效果。

3. 服务品牌人格化

米其林轮胎，由汽车轮胎组成的人形吉祥物很好地利用了"品牌拟人化"的服务方式，通过赋予品牌个性、标语或其他酷似人类的特征，可以更好地吸引并留住客户。品牌拟人化的设计也延伸到了对话式的人工智能机器人。尽管智能机器人并不是人类，但它们又足够人性化，能够吸引并保持我们的注意力，甚至是情感。目前一些公司利用先进的人工智能技术，将品牌拟人化提升到一个全新的水平。例如，苹果公司的 Siri、微软公司的 Cortana、亚马逊公司的 Alexa、谷歌的 Google-Now 和三星的语音助手 SVoice。由于对话界面简单，客户很可能会花更多的时间和公司的人工智能机器人打交道。科大讯飞智能机器人"小柔"搭载着讯飞自主研发的机器人大脑，功能包括语音唤醒、语音识别和人脸识别等。人脸识别是生物特征识别系统中的一种，是通过人脸进行身份确认或者查找的技术和系统，包括人脸图像采集、人脸定位、人脸预处理、身份确认、身份查找等众多环节。智能技术将重新定义服务性劳动。

（三）数字技术与未来生产劳动

数字技术在生产制造领域的应用，使得生产环节相当比例的劳动项目逐渐被机器取代，大量工业机器人将在很多岗位和领域代替人类劳动者，实现网络化制造和柔性化生产意味着传统生产方式的革新和智能装备广泛应用于制造流程，推动制造业向智能化转型，大数据和物联网技术将促使产品个性化、定制批量化、流程虚拟化、工厂智能化、物流智慧化。智能制造赋予产品制造在线学习和知识进化的能力，使制造体系中的各个企业、各个生产单元高效协同，在减少对传统劳动力需求的同时，能极大地提高生产效率。智能制造不仅仅是单一技术和装备的突破与应用，还依靠装备智能化、设计数字化、生产自动化、管理现代化、营销服务网格化等制造技术与信息技术的深度融合与集成，创造新的附加值。借助传感器、物联网、大数据、云计算等的运用，智能制造能够实现设备与设备、设备与工厂、各工厂间、供应链上下游企业间、企业与用户间的无缝对接，企业可以更加精准地预测用户需求，根据用户多样化、个性化的需求进行柔性生产，并实时监控整个生产过程，实现低成本的定制化服务。具体来看，智能制造将给生产工作带来以下三个方面的影响：

1. 优化劳动流程

20 世纪初，福特制生产方式实现了生产线的流程化，使生产过程中的每个步骤都可以进行测量、优化和标准化，极大地提升了生产效率。20 世纪 90 年代，信息技术的快速发展推动生产方式从标准化向自动化转变。以人工智能技术为代表的数字技术的运用则进一步推动企业生产方式从自动化流程向自适应流程转型。自动化设备只能执行事先预设的任务，完成固定不变的工作。智能化设备由于安装各类传感器和机器学习软件，拥有感知、理解、行动和学习的能力，可实现工作流程的自适应操作，能够自主调整、优化和修正工作流程，排除大多数故障，减少设备停机时间，这是自动化设备不具有的功能。新一代人工智能正在加速向制造业渗透，大量的工业机器人出现在制造业领域，

2. 改变劳动方式

相比于传统流水线生产模式和自动化生产模式下笨重且带有危险性的非智能工业机器，应用了嵌入式传感器和复杂人工智能算法的智能机器更加小巧灵活，更加有利于实现人机协同工作。以机器人手臂为例，机器人的动作快速有力，可以标准化地完成工作任务，提高工作效率，但也有可能对工人造成危险，因此经常被围在

防护屏障中。机器人智能和传感器融合技术的使用，可以让机器人识别各类物体并避免伤害到旁边的工人，同时通过随时学习任务操作，真正成为工厂中的工人助手，实现机器人与人类协同工作。

3.提高劳动产品质量

研究发现，智能机器人密度与产品的质量和性能成正比，通过提高具有人工智能功能的工业机器人密度，可以有效提高产品生产品质和产业发展水平。人工智能的应用还能提升质量管理能力、质量检测水平，在一定程度上减少产品质量波动。人的情绪、状态始终是无法被完全控制的，人类劳动的精细化程度和耐力水平也是有上限的，相比较而言，机器设备不存在情绪和疲劳等问题，且能够在极高精度水平下保持每次动作的一致性，所以人工智能能更好地满足现代生产的标准化要求，在创造更大产能的同时能使产品质量更加稳定。

三、数字技术发展对未来劳动者的要求

(一) 数字技术对未来职业劳动的影响

随着人工智能、大数据等新数字技术日趋成熟和应用领域快速扩展，人们的生产方式和生活方式也将进入一种全新的状态，技术进步会对就业产生两种相反的影响：一方面是破坏效应，因为技术进步会使机器取代部分人类劳动，导致劳动力失业或被迫调岗；另一方面则是创造效应，技术进步引发对新商品和新服务需求的增加，从而催生全新的职业和岗位。未来大量的重复性、机械性、简单性、危险性的劳动将被人工智能替代。如果你的工作符合以下特征，那么，你被机器人取代的可能性非常大：无需天赋，经由训练即可掌握的技能；大量的重复性劳动，每天上班不用思考；工作空间狭小，坐在格子间里，不闻天下事。如果你的工作符合以下特征，那么，你被机器人取代的可能性非常小：需要社交能力、协商能力，以及人情练达的艺术；需要同情心，以及对他人真心实意地扶助和关切；需要创意和审美。表8-2中，不具有创造性的劳动将会被机器代替，具有创造性和情感交流的劳动很难被机器代替。

表8-2 未来劳动分类表

劳动性质	不具有创造性	具有创造性	具有情感交流性
体力劳动	重复性体力劳动	创造性体力劳动	情感性体力劳动
脑力劳动	程序性脑力劳动	创造性脑力劳动	情感性脑力劳动

剑桥大学研究者 Michael Osborne 和 Carl Frey 研究预测了未来最易淘汰的12种职业（表8-3）和最难淘汰的12种职业（表8-4）。近几年，我国人社部、市场监管总局、统计局联合发布的新职业如表8-5所示。

表 8-3　最容易淘汰的 12 种职业

序号	职业岗位	淘汰概率
1	电话推销员	99.00%
2	打字员	98.50%
3	会计	97.60%
4	保险业务员	97.00%
5	银行职员	96.80%
6	政府底层职员	96.80%
7	接线员	96.50%
8	前台	95.60%
9	客服	91.00%
10	人事	89.70%
11	保安	89.30%
12	房地产经纪人	86.00%

表 8-4　最难淘汰的 12 种职业

序号	职业岗位	淘汰概率
1	酒店管理者	0.40%
2	教师	0.40%
3	心理医生	0.70%
4	公关	1.40%
5	建筑师	1.80%
6	牙医、理疗师	2.10%
7	律师、法官	3.50%
8	艺术家、音乐家、科学家	5.00%
9	健身教练	7.50%
10	保姆	8.00%
11	记者	8.40%

表 8-5　2019—2020 年我国发布的新职业

编号	2019 年发布	2020 年 2 月发布	2020 年 7 月发布
1	人工智能工程技术人员	智能制造工程技术人员	区块链工程技术人员
2	物联网安装调试员	工业互联网工程技术人员	城市管理网格员
3	物联网工程技术人员	虚拟现实工程技术人员	互联网营销师
4	大数据工程技术人员	连锁经营管理师	区块链应用操作员
5	云计算工程技术人员	供应链管理师	在线学习服务师

编号	2019 年发布	2020 年 2 月发布	2020 年 7 月发布
6	数字化管理师	网约配送员	社群健康助理员
7	建筑信息模型技术员	人工智能训练师	老年人能力评估师
8	电子竞技运营师	电气电子产品环保检测员	增材制造设备操作员
9	电子竞技员	全媒体运营师	
10	无人机驾驶员	健康照护师	
11	农业经理人	呼吸治疗师	
12	物联网安装调试员	出生缺陷防控咨询师	
13	工业机器人系统操作员	康复辅助技术咨询师	
14	工业机器人系统运维员	无人机装调检修工	
15		铁路综合维修工	
16		装配式建筑施工员	

表 8-5 所列新职业工种中绝大多数是数字新技术应用产生的新职业，可见数字技术对未来劳动影响之深远。

（二）数字时代对劳动者的技能要求

数字技术发展和广泛应用催生了新的产业和产业新形态，为大学生劳动和就业提供了更多机遇和平台。然而，未来产业的进化对劳动者从思想道德到专业技能再到身体与心理的素质要求将会与时俱进，各行各业对劳动素养的要求将不断提高，劳动技能也会全面升级，劳动者在掌握必要的专业技能外，还必须掌握以下核心技能。

1. 学习与创新技能

学习是人类进步的重要途径。人工智能时代实现了知识的无障碍共享与实时更新，所有的知识跨越国界、民族、历史、时代的隔绝平行地呈现，学习者与研究者可以借助人机交互的学习方式，同步了解专业领域最新的科研发现、科研成果，不断地探索未知领域。随着科技的进步与社会的发展，总会有新知识、新技术产生，面对许多不确定的新事物，单凭已有知识与技能很难获得清晰的认知，大学生要树立终身学习的理念，永远处于学习的状态，否则将难以适应快速变化的时代，更难言大有作为。人工智能代替人类完成各种体力劳动及简单重复的脑力劳动，但机器的创新能力还是受到限制，未来劳动者的创造力变得越来越珍贵，与此相关的质疑、批判、想象、假设等思维能力将比历史上任何时候都显得更为重要，那些具有创造性思维方式和批判性独立思考能力的人，那些总能够把新想法带到工作中去的人，将在未来的职场中展现出更强的竞争力。其核心一是创造和革新技能，即在工作中展现创造和发明才能，提出和实施新的思想，并把新思想传播给他人，对新的、不同的观点持开放的心态并积极回应，实施有创意的想法，对发生革新的领域作出具体的、有益的贡献等。二是批判性思维和解决问题的技能，包括运用正确的推理来理解事物，作出复杂的选择和决定，理解系统之间的相互联系，确定并提出有意义的问题，以澄清各种观点，并得到更好的解决办法，界定、分析和综合信息，以便解决问题和回答问题。

2. 信息和媒体技能

（1）信息获取与处理应用技能，包括能有效地获取有用信息，能批判性地评估信息，能准确有创意地使用信息来处理所面对的问题或事件，对信息获取和使用的道德、法律问题有基本的理解。

（2）媒体应用技能，包括了解媒体传达信息的方法、目的、使用的工具、特点和惯例，研究如何以不同的方式解读信息，用正确的价值观看待信息而不被媒体等因素影响。

（3）信息通信技术，包括合理使用数字技术、通信工具和用网络来访问、管理、整合、评估及创建信息，将信息通信技术作为一种工具用于工作和信息沟通。

3. 沟通和交流技能

劳动者要能够以口头和书面的方式清楚有效地表达想法和观点，展现与不同团队有效地合作共事的能力，能与他人和谐高效地工作，适时地利用集体的智慧，有灵活性，接受文化差异，使用不同的视角，以提高创新性和工作质量，能妥协，为协同工作共同承担责任。人类社会是一个群体性社会，每一个人在生产生活中都离不开与他人的互动，这种互动是创造新价值的重要源泉。通过与他人的沟通交流，彼此受到启发，更容易产生新想法、新思路，创造新事物。人工智能虽然可以代替我们完成很多事情，但在人际交流和互动方面，还是人类自身要比电脑更擅长，人们在生活与工作中的社交能力是计算机难以替代的。

随着互联网的快速普及，大学生的社交能力却出现了逐渐退化趋势，很多大学生线下的社交恐惧越来越严重，而把更多的时间和精力花费在电脑和手机屏幕中，甚至沉迷网络游戏，在虚幻世界中追求自我。很多人能够在社交媒体上侃侃而谈，但在现实生活中却不能有效沟通，个别人严重缺乏社交技巧。大学生在大学阶段，在心理、生理和社会化方面正逐步走向成熟，人际交往在人的社会化及个性完善方面的意义非同寻常。因此，良好的社交能力是大学生综合素质中的重要一环，不仅会影响大学生人格全面发展，还会对未来就业产生重要影响。学会与他人良性互动与有效合作是人工智能时代大学生必备的能力之一。

四、数字时代劳动者技能的养成

在数字时代，科技赋予了劳动新的内涵，面对数字技术给工作与生活带来的颠覆性变革，大学生应用主动积极的心态拥抱数字时代。大学生通过提升基本素质，形成数字思维，培养正确的劳动观等来养成劳动技能，为未来劳动打下坚实基础，成为全面发展的人。

（一）提升基本素质

人的基本素质是从事职业劳动的基石，数字时代的劳动更需人们具有良好的基本素质，未来劳动需要大学生在德智体美劳方面全面发展，只要具有良好的基本素质，就能有效地应对数字时代快速的变化。大学生需要从以下几个方面培养自己的基本素质：

1. 思想道德素质

思想道德素质是个体素质的根本和灵魂，它对其他各项素质的形成具有导向、推动和保障作用，主要解决政治信仰、政治方向、道德修养、民族精神和法律观念等方面的问题。

2. 文化艺术素质

文化艺术素质是素质形成的基础，包括文学、历史、地理、艺术、经济、社会等知识的学习，大学生通过学习中外名著、国学精粹、宗教流派、影视戏剧、美术音乐等方面的基本知识，拓展人文知识和艺术鉴赏能力。

3. 科学技术素质

科学技术素质是指了解必要的科学知识，树立科学思想，崇尚科学精神，掌握基本的科学方法，大学生通过学习科技史、中外科技人物、最新科技动态、科学思维方法等内容，掌握科学的思维方法，形成科学的世界观。

4. 基本能力素质

基本能力素质是指从事任何工作都必须具备的一般能力，包括自制自理能力、自学能力、社会适应能力与应变能力、交流合作能力、组织协调能力等内容。大学生通过思维方法、人际关系、组织管理、写作、演讲等方面的训练，培养社会沟通、与人合作、组织管理、言语与书面表达、创新与创业等方面的能力。

5. 身体心理素质

身体心理素质是发展其他各项素质的物质基础与载体，包括健康常识、生活学习习惯、运动知识与技能、自我保护能力、心理健康知识、心理调节技巧与艺术等。大学生要掌握科学的锻炼方法，形成良好的饮食卫生习惯，学会正确应对各种挫折，缓解各种压力，形成乐观向上的精神状态。

（二）提高数字素养

数字素养是在新技术环境下，从获取、理解、整合到评价、交流的整个过程中使用数字资源，使人们有效参与社会进程的能力，它既包括对数字资源的接受能力，也包括对数字资源的给予能力。数字素养的内涵主要包括：数字获取、数字交流、数字创建、数字消费、数字安全、数字伦理、数字规范、数字健康八个方面。数字时代，拥有数字思维，能够掌握数据和运用数据的人，才能在"一切都被记录，一切都被分析"的数据化时代更好生存和发展。无论你今天从事什么行业，都要学会用数据说话，用数据分析的结果来证明什么更好，什么是未来发展趋势，透过数据看问题，利用数据做决策。大学生应从以下四个方面培养和提升数字素养：

1. 培养数字信息和资源的获取能力

培养数字信息和资源的获取能力是指大学生能够使用各种数字化的资源和工具来浏览和检索需要的相关信息，并对搜集到的信息进行筛选、价值判断以及存储的能力。这就要求大学生对所要查找或搜集的信息有全面清晰的认识，能够利用各种网络搜索引擎或者专业学习网站检索所需信息，会使用常用的搜索方法及技巧。

2. 培养数字环境中的沟通与交流能力

大学生要学会在数字化环境中以国家网络法律法规与相关政策规定为指导，利用各种社会化软件工具进行人际交流与互动，具备根据不同情景和对象使用不同工具进行适应性交流的能力，在社交媒体上自由表达并有效传递正确信息的能力，参与社交和分享资源的能力。

3. 培养数字内容的创造能力

数字内容的创造能力主要包含利用现有资源生成数字新内容的能力，即对原有的知识和内容进行整合处理，创新数字信息的表达形式，并利用合适的媒体进行输出的能力，比如，利用数字媒体和技术进行富有创造性的表达的能力，自我创建或者编辑完善他人的内容的能力，对数字资源进行修改、整合、提炼、创新的能力。

4. 提高数字安全意识

数字安全主要包括运用数字技术时能有效防范风险，对数据进行维护，保护自己的数字身份，采取可控的安全措施，等等。大学生要学会保护个人设备，了解来自网络的安全风险和威胁；了解有关个人数据安全的知识与相关措施；在使用数字资源时有较强的隐私保护意识，能够采取有效措施保护自己免受网络攻击等侵害。

第二节 创新性劳动

一、创新性劳动的内涵和特征

（一）创新性劳动的内涵

创新性劳动是指人类突破劳动惯例，创造和运用全新的思维观念、科技知识、工艺设计及方式方法所进行的劳动。创新性劳动在创造性思维的支配下进行，是通过人的脑力劳动萌发出技术、知识、思维的革新，从而高效提升劳动效率，产生出超值社会财富或成果的劳动，它既包括人类打破生产要素组合，创造新技术、新工序、新工艺、新理论、新方法和不断开辟新的应用范围，也包括人类不断冲破常规，捕捉新的机遇，开拓新的劳动领域，开发新产品和开辟新市场，开创新的事业和创造新的事物。创新性劳动可从如下方面进行理解：

第一，创新性劳动是一种以创造性思维活动为主导的脑力劳动。创造性思维的运用是创新性劳动区别于其他劳动类型的主要标准。

第二，创新性劳动是在大量知识积累的基础上进行的复杂脑力劳动。创新性劳动并非凭空出现，而是以大量相关劳动资料和知识的积累为前提的。按照发生认识论的创始人瑞士心理学家皮亚杰的观点，这个阶段被称为图式的积累阶段。在创新性劳动的概念范畴中，图式的积累包括对两种知识的积累：其一，是与创新性劳动的劳动对象相关的知识和信息；其二，是与创新性劳动的过程有关的解决问题的方法和技巧。

第三，创新性劳动是一种面对新问题，并提供解决方案的劳动。重复劳动、简单劳动是按照既定思路和程序解决问题的劳动。创新性劳动与重复劳动、简单劳动的最大区别在于，创新性劳动是发现问题并用新方法解决问题的劳动。

（二）创新性劳动的特征

创新性劳动不同于一般性劳动的简单性、重复性和可替代性，具有如下特点：[①]

（1）新颖性，采用新的劳动方法和程序，添加新的劳动内容或形式，劳动的成果不同于旧有的。

（2）变革性，是指变革现有的劳动方法和程序，产生新的劳动产品和技术。

（3）开拓性，是指劳动的对象和领域突破原有的范围。

（4）风险性，创新性劳动是对简单劳动、重复劳动及其生产的旧的使用价值的挑战，创造一种人类尚未有或部分尚未有的新使用价值，因而必然带有风险。

二、创新性劳动的形式和形态

（一）创新性劳动形式

（1）科学创新性劳动，是指为进一步认识客观事物而获得新知识的创新性劳动。比如，实验科学先驱的伽利略、经典力学始祖的牛顿、第一个发现镭的女科学家居里夫人、对电磁学作出巨大贡献的法拉第、创立相对论的爱因斯坦以及首创化

---

① 赵培兴.论创新劳动及其价值定位：献给知识经济［M］.北京：中央文献出版社，2002.

学元素周期表的门捷列夫等科学家，就是从事科学创新性劳动的典范。

（2）技术创新性劳动，是指为节约时间和空间，节约体力和精力，节约资源和能源而探索更简便的思想、方法和手段的创新性劳动。比如集装箱的发明就是一个明显的例子。尽管集装箱不是发现新知识的科学创新，但它是一个能给社会带来巨大效益的技术创新。从产业发展的历史来看，在许多重要产业中，包括高新技术产业，关键的并不一定是科学创新性劳动，而是技术创新性劳动。

（3）产品创新性劳动，是指为满足社会与个人的新需要而设计与创造新的使用价值的创新性劳动。

（4）人力创新性劳动，是指塑造和培养劳动者新的能力和素质的劳动，包括学习劳动和部分教育劳动。因为人具有思想和个性，所以教育劳动并没有一个统一的模式，往往要因人而异，因材施教，时时处处都有可能创新。[①]

（二）创新性劳动的形态

第一类是知识形态，它可以是原理、公式、发明、图纸等。

第二类为设备形态，也就是知识形态的科学技术被固化在生产设备中。

第三类为最终产品形态，它具有弥补新的使用价值的性质，包括创造新的效用、改善健康等使用价值。

第四类是人的创新形态，也就是武装了新知识、新能力的人还可能掌握了技术诀窍，积累了生产经验，他们可以在接触知识形态、设备形态和最终产品形态的产品后进行创新，再生产出新的知识形态、设备形态和最终产品形态的产品，从而使创新性劳动不断积累、应用和再发展。

专栏 8-4

创新性劳动建成港珠澳大桥

被英国《卫报》称为"现代世界七大奇迹"之一的港珠澳大桥，在建设过程产生了一系列新技术、新材料和新装备，在多个领域填补了空白，形成了走向世界的"中国标准"，是中国造桥技术的最高体现之一。

在港珠澳大桥施工现场，看不到人头攒动、千军万马的施工景象，而是为数不多的大型装备在现场进行砌积木式的装配化安装。桥墩、桥面、钢箱梁、钢管桩等都是在中山、东莞等地厂房里建设好后，再用巨轮拖到海上安装。

港珠澳大桥多项施工工艺和标准已达国际领先水平，形成了一系列的"中国工法"。大桥工程量最大、技术难度最高的是桥—岛—隧集群的主体工程，分别由22.9 千米的主体桥梁和 6.7 千米的隧道与人工岛构成。作为世界上最长的钢结构桥梁，港珠澳大桥仅主梁钢板用量就达 42 万吨，相当于 10 座"鸟巢"的重量，可抗

---

① 何荣天.产业技术进步论［M］.北京：经济科学出版社，2000.

16 级台风、8 级地震及 30 万吨巨轮撞击。特别是九洲航道桥桥塔的安装采用整体竖转提升方案，属国内首创，填补了用提升支架整体提升、滑移滑道竖转方式安装上塔柱领域的一项国内空白。

江海直达船航道桥三座海豚塔的安装则采用两台大型浮吊船协同作业，将 2 000 多吨的钢塔在海上实现空中翻转，最后精确定位在承台上，其整个吊装工艺的研究历时两年，属世界首创。在解决海上桥梁的耐久性问题上，科研人员创造性地提出"港珠澳模型"等防腐防震措施，系统地保障了港珠澳大桥的设计使用寿命达到 120 年，打破了国内通常的"百年惯例"。

思考：

如何看待创新性劳动的意义？

三、创新性劳动的培养

简单、枯燥、重复的劳动会让劳动者丧失劳动的热情和兴趣。每个人热爱劳动的习惯是需要培养的，并不是与生俱来的。创新思维和意识也是可以培养的。避免简单重复的劳动，树立创新性劳动的思维和意识，用创新打开劳动者的创造热情和创造力，使劳动者对劳动产生热爱和兴趣。

（一）培养和开发劳动者的创新能力

1. 营造创新的环境氛围

创新是一种社会性行为，环境因素、技术因素、经济因素、文化因素等均影响创新性劳动，要鼓励创新，营造崇尚创新、追求创新的氛围。

2. 注重创新个性品质的锻炼

创新个性品质是创新能力的基础。人们往往很重视开发智力、提高智商，但常常忽视情商的锻炼和提高。有研究表明：事业的成功，只有 20% 来自智商，其余 80% 来自情商。创新能力也是一样，它的很大部分来自非智力因素，如创新个性品质及情感智力。在创新能力的四项构成中，仅有创新思维、创新技法、创新技能，而缺乏胆识、活力、冒险精神与团队精神，是难以开展创新活动的。只有员工具备了创新个性品质，才有可能以过人的胆识和勇气去克服困难，才能创造性地去学习和工作、追求卓越，才能去掌握运用创新思维、创新技法、创新技能，发扬团队精神，带领团队创建新的成功。

3. 提供有针对性的培训学习机会

我们应增加创新能力的培训比例和内容，重视创新培训，培训方案除了录像和讲座外，可以通过组建团队来培训，而组建团队的前提是成员相互信任、完全配合，充分释放自己才能创新。常见方法：一是游戏活动，通过加强友好合作，营造轻松、融洽的氛围而产生创造和创意；二是冒险性学习（户外拓展训练），组织有挑战性的体育活动，让员工打破常规、增加胆识、增进信任、接受团队、相互帮助，通过多方面的培训锻炼提高创新能力。此外还有情景模拟、案例分析、行为示范等方法。

（二）创新性劳动的提升策略

1. 方法一：SCAMPER 法（奔驰法）

SCAMPER 法是由美国教育学家、心理学家罗伯特·艾伯尔提出的一种思维工具。SCAMPER 这个单词是奔跑的意思，是由英文中的七个单词或短语的首字母构成，也代表七种不同的思维角度；提示人们可以从七个方面思考做些改变，以获得新的创意。

（1）S-Substitute（替代）：何物可被"取代"？

（2）C-Combine（合并）：可与何物合并而成为一体？

（3）A-Adapt（调适）：原物是否有需要调整的地方？

（4）M-Modify（magnify，minify）（修改）：可否改变原物的某些特质，如意义、颜色、声音、形式等？

（5）P-Put to other uses（其他用途）：是否有其他非传统的用途？

（6）E-Eliminate（消除）：可否将原物变小、浓缩？或省略某些部分？使其变得更完备、精致？

（7）R-Rearrange（重排）、Reverse（颠倒）：重组或重新安排原物的排序？或把相对的位置对调？

专栏 8-5

方法应用案例：用奔驰法思考自行车的创意

例如，我们要设计一款新的自行车，可以从这七个方向思考：

（1）S：替代，车轮的钢丝可以用什么替代？链条可以用什么替代？哪些材料可以用来做车架？可以做成充气自行车吗？

（2）C：合并，如果自行车和酒吧合并会是怎样，能变成可移动的酒吧吗？自行车和钢琴合并会怎样，会随着路况或蹬踏的节奏产生音乐吗？如果和花盆合并，是否能让每辆自行车变成一道美丽的风景？

（3）A：调适，如果把车轮变成方的，会成孩子们的玩具车吗？如果将车把手做成可拆卸的会怎样？如果不是坐着骑车而是躺着骑车，会是怎样的感觉？

（4）M：修改，如果做成迷你自行车，可以放在背包中携带，会有哪些可能性？如果做成汽车大小的自行车，有什么好处？

（5）P：其他用途，可以用来发电吗？可以用来做机器的动力源吗？可以用来在广场上画画吗？可以用来踢足球吗？

（6）E：消除，去掉一个轮子会怎样？不用扶手把握方向有什么好处？

（7）R：颠倒，动力轮变成前轮会有什么好处？正反方向蹬踏都可以前进的自行车有什么好处？

2. 方法二：IFR 法（最终理想解法）

IFR 法也称为最终理想解法、目标扩展法，其英文全称是 ideal final result，这种方法的作用是让人们抛开现实条件的约束，思考最理想的结果，通过这种思考，人们可以获得对此问题的创新目标，而有了目标，再考虑如何实现这一目标，有时候会比较容易，从而获得新的创意。

具体做法是按照以下步骤进行思考：

（1）我们最终目的是什么？

（2）最理想的结果是什么？

（3）达到理想状况的障碍是什么？

（4）出现这种障碍的结果是什么？

（5）不出现这种障碍的条件是什么？创造这些条件存在的可用资源是什么？

专栏 8-6

方法应用案例：如何让兔子吃到青草

有一个农场主养了大量的兔子，农场有大量的青草，可是需要雇人割草喂兔子，这需要很多成本，可是如果放养兔子，捉兔子又会很麻烦，需要的人手也不少，这可怎么办呢？

按照 IFR 法（最终理想解法）来思考兔子吃青草：

（1）我们最终目的是什么？

兔子能够吃到新鲜的青草。

（2）最理想的结果是什么？

兔子永远自己吃到青草。

（3）达到理想状况的障碍是什么？

为防止因兔子走得太远而照看不到，农场主用笼子放养兔子，这样，放兔子的笼子不能移动。

（4）出现这种障碍的结果是什么？

由于笼子不能移动，可被兔子吃到的笼下草地面积有限，短时间内草被吃光了。

（5）不出现这种障碍的条件是什么？创造这些条件存在的可用资源是什么？

当兔子吃光笼子下的青草时，笼子移动到另一块有青草的草地上；可用资源是兔子。

3. 方法三：类比法

类比法，就是将几个相关事物（这既可是同类事物，也可是不同类事物）加以对照，把握住事物的内在联系而进行的创造。类比法根植于世界的统一性这个基础之上。类比对象之间存在统一性、相似性，属性存在相关性，是从个别到个别的一种独特方法。

类比法的关键是寻找可以类比的对象，以激发人的联想，具体而言，可从以下几个方向做类比：

（1）拟人类比。此即将事物比作人，比如将公司比作人，这样就可以从人与自然的环境、人体本身内在环境的健康来考虑公司运作的方式。

（2）直接类比。找与对象相类似的东西。比如开一家餐厅，研究未来营销方式，可以用超市的促销来类比，获得营销创新的思路。

（3）象征类比。用具体事物来表示抽象概念或思想。比如可以用收费站与收取客户服务费比较，用具象化的场景引发思考。

（4）因果类比。这种比较侧重的是事物的诱因，比如面粉加入发酵粉可以发酵，由此与橡胶的制造类比，发现制造橡胶时可以加入发泡剂。

（5）对称类比。许多事物有对称性，如正负，黑白，用事物的对立面做类比，可发现思维的盲区。

（6）综合类比。物质间的关系可能是错综复杂的，人们可以综合其相似特征来类比。

专栏 8-7

方法应用案例：如何避免雨水打湿裤腿呢？

有一位小学生发现雨天穿雨衣去上学时，裤腿总是被打湿。原因是只要有风吹动，雨衣便会贴在身上，雨水沿着下摆流至裤腿。如何避免雨水打湿裤腿呢？

与裙子类比：在一次联欢会上，看到跳舞的小朋友急速旋转使裙子张开呈喇叭形，便马上想到要是让雨衣下摆张开就可以避免雨水打湿裤腿了。然而若用铅丝来撑开雨衣就不便收藏。

与游泳圈类比：夏天来临了，他在充气游泳圈的启发下，以充气塑料管作为雨衣下摆的支撑环，如此，终于发明了充气雨衣。

4. 方法四：PMI 法（正负分析法）

这是一种酝酿创意的方法，是由德·博诺发明的一种方法，也称为正负分析法。这种方法是通过列举创意的正、负面因素和有趣的方面，促使人们深入思考并关注具体问题，而不只是对创意简单的表态，或停留在表明的印象。

PMI 具体做法：

（1）P-Plus（列举优点）：这种观点或建议的优点或有利因素。也就是说，你为什么喜欢或赞同这种观点或建议。

（2）M-Minus（列举缺点）：这种观点或建议的缺点或不利因素。也就是说，你为什么不喜欢或是不赞同这种观点或建议。

（3）I-Interest（列举有趣的部分）：这种观点或建议让人感兴趣的方面，或者既不是优点也不是缺点的、特别的方面；

（4）发现新的创意。从以上分析中发现有价值的地方，同时设法规避缺陷。

专栏 8-8

方法应用案例：创意水龙头

假如我们正在酝酿一个水龙头的创意：水龙头应该是声控的。

（1）（P）列举优点。

可以不用手触摸水龙头；鼓掌才能有水，可以自我鼓励；可以辨别主人声音，陌生人不出水；可以练习外语口语，说对了才出水。

（2）（M）列举缺点。

有噪声的时候浪费水；聋哑人可能会不方便使用；不懂的人会很着急；会增加水龙头的制造成本；人们不一定接受这种方式。

（3）（I）列举有趣的部分。

水龙头可以和声音、对话关联，会是智能家居的一部分；目前没有这样的水龙头，会是一个新产品；如果家里的东西都变成声控的会怎样？

（4）发现新的创意。

智能水龙头是智能家居的一部分。

5. 方法五：莲花创新法

莲花创新法又称为曼陀罗法、九宫格法，是一种有助于发散思维的思考策略，利用卡片拼成九宫格图，将主题写在中央，然后把由主题所引发的各种想法或联想写在其余的八个格内，此法之优点是由事物之核心出发，向八个方向去思考，产生八种不同的创见；再由八个方向生发出更多的创意，类似莲花层层叠叠开出的花瓣，故称为莲花创新法。

具体包括如下步骤：

（1）准备。用九张卡片或报事贴拼成九宫格，将目标问题写在中心卡片上（图 8-1）。

	目标问题	

图 8-1　确定目标问题

（2）播种。思考不同的创意，写在周围的卡片上（图 8-2）。此时，可以结合运用其他的创新思维方法，比如奔驰法、类比法等。

创意 1	创意 2	创意 3
创意 8	目标问题	创意 4
创意 7	创意 6	创意 5

图 8-2　列出不同创意方案

（3）开花。将八种创意卡片复制，摆放在四周八个方位上，在每张卡片周围再围上八张卡片，重复第二步，这样每张种子卡片再生发出八个创意，就像莲花的花瓣开放一样（图 8-3）。

创意 1-1	创意 1-2	创意 1-3	创意 2-1	创意 2-2	创意 2-3	创意 3-1	创意 3-2	创意 3-3
创意 1-8	创意 1	创意 1-4	创意 2-8	创意 2	创意 2-4	创意 3-8	创意 3	创意 3-4
创意 1-7	创意 1-6	创意 1-5	创意 2-7	创意 2-6	创意 2-5	创意 3-7	创意 3-6	创意 3-5
创意 8-1	创意 8-2	创意 8-3	创意 1	创意 2	创意 3	创意 4-1	创意 4-2	创意 4-3
创意 8-8	创意 8	创意 8-4	创意 8	目标问题	创意 4	创意 4-8	创意 4	创意 4-4
创意 8-7	创意 8-6	创意 8-5	创意 7	创意 6	创意 5	创意 4-7	创意 4-6	创意 4-5
创意 7-1	创意 7-2	创意 7-3	创意 6-1	创意 6-2	创意 6-3	创意 5-1	创意 5-2	创意 5-3
创意 7-8	创意 7	创意 7-4	创意 6-8	创意 6	创意 6-4	创意 5-8	创意 5	创意 5-4
创意 7-7	创意 7-6	创意 7-5	创意 6-7	创意 6-6	创意 6-5	创意 5-7	创意 5-6	创意 5-5

图 8-3　将不同的创意方案进行复制组合

第三节 协作性劳动

一、协作性劳动的内涵

马克思在《资本论》中指出："许多人在同一生产过程中，或在不同的但互相联系的生产过程中，有计划地一起协同劳动，这种劳动形式叫作协作。"企业有分工，就要有协作。协作是分工不可缺少的条件，分工越细，越需要加强协作。协作不仅可以提高个人生产力，而且可以创造出一种新的生产力，这种生产力本身必然是集体力。协作以分工为前提，而分工又以协作为条件，在分工的基础上协作，在协作原则下进行分工。分工和协作是不可分割的整体。

协作性劳动是指对有联系的劳动活动所进行的统筹安排，是劳动者在一定生产条件下的协同劳动。现代企业的协作性劳动，就是采用适当的形式，把从事各种局部性工作的劳动者联合起来，共同完成某种整体性的工作，是一种普遍而高效的劳动形式。

在广义上，协作性劳动和集体劳动、联合劳动、团队劳动的基本含义是一致的。

专栏 8-9

10 天建成火神山医院，"中国速度"背后是协作的力量

在火神山医院之前，在中国从未有过一座医院的建设速度被人们如此挂念过。

2020 年 1 月 24 日，除夕，上百台挖掘机抵达武汉火神山医院建设现场，开始平整土地。2 月 3 日，火神山医院正式投入使用，接力棒从 7 000 余名建设者的手里交到了 1 400 名部队医护人员的手上。

10 天时间，一座可容纳 1 000 张床位的医院正式交付使用，让世界惊叹、让中国振奋，彰显了坚不可摧的中国力量，"中国速度"背后是合作的力量。

"神速"完工背后有一支强大的"奇兵"。火神山医院的建设过程中，各个领域的劳动者大显身手，相互合作。此外，5G、AI、云计算、大数据等各种科技手段迅速集结，大大提升了建设速度，稳稳保证了建设质量。

思考：

火神山医院的修建速度带给你什么启示？

二、协作性劳动的形式

协作性劳动分为两种：以简单分工为基础的协作是简单协作性劳动，而以细致

分工为基础的协作是复杂协作性劳动。

（一）简单协作性劳动

简单协作性劳动无详细分工，只是一起合作完成一项工作，如搬运重物、挖沟等。简单协作是一种结合的劳动，它使劳动者摆脱了个人局限性，从而创造了一种新的社会劳动生产力，它同单个劳动者力量的机械总和存在本质上的区别。因为结合劳动能扩大劳动的空间范围，缩短完成工作的时间，并能在较小的空间范围内，使相互联系的生产过程靠拢，生产资料聚集，容纳较多的劳动者，从而节约劳动资料，降低生产成本。

（二）复杂协作性劳动

复杂协作是建立在较为细致的分工上的协作，是把生产过程中的各种操作分解并交给若干人，每人只负责一部分操作，全部操作由若干操作者同时进行，成果则是这个以分工为基础的联合体的劳动产品。在复杂协作的生产机构中，每个劳动者只是这个机构的一个部分。复杂协作所特有的优越性是使劳动专业化、工具专门化，在劳动方式、劳动组织等方面发生了重大变化，更有利于改进技术，提高劳动熟练程度。企业协作性劳动的形式，一般分为企业之间的协作和企业内部的协作。从协作范围上看，有空间范围的协作性劳动和时间范围的协作性劳动。

三、协作性劳动的意义

（一）协作性劳动有助于提高组织的整体能力

协作性劳动不仅提高了个人生产力，而且创造了一种集体生产力，产生组织系统的整体的结合力，有助于提高组织的整体能力。马克思举例说明了其中的道理。他说，一个骑兵连的进攻力量或一个步兵团的抵抗力量，与单个骑兵分散展开的进攻力量的总和或单个步兵分散展开的抵抗力量的总和有本质的差别。同样，单个劳动者的力量的机械总和，与许多人手同时共同完成同一不可分割的操作所发挥的社会力量有本质的差别。此外，协作性劳动促进成员之间的竞争，团队成员力争与团队的最优秀成员看齐，以此来实现协作性劳动的激励功能，有助于提高协作性劳动的整体能力。

（二）协作性劳动影响着生产规模和效率

协作性劳动可以实现"人多好办事"，完成个人无法独立完成的大项目。例如排水、筑堤、灌溉、开凿运河、修筑道路、高铁建设、疫情防控等。首先，协作劳动可以扩大劳动的空间范围。某些劳动过程由于劳动对象空间上有联系就需要协作。其次，就生产规模而言，协作能相对地在空间上缩小生产领域。在劳动的作用范围扩大的同时劳动空间范围的这种缩小，会节约非生产费用，这种缩小是由劳动者的集结、不同劳动过程的靠拢和生产资料的积聚造成的。和同样数量的单干的个人工作日的总和比较起来，结合工作日可以生产更多的使用价值，因而可以减少生产一定效用所必要的劳动时间。再次，协作性劳动，把工作的整体目标分割成许多小目标，然后再分配给团队的成员去一起完成，这样就可以缩短完成大目标的时间而提高效率。

（三）协作性劳动能大幅降低生产成本

现代化生产以协作性劳动的形式进行，厂房、储藏原料的仓库、工具、器具等生产资料在劳动过程中许多人同时使用，可以降低成本、提高生产资料的使用效率。马克思举例说，20个织布工人用20台织机劳动的房间，必然比一个独立织布者带两个帮工做工的房间大得多。但是，建造一座容纳20个人的作坊比建造10座各容纳两个人的作坊所耗费的劳动要少，因此，大量积聚的并且共同使用的生产资料的价值，不会和这些生产资料的规模及其效果成比例地增加。协作性的共同劳动使生产资料得到节约，这是有许多人在劳动过程中共同消费它们而产生的结果。

（四）协作性劳动能够完成生产中的紧迫任务

马克思认为，在许多生产部门都有紧急时期，即由劳动过程的性质本身所决定的一定时期，在这些时间内，必须取得一定的劳动成果。短促的劳动期限可以由在紧要关头投入生产场所的巨大的劳动量来补偿。在这里，能否不失时机地获得成果，取决于是否同时使用许多结合的工作日，成效的大小取决于劳动者人数的多少；但是这种人数总比在同样长的时间内为达到同样的效果所需要的单个劳动者的人数要少。

（五）协作性劳动可以约束、规范和控制成员的行为

协作体现了生产组织的平均劳动力，对工人的管理提供了标准。当一个人与其他人不同时，团队内部所形成的那种观念力量、氛围会对这个人施加一种有形和无形的压力，会致使他在心理上产生一种压力和紧迫感。在这种压力下，成员在不知不觉中随同大众，在意识判断和行为上表现出与团队中大多数人相一致，从而达到约束、规范和控制个体的行为的目的。规范和控制个体的行为有助于团体行动的标准化，有利于提高团队的办事效率。

四、协作性劳动的要求

协作性劳动只有既有分工又有合作才能提高效率，那么怎么鼓励劳动者的分工合作呢？

（一）设定共同工作目标

协作性劳动的目标是什么？也许这个问题听起来简单，却是能否成功完成任务的关键。协作团队一定要根据需要，清楚地确定目标；然后对项目的各种因素进行讨论并决定完成的最后期限。

（二）建立起良好的协作关系

在协作团队建立之后，确定一定的规范非常必要，应尽可能地固定各种协作关系，并在管理制度中，对协作关系的建立、变更，解除的程序、方法，审批权限等内容作出严格规定；此外，在协作性劳动过程中要建立起良好的协作关系，规范的确立要与成员共同讨论决定，而规范一旦定下来，就需要人人遵守。比如人们通过定时召开讨论会议，确定工作进度以及相应的奖罚措施。

（三）明确岗位职责

首先，实行经济合同制可明确劳动者的岗位职责、能力要求以及相互权利义务关系。其次，全面加强计划、财务、劳动人事等的管理，借用各种经济杠杆和行政手段，保证协作关系的实现。最后，管理者要善于发现新成员的特点并且提高成员的协作精神，要对团队中每个成员的才能和个性有敏锐的判断力，了解成员的性格、技能以及交流能力，然后根据成员的特点安排他们的工作内容。

（四）建立良好的沟通制度

团队成员可以了解其他人的工作进度，进而调整自己的进度，并且通过沟通交流，还可以实现技能互补；可以通过定期召开团队会议来实现沟通，并且成员在平时交往过程中也可以交流工作内容。

（五）适当授权

一个协作性劳动团队的领导者，在合适的时候要给成员一定的自由空间，不能面面俱到，事无巨细。一则是因为没有那么多的精力，一则是若给成员自由空间，就可以发挥他们的创造性和能动性，同时让他们觉得没有受到辖制，这样能提高他们工作的积极性。

五、提升协作性劳动的策略

在现代化的劳动形态中，没有人是一座孤岛，人与人之间需要互相关联、相互协作。在很多情况下，单靠个人能力已很难完全处理各种错综复杂的问题并采取切实高效的行动。劳动者通过协作来解决错综复杂的问题，组织成员之间相互依赖、相互关联、共同合作，依靠团队合作的力量创造奇迹。在劳动中，若能提升组织整体生产力，为共同愿景和目标而努力，组织一定会受益。下面重点介绍两种提升协作性劳动的策略。

（一）工作分解结构法

工作分解结构法（work breakdown structure，简称 WBS）是以劳动结束后可以交付成果为导向，对劳动项目的要素进行分组，把一个项目，按一定的原则进行分解，将项目分解成任务，将任务再分解成一项项工作，再把一项项工作分解到每个劳动者的日常活动中，直到分解不下去为止。

WBS 应遵循的原则：

MECE 原则，①各部分之间相互独立（mutually exclusive）。②所有部分完全穷尽（collectively exhaustive）。③对一项工作进行分解时，要做到不遗漏，不重复，子工作之间要相互独立，所有的子工作要完全穷尽。

SMART 原则，即一项工作的分解要具备具体（specific）、可量化（measurable）、可实现（attainable）、相关性（relevant）、有时限（time-bound）五个条件。如：某项任务应该在 WBS 的一个地方而且只能在一个地方出现，每项工作要具体到个人，而不是分配给小组，由一个人或一个部分负责，其他只能是参与者。建立一个WBS 可分为四步：

（1）确定项目目标。

（2）准确确认项目产生的产品、服务或提供给客户的可交付成果。

（3）确保覆盖 100%的工作。

（4）进一步细化（1）和（2）的每一项，使其形成有顺序的逻辑子组，直到工作要素的复杂性和成本花费成为可计划和可控制的管理单元。

需要注意的是，建立 WBS 时，一个劳动项目不宜分层太多，以四至六层为宜，不同阶段应能区分不同的责任者和不同的工作内容，可以分层看到每一项细化的工作（图 8-4）。符合项目管理的要求，能方便地应用工期、质量、成本、合同等手段。最低层次的工作包的单元成本不宜过大，工期不宜过长。此外，必须能实现文档化，必须与实际工作中的执行方式一致，且应该有交付物（劳动成果）。

图 8-4　宴会的准备

（二）计划评审技术法

计划评审技术法（programe evaluation and review technique，简称 PERT），又

称计划协调技术法、时间项目网络分析法、统筹法，以系统整体性原理和定量分析为基础，对劳动计划中每项作业的进度进行评价，从而增强了主管人员的预见性和主动性，减少了随意性和盲目性，能更好地按事物的变化规律管理，对合理调配资源、提高工作时效、保障计划完成有重要作用，能使劳动成员把握计划实施的全局，明确关键路线与重点，从而合理调配和利用资源，高效低耗地完成任务。

计划评审技术的步骤：

PERT 的步骤是定目标、列出清单、绘制草图、加注记、算工期、总结评价（图 8-5）。

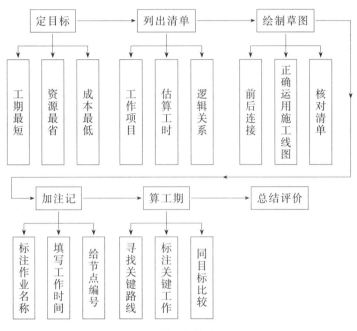

图 8-5　计划评审技术的步骤

（1）定目标。PERT 的作用有：调节工程进度，节约时间；合理分配物资设备，降低工程成本；高效使用人员；等等。因此，运用 PERT，主管人员应首先确定主要目标，这关系到建立何种数学模型及方案选择准则。

（2）列出清单。主管人员召集有关技术专家及负责人，集思广益，将工程计划分解成一个个相对独立的工作，并确定出完成每项工作所需的时间，然后按照各项工作的施工顺序和逻辑关系，列出清单。

（3）绘制草图。此即把具体有逻辑关系的工作清单编排成网络图的过程。网络图就是用箭线代表工作，用节点表示工作开始、结束及相互连接关系的工程施工流线图。绘制网络图，自左向右，按照清单中所列工作的先后顺序一一进行。最左端的节点表示工程开始，最右端的节点表示工作结束。其余节点表示前项工作和后项工作的衔接，箭头标明工程进行的方向。

（4）加注记。网络图绘成后，将每项工作的名称或代号写到它的箭线上面，所需要的时间写到箭线下面，用阿拉伯数字给节点编号，序号自左向右、自上而下排列。

（5）算工期。网络图上从最初节点起，到最终节点止通常有多条路径，称路线。由于各条路线所含工作的不同，故各条路线所需时间是不同的，其中路径最长的路线，就是网络图上关键路线，关键路线所串连的工作，是整个计划的重点工作。因此，对关键路线应重点控制。这些工作都是没有机动时间可利用的，工程必须按期开始与结束，否则，将会影响总工程的进度。非关键路线都有不同的机动时间，可调节利用，这些可被调节的时间称为时差。路线的总时差越多，时间调节的余地越大。施工中可以按照各路线的总时差大小，排列它们的先后顺序，以便集中人员、物资、时间，保证重点工作的按期开始与结束，从而使整个计划顺利进行和按期完成。

（6）总结评价。绘成网络图，完成计算之后，看所有结果是否符合预先的目标要求。

 思考题

1. 数字时代需要关注的新技术有哪些？

2. 数字时代下的工作会产生什么样的变化？

3. 作为大学生，如何结合自身的专业特点和自身实际进行创新性劳动？

4. 结合你的专业，你觉得可以从哪些方面进行协作性劳动？

5. 为了更好地满足数字时代工作的要求，大学生应掌握哪些劳动技能？

第九章　　劳动教育的方法与评价

学习目标

1. 学生掌握不同种类的劳动教育教学方法，并能够在未来实际运用到劳动教育课程、课堂的教学和评价中。

2. 学生对劳动教育的教学方法有一定程度的了解，并能适当指引自己更有效地学习。

3. 学生对劳动教育的评价方法有一定程度的了解，并能够配合教师完成评价。

案例导入

故事解读式教学案例

教学目的：理解劳动精神、工匠精神内涵及对个人成功的作用

例1：教师通过给学生讲述麦当劳创始人雷·克洛克的劳动故事，让学生理解劳动对于个人成功的重要意义。克洛克的成功与其劳动精神不无关系，他在平凡岗位上做出不平凡业绩，体现了其对理想的坚守，战胜自我、超越自我的精神，最终走向人生的辉煌，成为大器晚成的"汉堡王"。劳动是有价值的，它是一种精神。它既凝集了个人艰苦奋斗、自强不息的精神，也体现了人们对美好生活的无限向往。

例2："庖丁解牛"这则庄子的寓言流传久远，脍炙人口，可以借用其阐释"工匠精神"。教师在生动地讲述故事后，可以让学生进行小组讨论，请学生代表发言，谈一下"庖丁解牛"体现了哪些可贵的精神品质。教师再从不同角度对"庖丁解牛"进行解读，用解读的方式引出"工匠精神"的含义或特征。教师可以做如下解读：

第一，"庖丁解牛"体现了精益求精的敬业精神。庖丁对牛的生理结构熟稔于心，能够依照牛骨架及肌肉的构造，顺着骨节间的空处入刀，刀可以不触碰到筋骨结合的地方和筋脉经络相连的地方。这样精湛的刀工，是在长期的实践中，不断专注于技能提升，慢慢磨炼出来的，体现了庖丁专心致志、精益求精、刻苦钻研的工作精神。

第二，"庖丁解牛"体现了创新精神。因为庖丁要完成"探索—研究—发

现—实践"的整个过程，每一次分解完牛之后，他并不会像其他解牛者一样去休憩，而是将放置于一旁的每根牛骨依次复位，还原完整的骨架结构，然后从不同角度仔细观察、揣摩、记忆，从股部大骨到骨肉紧附、筋肉聚结的各个部位，以及骨节连接的缝隙之处；接着再配合着完整骨架，将自己刚才解牛的全过程在脑中多次回放并重新演练，包括运刀速度的变化，锋刃的力度，刀锋走势的控制，等等。这除了是努力的结果，也是在解牛方法上的创新。

第三，"庖丁解牛"体现了对职业的热爱。庖丁在解完全牛之后，感到"踌躇满志"，有一种精神上的愉悦。在这样的劳动中，劳动具有了美感，成了美的对象，给人带来乐趣。职业已不再是单纯的谋生手段，而是热爱的事业，不再是在外部力量强制下的劳动，而演化为目的本身。

最后，教师总结，这三点集中体现为"工匠精神"，换言之，"工匠精神"应该包含精益求精、爱岗敬业、勇于创新等特质。

思考：

你认为故事解读式教学方法的教学效果如何？

第一节　大学生劳动教育方法

劳动教育是将各类劳动实践活动作为实现学生全面发展的手段而实施的一种教育形式。因此，与一般的理论课程相比，劳动教育具有更强的实践特征，学生需要面对真实的个人生活、生产活动和社会性服务等任务情境，亲历实际的劳动过程，需要运用所学知识解决实际问题。因此，劳动教育具有特有的方法论属性，这里的方法实质上不仅包含了教师教的方法，也包含了学生学习的方法。教学有法，但无定法，贵在得法。本部分将为教师列举几种常用的劳动教育的教学方法。

一、课堂讲授法

课堂讲授法是指教师在课堂教学中，以口头语言为主要手段，向学生描绘劳动情境、叙述劳动事实、解释劳动概念、传授劳动知识、论证劳动原理和阐明规律的教学方法。例如，阐述劳动教育以及劳动教育中涉及的相关概念和规律等；向学生系统传授劳动教育的相关知识，如劳动的意义与价值、劳动态度、职业分类等。课堂讲授法重在应用逻辑思维，循序渐进、深入浅出地让学生掌握劳动的概念原理，并且能够举一反三，触类旁通。讲解概念与原理这些基本知识时，教师着重于晓之以理。学生的学习方式，在于思考吸收知识，即在教师和教材的启发下，掌握与劳动相关的基本概念和基本原理，在掌握基本概念和基本原理的过程中理解相关知识，为学生掌握劳动知识、培养劳动技能、养成劳动习惯打好基础。

　　课堂讲授法是一种最常见的教学方法。首先，在掌握相关的基本概念时，课堂讲授法与其他教学方式相比，非常简便高效。课堂讲授法能够兼顾教材的全面性和系统性，教师容易抓住重点、难点，有利于把要传授的理论知识表达清楚，也有利于学生掌握系统的知识；教师较易实施自己的教学内容，也便于掌控整个教学过程，以及达成自己的教学目标。其次，教师通过讲解教材、课程内容，说明完成某项劳动操作和加工过程的次序、组织和技术要领，让学生提前了解操作步骤，提高学生实际操作时的效率。最后，课堂讲授法便于在劳动知识的传授过程中加入课程思政的内容，将劳动观念和劳动精神教育贯穿于人才培养全过程，起到对学生进行思想品德教育、强化劳动观念、弘扬劳动精神的作用。"讲"是必要的，问题是如何讲、怎样讲。苏霍姆林斯基曾说过：教师的语言是一种什么也代替不了的影响学生心灵的工具，足见课堂讲授法的重要性。

　　然而，概念、规律、理论的东西相对枯燥，如果单纯采用这种教学方法则难以达到较好的教学效果。加之，劳动教育课程本身也具有较强的实践及操作特性，有些知识，教师难以用语言表达清楚，并让学生理解。比如，当教学目标不在于习得劳动概念，而在于其他方面的时候，如劳动技能的形成或劳动习惯的养成；当需要有学生的合作或参与才能达到教学目标的时候；当教学内容过于精细的时候，如进行社区劳动服务，维修一种家用电器；当教学的主要目的是更高的教学目标的时候，如分析、综合和评价：讲授法就不再是一个最佳的选择了。

　　以下，举例说明集中适用于课堂讲授法的具体方式。

　　（一）故事解读式

　　故事解读式是教师运用生动活泼的口头语言描述故事，让学生对教学内容有具体的认识。对故事的讲解以及分析，能够唤起学生的想象和积极情绪，能够增强教学内容的吸引力及说服力，让抽象的概念变得更加丰富形象，更易理解，印象深刻，经久难忘。

　　（二）叙述说明式

　　叙述说明式是指教师运用叙述性的语言，将教学过程中出现的概念、原理等解说清楚的一种教学方式。叙述说明要求客观、准确、清晰。叙述说明式比较节省时间和精力，特点是语言通俗平实。

二、情境体验法

　　情境体验法是在真实情境或虚拟情境中培养学生的劳动观念、劳动情感、劳动态度、劳动能力的教学方法。情境体验法需要设计一系列活动或设定合适的情境，让学生通过观察、行动和表达的形式参与其中，并从活动中直接获得感受和认知。在整个教学过程中，教师根据学生的认识过程、认知特点，通过创设情景，提供信息、资料、工具和情感交流等多种途径，引发学生主动参与、主动思索、自主活动，在不断的体验中获得知识，发展劳动技能。

（一）模拟情境

模拟情境法是指在教学过程中，教师根据教学内容的需要，事先有目的地创设情境，调动学生参与热情，提高学生学习兴趣，让学生置身于这种模拟的形象生动的场景中，通过学生的直观感受和主动参与，引发学生的心理体验，从而帮助学生理解劳动教育的知识，领悟教学内容，完成学习任务，提升学生心理品质的一种教学方法。其目的是激发学生的劳动兴趣，是使学生产生情感体验、主观认识、独立思考和判断，加深对教学内容的认识、理解。创设情境的途径主要包含以下六种：生活展现情境、实物演示情境、图画再现情境、音乐渲染情境、表演体会情境、语言描述情境。

模拟情境教学是在对社会和生活进一步提炼和加工后才作用于学生的，存在着潜移默化的暗示作用。换言之，模拟的特定情境，提供了调动学生的原有认知结构的某些线索，经过思维的内部整合作用，学生就会顿悟或产生新的认知结构。模拟情境所提供的线索起到一种唤醒或启迪智慧的作用。比如学生正处于某种问题情境中，会因为某句提醒或碰到某些事物而受到启发，从而顺利地解决问题。模拟情境教学的不足在于，容易受客观条件的限制，与真实场景必然存在一定差距，学生的体验度和共情感会相对较差。在劳动教育的实际教学过程中，可以以业务为背景，把实际劳动场景设计为"情境"，通过任务驱动的方式实现劳动教育的实践教学。

专栏 9-1

教学案例：职业角色扮演

教学目的：通过职业角色扮演，了解特定职业的行为及技能。

远古时期，人常常通过模仿来学习，而这也是人与生俱来的自然本能。人们从小便会模仿周围事物，接着通过演练获得知识与技能，这也是最简单且自然的学习方式。"角色扮演"一词最早出现于1959年由美国心理学家莫瑞诺所创作的心理剧之中。"角色扮演"指个人特意扮演某种角色，按其所扮演的角色行事，使个人从中获得体验，从而进一步增进对该角色更多或更深层次的理解。角色扮演的主要目的，即让个人能设身处地去扮演一个在实际生活中自己可能有的角色，并通过不断的练习，习得更多的角色模式，以便自己应对复杂的社会环境。"角色扮演"能使个人更明确自己未来的角色定位，有效地履行自己的社会责任。

在教学中，角色扮演是让学生模拟实际情景，扮演各种职业角色进行表演的方法。让学生扮演不同的职业角色，使其体验所扮演角色的职业感受和行为，增进对行业性质、组织功能及职业的认知，使学生知悉自己作为"准劳动者"对职业的适应程度，激发学生的参与热情和探究的兴趣，熟练应用正确的工作方法，从而不断地促进学生将职业生涯清晰化、具体化和可操作化。

学生在教师的指导下，主动承担某种指派的角色，并解决该教学情境中的问题或任务。在组织教学过程中要明确几个问题，即：角色是谁在扮演？为什么扮演？在哪里扮演？如何扮演？扮演的心理体验如何？扮演的效果如何？

高等教育阶段主要培养的是日后要直接走向社会的"准劳动者"，因此，应在教育学生爱劳动、会劳动的基础上，引导学生懂得劳动的意义及价值，在情境中获得劳动最光荣、劳动最崇高、劳动最伟大、劳动最美丽的劳动情感体验。因此，选择一个合适的问题和教学目标是非常重要的。教师所选择的扮演场景应该是学生可理解的，最好是学生生活中真实发生的事件。在必要的情况下，教师还可以和学生一起探讨扮演的内容和目的。教师应当让学生充分了解角色扮演相应的背景信息。

下面以"康复治疗技术"专业为例。通过扮演医生角色和患者角色，学生们能够在模拟临床的环境下，掌握康复治疗的实操方法、使用医疗器械的技能、与病人沟通的技巧；同时也能熟悉疾病的症状、体征，以及病人在求医时的切身感受。

教师组织角色扮演分为三个步骤：

第一步：向学生介绍角色扮演的一般情景。教师在角色扮演前进行场景的介绍。患者去医院求医，医生询问患者病情；患者向医生详细叙述病情；其间会发生一些误解，产生医患矛盾；医生巧妙化解；并对病人进行健康评估，以及康复治疗。

第二步：介绍角色。教师应当注意，在介绍角色时应当准确具体。角色扮演要提前让学生熟悉扮演的流程，具体语言可由扮演者自行组织。角色扮演需要两个学生，一个扮演医生，一个扮演患者，他们的表演基于特定的学习目的，按设计好的剧本进行表演。

角色1：患者，男，20岁左右。病情特征：颈椎、背部疼痛。

角色2：医生。基本特征：康复技术科主治医生。

表演时间：10分钟左右。

角色扮演在康复医学教学中主要运用于与病人的交流和咨询服务技巧、学生行为规范和纠正，以及康复技能的操作训练上。角色扮演主要考察以下几点：第一，与患者的交流技巧与态度。医生与病人面对面地交流时，自己的表达能力、沟通能力、工作态度如何？第二，为患者提供咨询服务的质量。在临床工作中，常会遇到康复科病人在病情稳定后或将要出院时向医师询问今后生活中的注意事项的情况，这时医师应给予详细的解答和指导。教师通过角色扮演来训练学生牢固掌握所学知识，以及回答病人问题的技巧。这方面的例子包括学生怎样指导患者注意饮食、正确服用药物、出现疼痛时怎么处理等。第三，实际操作技能。技能包括基本的体格检查和康复手法的使用等。教师与学生在表演过程中注意观察扮演者的言谈举止是否规范、技能操作是否到位、回答问题是否正确和全面等。

第三步：安排观众角色。除了角色扮演者外，其他学生则作为观众，按照事先确定好的各种评估标准仔细观看，并开展积极的讨论。尽管作为观众的学生没有参加角色扮演，但身临其境的感受对他们提高劳动技能会带来极大的好处。一些常见的讨论问题为：对各个角色的感受如何？角色在这种情况下想要达到什么目的？角色作出反应的原因是什么？在表演结束后，教师要对角色扮演的教学目的是否达到、学生的表演是否到位、扮演医生角色的学生对"患者"的言行及处理是否得当，作出评价。有时，为了让学生更加深刻地理解角色的行为，教师可以创造性地使用角色反转的方法，即让两位学生扮演者互换角色，分别扮演相反的角色。这样，学生将反思自己的角色扮演行为。在观看完角色扮演后，教师让所有学生填写调查问卷，以评估实际的学习效果；还可以对表演进行录像，讨论时，可以结合放映录像来做总结分析。

（二）真实情境

真实情境，即让学生走出校门进行实地观察与调查，为学生认知和理解提供感性材料。真实情境是实施劳动教育的重要途径，以学生已有的知识、经验、情感为基础，结合某一时期具体的教学内容，让学生积极主动参与社会实践活动，在现实的情境中亲身体会到劳动的乐趣、劳动的价值，并且在真实情景中综合运用所学知识解决问题，形成劳动技能。国外以及我国香港等地的"服务学习"，常常采用这个方法。实际上，"劳动教育"与"服务学习"有很多相似之处，本门课程可以有所借鉴。服务学习（service-learning）作为实践教育模式和人才培养理念，近年在全球高等教育改革中受到重视。服务学习作为一种课程形态兴起于二十世纪六七十年代的美国，它丰富了学生的学习体验，从而达到教学的预期学习效果，成为一种有效的课程教学方式。作为一种有别于传统的学习方式，大学生服务学习在美国、新加坡、印度、韩国、印尼、菲律宾，以及我国香港地区、台湾地区等得到积极推行，一些地方甚至把完成服务学习列入大学生毕业的必备条件。

"服务学习"理念源自社会心理学家大卫·库伯的经验学习循环理论。该理论认为学习是在一定的社会场域中通过亲身经历获取具体经验且通过观察、反思进行不断内化的过程；教师的作用在于为学生创造情境，帮助学生完成经验的内化，而非简单的知识灌输。服务学习的过程实质上也是学生经验不断循环、强化、升华的过程。教育不是生活的准备，而是生活本身，是经验的不断改组和改造。基于真实社会情境的服务能有效地激发学生的劳动敏感性、劳动责任意识、劳动情感与动机。经验学习循环理论将学习过程分为四个阶段，包括具体经验、反思观察、抽象概念与主动实践，四个阶段形成一个闭合的学习过程，并不断地循环往复，如图9-1所示。

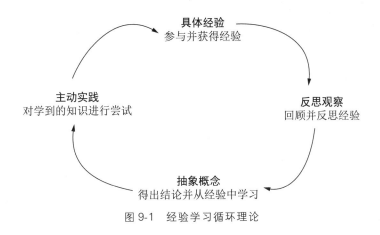

图9-1 经验学习循环理论

服务学习，实质上是社会参与性学习。社会参与性学习的重点在于让学生参与社会生活，接触社会现实，通过社区服务、社会调查、科学学习等形式，体验不同地方的历史文化传统、社会生活方式和发展状况，结合自身所学专业解决实际问题，从而增强学生劳动意识，提高解决问题的能力和思考能力。

专栏 9-2

教学案例：服务学习

教学目的：通过脑力及体力劳动进行服务学习，反思自己的劳动态度、行为。

服务宗旨：培养学生服务社会的精神，提供平台让学生接触社会不同对象的服务需求，拓展他们对社会的认识及视野，亦从服务中提升公民身份意识及劳动意识；从反思服务的经历中学习，通过反思报告、小组分享及专题讨论，提升个人成长及社交技巧。

服务地点：相对落后地区的农村。

服务对象：留守儿童、老人等村民。

为留守儿童提供学习上的支援，完成教学培训；在服务范围内协助村民建立可持续发展的能力；增强村民社会融入能力，促进他们对自己价值的肯定及提升对本地独有文化的自信；参与社会服务，实践所学及关心可持续发展；帮助老人进行家务及生产劳动，为老人进行文艺表演。乐观面对任何挑战，多角度思考及应用自己的才能，通过体验活动了解本地情况，反思关怀发展的价值；参与社会服务及劳动，实践所学及关心基层群体。学生最终撰写并完成调查反思报告。

此项活动适用于大卫·库伯的经验循环理论的四个阶段。

具体经验：让学生完全投入一种新的体验。服务留守儿童、老人等村民，对学生而言，就是相对于课堂教学的新体验。对留守儿童、老人等村民进行志愿服务，会让学生产生新的具体的经验，从而提高学生的学习意愿。

反思观察：学生对已经历的体验加以思考。学生在服务过程中，用看与听等观察方式来学习，做决定之前会先仔细观察周围环境、事物的变化，从不同的角度来看服务劳动，并思考劳动的意义与价值，以及产生农村留守现象的原因。有了"经验"，学习的下一步逻辑过程便是对已获经验进行"反思"，即学生对经验过程中的"知识碎片"进行回忆、清理、整合、分享，对"有限的经验"进行整理、归类、复制和条理化。

抽象概念：学生必须达到能理解所观察的内容，并且将他们转化为合乎逻辑的概念。知识的获取源于对经验的升华和理论化，这一阶段，学生会将反思的结果系统化和理论化。学生对当地及服务对象的情况完全了解之后，设计出系统、有计划的活动及劳动方案。从这些具体的经验中抽象出可靠的概念，并内化为自己的知识或技能。

主动实践：学生要验证这些概念并将它们运用到制定策略、解决问题之中去。在以后的类似情况中，学生可以应用自己在服务农村留守儿童、老人等村民过程中所获得的知识去实践，从而更加丰富自己的认识。这个过程体现为学生的行动，是对已获知识的应用和巩固，是检验学生是否真正"学以致用"，或是否达到学习效果的阶段。如果从行动中发现有新的问题出现，则学习循环又有了新的起点，意味着新一轮的学习已经开始。学生的知识就是在这种不断地学习循环中得以增长的。

三、实际操作法

中国古人的教育是从洒扫庭院、待人接物开始的，是从真正意义上的劳动教育开始的，所谓的"黎明即起，洒扫庭除，要内外整洁"就是古时育人的始端。"绝知此事要躬行"中的行，就是行动力，也是实践能力。劳动教育需要通过动手操作，亲身践行。"绝知此事要躬行"是中国传统教育理念的传承与发展，更是全面贯彻党的新时代教育方针的基本要求。

实际操作法是让学生利用实物、仪器、机器等，通过动手操作去解决问题；通过实际练习、实验，掌握某种劳动技能的教学方法。实际操作法重在应用操作思维，让学生在参与活动中学习，提高动手动脑的能力。劳动教育的有效途径是在做中学，在实际的操作中进步和提高。只有不间断的劳动行为，才能形成良好的劳动习惯、劳动品质，提升劳动技能。

实际操作法有多种形式，如在闲置的土地上开辟农作物实验田；公共设施、电器等的维修；各类食品的制作；树木、花草、景观带等绿地的认养，以班级为单位种植绿色植物；等等。学生通过制订维修计划、种植计划，学习种植方法，记录工作日记，行思结合，持之以恒体会劳动的快乐。在增强责任感的同时，也让学生学会珍惜自己的劳动，爱护公共设施及整洁的环境。在实践操作教学中，教师要注意培养学生对操作内容的理解能力、对操作工具的使用能力、对操作结果的分析处理能力；同时要鼓励学生勇于探索，大胆尝试，在操作中逐步培养劳动意识及劳动安全意识。

在让学生操作前，教师最好能够将具体操作演示一下。在操作演示过程中，教师可以先讲解后示范，也可以边示范边讲解；大多数情况是先讲解专业技术理论知识，再示范操作；对生产劳动实践教学中的重点、难点知识采用边示范边讲解的教学效果更好。教师可以将操作动作分解成一些简单动作，同时放慢速度，这样进行示范操作效果较好。当然，除了教师亲自演示外，也可在教学过程中播放有助于学生理解与熟悉操作步骤的教学影片，以提高教学效率。

专栏 9-3

教学案例：西红柿炒鸡蛋

教学目的：通过实际操作，掌握生活中的劳动技能及劳动安全规则，体验家务劳动，感悟生活情趣。

通过烹饪西红柿炒鸡蛋这一家常菜，学生可以认识西红柿炒鸡蛋的食材与调味料，认识厨房的常见器具与设备，认识西红柿炒鸡蛋的流程与步骤，遵守刀具的使用安全规则，认识餐饮环境中常见的意外事件，了解适当的危险防范措施，维护及妥善保管厨具设备，并保持环境的清洁卫生。通过示范教学、实际操作等教学方式，学生可以认识食材，并培养准备及使用食材与烹调器具的能力，体验劳动的乐趣。

教师在教学过程中不断地引领学生复习已经习得的知识和技能，将旧经验与新经验做连接，通过引导—说明—示范—实际操作—巩固—分享的过程，培养学生烹饪能力，使其熟悉厨房安全规则。

一、准备工作

教师从网络、相关书籍或自身实践中搜集不同的西红柿炒鸡蛋做法，整理出适合大学生的流程步骤；教师逐一展示必备的食材并带领学生说出各项食材名称；教师逐一展示必备的厨具并带领学生说出各项厨具的名称；教师介绍电磁炉的功能及操作方式；教师配合文字及讲义讲解"西红柿炒鸡蛋"的步骤流程；教师提醒学生事先做好指甲卫生清洁，穿戴围裙及口罩，洗手并擦干。

二、分步骤指导学生实践

第一步：制作菜品。

根据教师的演示或观看教学影片，学生按照以下步骤烹饪：

①清洗西红柿2个；②用开水浸泡西红柿，几分钟后，去掉西红柿的皮，使用菜刀将西红柿切成小块（示范菜刀的正确握法、切东西时的正确姿势及注意事项）；③打鸡蛋2个，加一匙盐，搅拌均匀，备用；④将油倒入锅中；⑤打开电磁炉开关，按"炒菜"键，等油热烧开后，倒入蛋液，再倒入西红柿炒熟。

第二步：清洁工作。

擦拭电磁炉和其他厨具，保持环境清洁，做好垃圾分类，擦拭桌面，扫地，拖地。学生将厨具整齐摆放并归位。

第三步：考核评比。

展示菜品，学生要能流畅地阐述自己烹饪"西红柿炒鸡蛋"的步骤及制作过程，表达自己在制作菜品过程中的内心活动和感想。其他同学轮流品尝，相互投票打分，选出口味最佳的菜品，并请同学点评获奖作品。

三、巩固练习

布置作业，教师要求学生课后反复练习，训练手眼协调及精细动作操作的能力，如清洗、去皮、切块、打蛋等动作的能力，通过反复练习以达到精熟程度；并鼓励同学回家为家人做一道西红柿炒鸡蛋，家人看到并品尝自己做的菜品后，是什么感受？是怎么说的？自己感受如何？下次上课再分享感受。

四、问题探究法

问题探究法是指学生在学习概念和原理时，教师设计相关问题，学生在教师的启发、点拨、帮助下，自觉、主动地探索，主动地建构知识，即学生自己通过阅读、观察、实验、思考、讨论等途径去探究、掌握解决问题的方法和步骤，从而达到消除疑问，形成概念，掌握相应的知识与能力的一种教学方法。可见，在探究式教学的过程中，学生的主体地位、自主能力都得到了加强。学生需要思考怎么做，甚至做什么，而不是被动接受书本上或者教师提供的现成的结论。这样做不仅仅是要让学生学习大量的知识，更重要的是要让学生学习科学研究的过程与方法。当然，问题探究法不是让每个学生孤立地学习，是激发起全体学生对劳动教育的学习兴趣，使每个学生都积极主动地去探索、学习，并加强合作交流，少走弯路。因此，问题探究法除了个人的自主探究外，也可以团体合作探究。在探究教学中，教师是引导者，其基本任务是启发诱导，学生是探究者，其主要任务是通过自己的探究，发现新事物。但探究式教学多数比较适合小班教学，大班教学实施难度较大。

此外，探究式教学耗时比较长，高校的劳动教育课时数量有限，因此，探究式教学只能选择性地应用。从生活中来，到生活中去，探究式教学需要选择贴近生活的主题，才能引起学生的研究兴趣，也才最有价值。

专栏 9-4

教学案例：个人生活理财

教学目的：学生自主探究，理解个人理财的意义，并学会一定的理财知识和技巧，更好地运用和管理钱财。

合理的收支预算对生活而言是减压，不合理的收支预算对生活而言则是增压，学会做好收支预算能将生活过得轻松愉快。个人理财也成为一些高校劳动教育课程的重要内容。

步骤一：给定选题，收集资料。

教师可以提前告知学生教学主题是个人理财，引导学生课前自学探究。这样一方面可以激发学生的学习兴趣，提升求知欲；另一方面也可养成学生课外收集、整理资料的好习惯。教师引导学生从网上、图书馆、现实生活中查询有关理财的资料，并整理自己一个月的"消费日志"（表 9-1），选取部分同学制作 PPT 在全班讲演，同学们在讲演中，需要回答以下问题：自己每月的生活费来源是什么？每月生活费是如何管理的？是否存在问题？生活开支怎样使用更有意义？教师鼓励其他同学参与讨论。经过探究，学生要把自己查阅的资料进行总结梳理，得出自己的结论，并将自己的结论清楚地表达出来。教师为了达到让学生自主学习的目的，要引导学生自己去发现问题，适当点拨，指导学生进行探究。学生通过讨论，认识个人理财的意义。

表 9-1　消费日志

项　目	内　容
一个月的生活预算	固定开支和非固定开支两部分
一个月的购物情况	食品、衣物等
一个月的收入总额	收入的渠道
一个月的支出情况	水电费、住宿费、食品、衣物、电话费、学习用品、上网费、娱乐消费、其他
存在的问题	超出预算的原因

步骤二：设定问题，消除疑惑。

探究式教学的载体与核心是问题，学习活动是围绕问题展开的。探究式教学的出发点是设定需要解答的问题，这是进一步探究的起点。从教学的角度讲，教师需要根据教学目的和内容，提出适宜的问题。教师不用费尽心思去讲解，在同学们认可理财的意义后，可以设计几个问题：

（1）如何才能开始理财？理财的第一步是什么？

（2）学生没有钱，如何理财呢？无财可理？

让学生进一步分析自己的支出组成。计算一下必要生活支出占收入比例多少。看看支出有没有可以优化的地方，省下更多的钱，来进行理财。

（3）如何做好个人财务规划？选择什么样的理财方式或工具？

让学生了解理财的相关概念、投资的工具、保险的种类等，便于学生消除疑惑，理解理财的原理。

步骤三：集体讨论，突破创新。

劳动教育中，教师除了注重学生个人的自主探究，也要培养学生与他人的合作能力，与同学的交流沟通能力，依靠群体的智慧，带动自身的发展。教师可以根据学生的性格、性别、学习态度和动手能力，按照优势互补的原则，组成不同小组；也可以由学生自由组织形成小组，每个小组5—7人为宜。可以以小组为单位进行动脑思考、动口议论，讨论发言等，最后由每组的组长汇总、点评并由小组代表发言。如果小组自学、互学不能达成共识，则由教师启发、引导探索。这样，从探索中获得的新知，会给学生留下深刻的印象。此外，也可以利用学校的网络教学平台的讨论区域，让学生表达自己的看法。探究式教学的实质就是让学生能够在推理和建构的过程中形成自己心中对事物的定义。

问题升级：

知识与理解——关于金钱的本质、类型、使用及消费决策的知识。

能力——在变化的环境下应用理财的技能。

创业精神与责任——创业精神是在学生作为消费者在做理财决策时，以创业精神为基础建立的理财能力与风险控制能力；责任是指在理财决策时，对自己、他人、社会与环境的关怀。

理财教育，可以使学生拥抱机会，理性生活且能做明智的决定，为自己的行为负责；为将来成为家庭、社会成员的潜在角色而做好准备，并成为有责任担当的公民。德国教育家弟斯多惠说过："教学艺术的本质不在于传授本领，而在于激励、唤醒和鼓励。"作为教师，要善于保护和利用学生的学习兴趣，不仅让学生能在课堂上自主探究，并且把这种探究的精神延伸到课外，让探究走入生产及生活，使学生在离开教师、离开课堂的情况下，也能利用所学的知识主动探究，提高劳动的创造力。

五、目标教学法

目标教学法是指由教师、学生或教师与学生共同决定具体的劳动目标，并且检查完成劳动目标达成度的一种教学方式。所谓目标，是指在实施教学内容过程中，学生某一阶段所需完成的学习目标。教师对课程进行教学目标分析，从内容目标上来确定当前所学知识的"劳动主题"，唤起学生强烈的认知需求和情感需求，进而使学生产生学习的动机，从而有助于增强该课程或某一单元课程的学习效果。

运用目标教学法，可以充分发挥学生的想象力和创新能力，去组织规划自己的目标，以此完成教学目标规定的学习任务；而且能在较短的时间内使学生体验到达成学习目标的喜悦，激发学习兴趣，促使学生更加努力地学习。目标教学法是一种比较有效的教学方法，它突破了传统的教学模式，通过解决学生身边的一些实际劳动问题来实现学生对相关知识的掌握，大大提高了学生学习的积极性和主动性。通过目标教学法学习的学生，他们的动手能力、解决实际问题的能力有很大的提高。目标教学法一般的教学程序为：确定目标——实施目标——检查评价。

专栏 9-5

教学案例：劳动清单

教学目的：通过设定主题，达成劳动目标。

教师可以根据学生的专业及已经具备的能力，通过制定详细的劳动清单，让学生承担力所能及的劳动，逐步承担劳动的责任和义务；教师要及时给予帮助和指导，启发学生不仅要"能"干，还要"巧"干，要鼓励学生积极参与劳动，强化他们的劳动自立意识。

第一步：给学生一定范围的劳动清单，如表 9-2 所示：

表 9-2　大学生劳动清单

劳动项目种类	具体目标
卫生防疫	养成自觉清洁卫生的意识。科学使用保洁工具，科学有序完成日常清理，包括定期进行厕所清洁，营造整洁优雅的居住环境。掌握日常清洁及预防性消毒等防疫技能
运动健身	科学健身，保持良好体态，养成科学健康生活习惯，熟练掌握一门以上运动技能
内务整理	加强内务整理，让规范成为习惯。书籍、学习用品摆放有序，其他生活物品归类整齐放置，被褥衣物叠放干净整齐，床上不堆放杂物，打造温馨美观的宿舍。增强自我约束力，将内务整理内化为一种自觉行为
洗涤缝补	熟练掌握洗涤缝补熨烫技巧。能够识别洗涤标识，选择恰当的清洁剂清洗衣物；掌握手缝针法或使用缝纫机，运用于日常衣物的修补；能够使用工具对衣物进行熨烫

劳动项目种类	具体目标
烹调烘焙	掌握合理营养知识及膳食平衡的原则。了解菜系文化，能够使用多种厨具，灵活搭配食材；合理运用烹饪技巧，独立烹饪菜品及烘焙糕点。通过膳食预防疾病，提高免疫力，养成良好饮食习惯
生态环保	积极践行生态文明思想。节约使用资源，减少垃圾，合理分类；做好旧物及垃圾回收利用，变废为宝。低碳生活，绿色出行。积极参与各类生态环境科普活动及志愿者服务活动
绿植养护	掌握花草养护的基本技巧。愿意承担集体或家庭园丁角色，了解常见花卉树木习性特点，掌握一定的浇水、施肥、修剪、种植技巧，做到科学管理养护
器具维修	掌握独特的劳动技能和方法。熟悉工具特点，根据操作手册，安全规范地维修各类物品
专业劳动	结合专业知识进行创造性劳动，如获得发明专利等

第二步：学生根据"劳动清单"细化自己的目标，包括每日目标、每周目标、月度目标、学期目标；目标需要详细列出要达成什么样的劳动成果，掌握什么劳动技能；在一个阶段结束后，看自己是否达成了这些目标（表9-3）。如果没有达成，原因是什么，未来将如何去改进。

表9-3　学生劳动目标管理记录表

学院 _____　　　　专业 _____
姓名 _____　　　　学号 _____

劳动项目种类	具体目标	达成时间	是否达成
卫生防疫	目标1：目标2：……		是/否
运动健身			是/否
内务整理			是/否
洗涤缝补			是/否
烹调烘焙			是/否
生态环保			是/否
绿植养护			是/否
器具维修			是/否
专业劳动			是/否
目标管理的心得、反思及改进			

第二节　大学生劳动教育评价

习近平总书记指出，要在学生中弘扬劳动精神，教育引导学生崇尚劳动、尊重劳动，能够辛勤劳动、诚实劳动、创造性劳动。高校要通过思政劳育、专业劳育、实践劳育、课程劳育、学术劳育，形成系统的高校劳动教育课程体系。《大中小学劳动教育指导纲要（试行）》指出，将劳动素养纳入学生综合素质评价体系。以劳动教育目标、内容要求为依据，将过程性评价和结果性评价结合起来，健全和完善学生劳动素养评价标准、程序和方法，鼓励、支持各地利用大数据、云平台、物联网等现代信息技术手段，开展劳动教育过程监测与评价，发挥评价的育人导向和反馈改进功能。简言之，劳动教育的评价结果将作为衡量学生全面发展情况的重要内容。学生在完成一个学期的劳动教育课程学习后要参加测试，所取得成绩将被记入学生评价手册和学习档案。因此，教师需要掌握多种劳动教育的评价方法，并选择适合的方法对教师教学效果及学生学习效果进行评价。

一、起点评价法

美国教育心理学家奥苏伯尔认为："影响学习的最重要的因素是学生已知的内容，我们应当根据学生原有的知识状况去进行教学。"因此，教师在备课时必须把握学生的学习生长点，即学生已经具备了哪些学习新知识所必需的生活经验和知识技能。在一门课程开始之前，需要对学生已有的与本课程相关的知识与技能进行测试，这样的测试被称为学习起点评价。起点评价法是教师根据教学目标，将课程内容编制成测试题目，在该门课程或一个知识单元开始前，对学生进行测试，测试的结果有利于教师掌握学生现有情况。教师可以通过学习起点评价，全面了解学生的认知起点，根据学生整体认知情况，选择合适的教学内容。教师通过学习起点评价，可以大致知悉学生为学习劳动教育这门课程所做的准备；确定学生在学习前，可能掌握了有关这门课程的哪方面的能力，例如，劳动技能、劳动态度、劳动观念、劳动行为如何。因此，使用学习起点评价问卷的优势在于，教师事先确认目前课程规划是否符合学生学习需求，并能根据学习起点评价问卷的成果来调整、修正现有课程规划，让课程更符合学生期望。

劳动既是人类创造并积累财富的过程，也是人类自身自我创造、自我完善的过程。人的价值的实现与其劳动价值观密不可分，正确的劳动观念则是人们自强不息、生存发展的内在动力。大学生作为重要的社会群体，其劳动观念既是其道德自律状况的重要依据，也将影响整个社会的进步与发展。教学开始前，有必要对学生的劳动认知进行调查（表9-4），以此了解学生的认知水平，以便纠正认知偏差。

表 9-4　关于对大学生劳动认知的调查

序号	题　目	选　项
1	你认为劳动应该是什么形式？	A.体力劳动　B.脑力劳动　C.包含体力劳动和脑力劳动
2	你认为劳动的价值是什么？	A.劳动推动社会发展　B.劳动可以实现自我价值　C.劳动是一种谋生手段　D.劳动带来精神享受　E.劳动是一种义务　F.大学生应以学业为主，劳动不太重要
3	你认为劳动对你的成长有什么影响？	A.劳动促进了个人成长　B.劳动占用了学习时间，不利于成绩提升　C.劳动与个人的发展成长关系不大
4	你认为劳动教育在大学生教育中具有什么作用？	A.有助于吃苦耐劳精神的养成　B.有助于良好生活习惯的养成　C.有助于生活能力的增强　D.有助于形成正确的劳动观、价值观和人生观　E.有助于锻炼意志品质　F.不起什么重要作用
5	你认为现代大学生的劳动观念、劳动习惯、劳动技能如何？	A.多数良好　B.整体一般　C.多数较差　D.不清楚
6	你的劳动现状如何？	A.积极参与实习、志愿及社会实践活动，主动承担家务，掌握一定的劳动技能　B.积极参与实习、志愿及社会实践活动，但很少承担家务　C.具有生活自理能力，但不愿意多劳动　D.独自生活能力较差
7	你认为哪些活动属于劳动？	A.行走、奔跑、吃饭　B.捡起地上的垃圾　C.科学家合成新物质　D.机器人进行生产活动　E.农民种植经济作物　F.服务员为顾客上菜
8	你是否认为付出一定劳动后要得到相应的收获？	A.当然，不然我的付出毫无意义　B.不一定，要看收获多少　C.不影响我的付出　D.不是，劳动不一定有收获
9	你认为大学生劳动教育包括哪些内容？	A.劳动价值观教育　B.劳动意识、劳动精神教育　C.良好劳动习惯的养成教育　D.劳动技能教育　E.劳动法律法规教育　F.劳动安全教育　G.其他
10	你在校期间参加过哪些劳动实践活动？	A.学生公寓、教室卫生清洁　B.学校组织的义务劳动　C.学校的勤工助学　D.专业实习　E.校外义务劳动　F.校外兼职
11	你认为大学生在劳动素质方面存在哪些问题？	A.劳动价值观出现偏差，如轻视体力劳动及劳动者　B.劳动意识和习惯差、懒惰　C.缺乏艰苦奋斗的劳动精神　D.劳动技能差　E.其他
12	你最想参加哪一种劳动项目？	A.有创意的手工艺劳动　B.蔬菜花卉种植劳动　C.现代智能化高科技劳动　D.家务家政劳动　E.清扫街道等公益劳动
13	你喜欢哪种劳动教育的教学方式？	A.老师课上讲授劳动知识为主　B.学生自己动手实践体验为主　C.老师讲课和学生动手实践相结合　D.其他
14	你掌握的劳动技能有哪些？	自由回答，如，维修家电、烹饪、种植等

二、结果评价法

结果评价法是根据学生的学业成绩或学业成果对其进行考评的方法。结果评价法，一般是安排在该门课程或一个课程单元结束后对学生的考核，用以评价学生目前所处的能力水平和课程目标的实现程度。作为劳动教育的课程，应该凸显具体的劳动成果的最终形态或劳动技能所达到的熟练程度，以此作为考核的依据。结果评价法虽然也具有改善教学设计的作用，但是由于它是在教学设计全部完成之后才进行整体评价，没有考虑到学生的学习起点及个体差异，也没有监控学习的过程，在这点上就不如过程性评价法那样能够做到及时纠偏。

评价劳动技能的指标体系，从体力劳动的角度看，有劳动的灵敏性、准确性和协调性等；从脑力劳动的角度看，有分析、综合、判断和决策难易程度等。因此，评价指标的维度也各不相同。以下评价指标，主要是从劳动的熟练程度、规范程度的维度进行判别的（表 9-5、表 9-6）。

表 9-5　劳动技能具体考核标准及评价

序号	具体标准	评价等级
1	高质量地完成技能考核任务，操作规范、手法正确熟练、步骤流畅，且能指导他人	优秀
2	较好地完成技能考核任务，操作规范、手法正确熟练、步骤较流畅	良好
3	能在无帮助和指导下完成技能考核任务，操作基本规范、手法基本熟练、步骤基本流畅	一般
4	能在帮助和指导下完成技能考核任务，操作基本规范、手法欠熟练、步骤基本流畅	及格
5	不能在帮助和指导下完成技能考核任务，操作欠规范、手法不正确、步骤欠流畅	不合格

表 9-6　学生劳动学习成效纪录表

课程名称			任课教师	
班级		学号	姓名	
课程学习反思		概括一下本门课程的学习内容？课后花了多长时间学习？觉得最有趣的是什么？最有挑战性的是什么？最有成就感的是什么？最大的收获或提升是什么？		
学习成效	劳动佐证材料 1	劳动照片及说明		
	劳动佐证材料 2	劳动产品及说明		
	劳动佐证材料……	更多成果证明，如所取得的各类劳动技能证书		
	到课率和活动参与情况	附上证明		
	成绩情况	成绩单		
教师评价等级		优秀、良好、一般、及格、不合格		

注：教师评价等级由教师填写，其余由学生填写，教师审核。

三、过程评价法

过程评价法是在教学过程中系统地搜集学生学习行为的资料，并进行价值建构，注重细节的分析，了解及分析学生的学习困难以及教学中出现的各种问题，从而改进教学质量的一种评价方法。在过程评价中，及时发现学生在学习中存在的问题及需求，帮助学生认识自我，树立信心，激发起内在的学习积极性。学生根据评价反馈的信息及时调控学习行为，提高学习效率，使学习过程成为促进身心全面发展的过程。过程评价法注重提高学生学习过程中的经验收获，它与起点评价法、结果评价法相对应。过程评价由于持续时间长，而且处于非静止状态，具备一定的不可预测性和不可控制性，需要不断地进行跟踪、测量、反馈和调节。相比于起点评价法和结果评价法而言，其复杂程度相对较高，也相对更加难以把握衡量标准和操作实施。

（一）观察记录

提高学生参与度是提高教学质量的保证。对学生课堂参与度的调查，可以发现，教师主导作用如何体现，学生主体地位如何落实。观测学生积极参与教学的全过程，也是过程评价法的一种方式。观察是评价学生学习行为、学习效果的最直观的方式。教师可以通过观察了解学生日常学习的方方面面。比如，学生在小组活动中如何与他人相互交流合作，在课堂上对教学活动有何反应，展示自己作品时的态度及表达能力，等等，教师都可以通过观察，快速获得即时的信息，作出评价、判断，从而改进教学策略，或有针对性地对学生采取一些措施。

通过观察学生在课堂的参与情况，教师能了解学生的课堂行为。观察记录可以针对观测点记录课堂现象，分析观察记录的结果，诊断问题所在，并作出评价及建议，制订培养行动方案，指导教师教学行为。评价纪录的形式可有多种，包括笔记、查对表、表格等，教师将评价范围、评价重点，记录在预先设计的学习观察纪录表上，这些纪录表可以全班为单位或以个体学生为单位。学生行为观察记录表可以包含事实表现侧写、典型学生学习记录、课堂其他记录等几个部分，其中典型学生的学习记录就是抽取几个学生作为特定的观察对象（表9-7）。

表9-7　学生行为观察记录表

授课班级：＿＿＿＿＿＿＿　　　　听课日期：＿＿＿＿＿＿＿

主讲教师：＿＿＿＿＿＿＿　　　　听课督导：＿＿＿＿＿＿＿

课程名称：＿＿＿＿＿＿＿　　　　教学单元：＿＿＿＿＿＿＿

1. 事实表现侧写

一级指标	二级指标	教学事实表现摘要描述
学习氛围	1. 学生的学习风气是否良好	
	2. 是否遵守课堂规范	
	3. 学生的课堂准备是否充分	
	4. 其他	
课堂表现	1. 学生学习动机是否持续	
	2. 学生是否相互关注	
	3. 学生是否相互倾听	
	4. 学生是否相互协作与讨论	
	5. 学生是否投入与参与学习	
	6. 是否有特殊表现的学生	
	7. 其他	
学习深度	1. 学生学习遇到的困难是什么	
	2. 学生的劳动知识、技能等是否发生迁移	
	3. 学生学习思考及探究的程度是否深入	
	4. 学生的学习是否有效	
	5. 其他	

2. 典型学生学习记录

观察对象	学生学习行为记录	
学习过程：听课、回答、提问、实操、表达、讨论等的表现	行为 1	
	行为 2	
	行为 3	
	行为……	
从学生多个行为推论学生表现的原因		
拟定教学策略		

3. 课堂其他记录

时　间	教师学习引导与学生行为	备　注
学生的特殊发言		
学生的经验分享与反馈		

（二）学生课堂投入度

学生课堂投入度指学生积极参与课堂学习活动与学习任务的行为状态，包括任务投入时间、学习任务持久性、努力性与参与性。学生课堂投入度可以反映出学生的学习情况，教师可以利用它在教学过程中及时反馈与干预问题，会有效提升学生学习成效（表9-8）。

表9-8　学生课堂投入度问卷

项　　目	没有	很少	偶尔	时常	总是
1. 在课堂上打瞌睡	☐	☐	☐	☐	☐
2. 旷课	☐	☐	☐	☐	☐
3. 上课迟到	☐	☐	☐	☐	☐
4. 乐于回答老师提出的问题	☐	☐	☐	☐	☐
5. 上课时会主动提问	☐	☐	☐	☐	☐
6. 参与课堂讨论，并发表看法	☐	☐	☐	☐	☐
7. 在课堂发言或提问	☐	☐	☐	☐	☐
8. 教学重点做好笔记	☐	☐	☐	☐	☐
9. 深入地阅读教材	☐	☐	☐	☐	☐
10. 尝试用各种方法理解老师的教学内容	☐	☐	☐	☐	☐
11. 想方设法完成老师布置的任务	☐	☐	☐	☐	☐
12. 每一章结束后，会做课后练习题	☐	☐	☐	☐	☐
13. 上课前，会提前预习	☐	☐	☐	☐	☐
14. 上课时，专注听老师的讲解	☐	☐	☐	☐	☐
15. 撰写劳动调研报告或反思报告	☐	☐	☐	☐	☐
16. 课程中，与同学一起合作探究问题	☐	☐	☐	☐	☐
17. 乐于参与课程中的劳动实践活动	☐	☐	☐	☐	☐
18. 与老师讨论作业或问题	☐	☐	☐	☐	☐
19. 课外向老师请教课堂内容	☐	☐	☐	☐	☐
20. 利用课余时间和同学一起准备老师布置的任务或作业	☐	☐	☐	☐	☐
21. 时常运用课堂所学的劳动知识及技能到现实生活中	☐	☐	☐	☐	☐
22. 课后复习上课内容	☐	☐	☐	☐	☐
23. 课后主动寻求学习资源	☐	☐	☐	☐	☐
24. 参与课外其他形式的劳动实践	☐	☐	☐	☐	☐

（三）学生活动表现

除了以上方法外，教师还可利用网络技术，借助本校教学平台或在线作业系统，记录学生的学习过程，包括学生网络签到情况，形成性练习的完成情况，劳动学习的活动记录情况，学生参与讨论及学生发表看法的留言情况，观看学习资料及资料下载情况，等等。教师也可通过活动表现记录表，记录学生参加团体劳动活动的情况（表9-9）。

表 9-9　学生劳动学习活动表现记录表

课程名称			任课教师	
班级		学号	姓名	
弹性学习活动记录				
劳动团体活动学习记录	说明学习活动的时间、地点、人员、主题及其意义，自己扮演的角色或担任的职务。具体做了哪些贡献？觉得最有趣的是什么？			
活动佐证材料	照片及活动报告			
学习心得与反思	过程中曾遇到什么困难？对自己的影响是什么？如何克服困难？从中学习到了什么？自己最感到骄傲的事是什么？未来想要做什么事提升自己的劳动技能？			

四、增值评价法

1985 年，泰勒、迈克柯兰首先提出了增值评价法，即通过对学生在整个高校就读期间或某个阶段学习上进步或发展的"增值"进行评价，也就是用提高程度来描述课程质量及教学质量。所谓的"增值"就是一定时期高校教育对学生成长和发展所带来的影响，增值评价即测量这种影响的程度。增值评价是去除掉了学生原有基础的影响，考量的是该段学习对学生的提升情况。

就"劳动教育"这门课程而言，增值评价法是对学生所取得的学习效果的"增值"进行分析，考量学生对劳动技能等的掌握程度，这个"增值"可看作课程教学的"增值"。增值评价法可以弥补结果评价法的不足。结果评价法不知道学生学习的起点，也无法确定学生学习成效的增长及教学质量提升的状况。换言之，与结果评价、过程评价相比，增值评价的显著特点在于它对学生学习起点、过程与结果的共同关注，它考量的是课程能够给学生带来的"增值"。"增值"越多，就说明教学质量越高。

增值评价法的主要优点在于考虑了学生的原有基础和进步幅度，使不同生源的学校或班级得到相对公平的评价成为可能，能够使用较低成本测量到教师的绩效，并且也减少了多种不同形式测试的偏误。同时，增值评价中所测量的教师教学质量，可以合并学生、学校和教师其他变量，并分析它们对学生学习成效的影响。运用增值评价法的主要困难在于，必须兼顾影响学生学习的其他因素。事实上，教师教学仅仅是影响学生学习成效提升的一种因素，而不是唯一的因素。在课程教学实践中，运用增值评价时将教学的作用与学校环境的其他特征剥离开是不容易的。增值评价法的具体操作可以采取学生自评，即学生自己评价自己学习这门课程之后，各个指标的提升程度如何（表 9-10）。

表 9-10　学生劳动学习提升情况调查表

通过劳动教育课程的学习，你在以下方面有多大程度的提高？1—5 表示提高程度：非常低—非常高。

项　目	1	2	3	4	5
1. 劳动知识的掌握	☐	☐	☐	☐	☐
2. 实践动手能力	☐	☐	☐	☐	☐
3. 现代信息技术应用能力	☐	☐	☐	☐	☐
4. 沟通与表达能力	☐	☐	☐	☐	☐
5. 团队合作能力	☐	☐	☐	☐	☐
6. 组织管理能力	☐	☐	☐	☐	☐
7. 劳动态度及劳动意识	☐	☐	☐	☐	☐
8. 伦理及职业道德	☐	☐	☐	☐	☐
9. 养成良好的劳动习惯	☐	☐	☐	☐	☐
10. 创新思维	☐	☐	☐	☐	☐
11. 分析问题的能力	☐	☐	☐	☐	☐
12. 解决问题的能力	☐	☐	☐	☐	☐
13. 自我反思能力	☐	☐	☐	☐	☐
14. 学习能力	☐	☐	☐	☐	☐
15. 其他（请填写）＿＿＿＿＿＿＿	☐	☐	☐	☐	☐

五、教学质量评价

教学质量评价主要是诊断课程教学的有效性。教学的有效性就是教学取得的成效。一般用下列标准来衡量：第一，看教学目标达成度如何，教师是否高度关注学生的知识、技能等学习成果的掌握。第二，看教学效果的满意度，学生在教师的指导下，积极主动参与，看有多少比例的学生掌握了有效的学习方法，获得了知识，发展了能力，有积极的情感体验。教学质量评价主要包括教师自评、同行评价和学生评价三种。

（一）教师评价教学质量

教师评价教学质量包括了教师自评与同行评价。教师自评是当前教育评价中一块很重要的领域，它对提高教学质量、优化师资队伍建设等方面起着关键、导向的作用。教师自评的内容都是源自自己的教学实践。只有教师本人最清楚自己的教学准备情况，也只有教师本人最理解自己的教学内容，以及教学目标的达成情况。因此，教师自评的内容及结果可信度较大。教师自评不仅能真实反映教育教学工作的现象，往往还能触及本质。由于教师工作的个体差异，每位教师都有其自身的工作特点和教学风格。教师自评能使教师清楚自己的教学动机，教师通过自我反思才能触及教学质量的本质。

同行评价是教学质量评价的另一重要组成部分，教师同行可以从专业角度审视同事的教学水平，助其查漏补缺，改进教学策略。相比学生专业认知度的局限性，同行能从专业角度为教师教学提出参考意见，并能相对客观地判断课程教学是否达成教学目标（表 9-11）。

表 9-11　课程教学质量教师评价表

教师姓名：　　　　　　　　　　　　　　上课时间：

课程名称：　　　　　　　　　　　　　　授课班级：

一级指标	二级指标	同行评价	教师自评	非常不符合	比较不符合	一般符合	比较符合	非常符合
教学态度	1. 教风严谨，时间观念强，无迟到、早退			☐	☐	☐	☐	☐
	2. 备课充分，讲课熟练			☐	☐	☐	☐	☐
	3. 严格管理和要求学生			☐	☐	☐	☐	☐
	4. 教师音量适宜，咬字清晰			☐	☐	☐	☐	☐
	5. 举止恰当，教态良好			☐	☐	☐	☐	☐
	6. 认真布置并批改作业，给学生提供充足的辅导机会			☐	☐	☐	☐	☐
	7. 重视学生学习反应，及时讲解、处理学生的疑难问题			☐	☐	☐	☐	☐
教学内容	8. 思政教育与课程内容相结合			☐	☐	☐	☐	☐
	9. 清晰呈现教材内容，协助学生习得重要概念或技能			☐	☐	☐	☐	☐
	10. 教学内容循序渐进，重点难点突出			☐	☐	☐	☐	☐
	11. 示范操作规范、准确、熟练			☐	☐	☐	☐	☐
	12. 内容有高度、有见解			☐	☐	☐	☐	☐
教学技巧	13. 善于启发，有较好的训练学生操作能力的方法			☐	☐	☐	☐	☐
	14. 语言规范，条理清晰，逻辑性强，深入浅出			☐	☐	☐	☐	☐
	15. 能有效利用现代信息教学辅助手段			☐	☐	☐	☐	☐
	16. 激励学生独立思考，运用恰当的方法引导学生讨论与实际操作			☐	☐	☐	☐	☐
	17. 组织适当的活动，以理解或熟悉学习内容			☐	☐	☐	☐	☐
	18. 完成学习活动后，会归纳或总结学习重点			☐	☐	☐	☐	☐
	19. 将教学活动融入学习策略指导			☐	☐	☐	☐	☐
	20. 营造温暖的学习氛围，促进师生互动			☐	☐	☐	☐	☐

一级指标	二级指标	同行评价	教师自评	非常不符合	比较不符合	一般符合	比较符合	非常符合
教学效果	21. 教学有特色、创新，整体效果好			☐	☐	☐	☐	☐
	22. 学生听课专心			☐	☐	☐	☐	☐
	23. 教学秩序良好			☐	☐	☐	☐	☐
	24. 学生主动提问与应答			☐	☐	☐	☐	☐
	25. 课堂气氛活跃			☐	☐	☐	☐	☐
教学评价	26. 运用多种方法评价学生学习效果			☐	☐	☐	☐	☐
	27. 根据评价结果，提供给学生适当的学习反馈			☐	☐	☐	☐	☐
	28. 根据教学评价结果，反思并调整教学策略			☐	☐	☐	☐	☐

（二）学生评价教学质量

大学生评教发轫于 20 世纪 30 年代的美国高校，到 70 年代已成为西方大学普遍运用的实践手段，在中国高校流行则是在 20 世纪 90 年代。学生是教师提供的服务的直接消费者，他们有充分的资格对教师的教学进行评价，而教师可以从分析学生的评分中，从他者视角找到改进策略。目前，学生评教依然是一种便捷、有效的课堂教学评价方式。学生评教的优势显而易见，能发现并增进教师课程教学的价值，服务于全面提升人才培养质量，推进高等教育内涵式发展。学生评教可以有很多不同方式及指标，其中，学生对教学质量的满意程度，可以比较直观地反映学生作为高等教育消费者的需求被满足的程度，从而反映课程的教学质量（表 9-12）。

表 9-12　教学质量满意度调查

教师姓名：　　　　　　　　　　　　　上课时间：
课程名称：　　　　　　　　　　　　　授课班级：

序号	题　目	选　项
1	你对教师的专业知识与技能满意度	A. 很满意　B. 满意　C. 一般　D. 不满意　E. 很不满意
2	你对教师使用多媒体工具的满意度	A. 很满意　B. 满意　C. 一般　D. 不满意　E. 很不满意
3	你对教师教学态度的满意度	A. 很满意　B. 满意　C. 一般　D. 不满意　E. 很不满意
4	你对教师提问方式的满意度	A. 很满意　B. 满意　C. 一般　D. 不满意　E. 很不满意
5	你对教师教学方式的满意度	A. 很满意　B. 满意　C. 一般　D. 不满意　E. 很不满意

序号	题 目	选 项
6	你对教师表达能力的满意度	A. 很满意　　B. 满意　　C. 一般　　D. 不满意　　E. 很不满意
7	你对教师布置的任务及练习的满意度	A. 很满意　　B. 满意　　C. 一般　　D. 不满意　　E. 很不满意
8	你对教师评价学生方式的满意度	A. 很满意　　B. 满意　　C. 一般　　D. 不满意　　E. 很不满意
9	你对课程内容设计的满意度	A. 很满意　　B. 满意　　C. 一般　　D. 不满意　　E. 很不满意
10	你对课程动手操作及实践机会的满意度	A. 很满意　　B. 满意　　C. 一般　　D. 不满意　　E. 很不满意
11	你对课堂气氛的满意度	A. 很满意　　B. 满意　　C. 一般　　D. 不满意　　E. 很不满意
12	你对师生关系的满意度	A. 很满意　　B. 满意　　C. 一般　　D. 不满意　　E. 很不满意
13	你对教师与学生交流的满意度	A. 很满意　　B. 满意　　C. 一般　　D. 不满意　　E. 很不满意
14	你对同学间互动或合作的满意度	A. 很满意　　B. 满意　　C. 一般　　D. 不满意　　E. 很不满意
15	你对自己学习目标达成的满意度	A. 很满意　　B. 满意　　C. 一般　　D. 不满意　　E. 很不满意
16	你对教学整体效果的满意度	A. 很满意　　B. 满意　　C. 一般　　D. 不满意　　E. 很不满意
17	你对本课程教学质量的建议	自由回答

💡 **思考题**

1. 情境体验法可采取哪些具体形式进行？

2. 实际操作法一般有哪几个步骤？

3. 起点评价法、结果评价法、过程评价法、增值评价法的侧重点分别是什么？

主要参考文献

［1］中共中央文献研究室. 邓小平同志论教育［M］. 北京：人民教育出版社，1990.

［2］中共中央文献研究室. 邓小平文选：第二卷、第三卷［M］. 北京：人民出版社，1994.

［3］中共中央文献研究室. 毛泽东选集：第二卷［M］. 北京：人民出版社，1991.

［4］中国大百科全书出版社编辑部，中国大百科全书总编辑委员会《教育》编辑委员会. 中国大百科全书：教育［M］. 2版. 北京：中国大百科全书出版社，1998.

［5］中央教育科学研究所. 中国现代教育大事记［M］. 北京：教育科学出版社，1988.

［6］曾天山，顾建军. 劳动教育论［M］. 北京：教育科学出版社，2020.

［7］刘向兵. 新时代高校劳动教育论纲［M］. 北京：社会科学文献出版社，2019.

［8］陈国维. 大学生劳动教育［M］. 北京：高等教育出版社，2020.

［9］《大国工匠》节目组. 大国工匠［M］. 北京：新世界出版社，2019.

［10］何东昌. 中华人民共和国重要教育文献：1949—1975［M］. 海口：海南出版社，1998.

［11］黄甫全，王本陆. 现代教学论学程：修订版［M］. 北京：教育科学出版社，2003.

［12］季诚钧，付淑琼. 大学课程与教学［M］. 上海：上海教育出版社，2018.

［13］金正连. 劳动教育与素质养成［M］. 北京：中国人民大学出版社，2020.

［14］李珂. 中国劳模口述史：第一辑［M］. 北京：社会科学文献出版社，2018.

［15］李珂. 嬗变与审视：劳动教育的历史逻辑与现实重构［M］. 北京：社会科学出版社，2019.

［16］李明晨，宫润华. 中国饮食文化［M］. 武汉：华中科技大学出版社，2019.

［17］李琦，鲍鹏，刘强. 劳动教育实践活动手册［M］. 北京：电子工业出版社，2020.

［18］潘维琴，王忠诚. 劳动教育与实践［M］. 北京：机械工业出版社，2021.

［19］孙家学，耿艳丽，邵珠平. 新时代高校劳动教育通论［M］. 北京：高等教育出版社，2021.

［20］檀传宝. 劳动教育论要：现实嬗变与起点回归［M］. 北京：北京师范大学出版社，2020.

［21］王健. 综合实践活动：建构与行动［M］. 广州：广东高等教育出版社，2017.

［22］徐继存，周海银，吉标. 课程与教学论［M］. 济南：山东人民出版社，2010.

［23］王丹中. 基点·形态·本质：产教融合的内涵分析［J］. 职教论坛，2014（35）.

［24］王飞，徐继存. 三类劳动的划分依据及其育人价值［J］. 人民教育，2020（8）.

［25］辛涛，姜宇，刘霞. 我国义务教育阶段学生核心素养模型的构建［J］. 北京师范大学学报：社会科学版，2013（1）.

［26］杨冬梅. 新时代工匠精神的内涵及特征［N］. 工人日报，2019-11-5.

［27］易炼红. 三种涵义的生产劳动与社会主义第三产业的劳动性质［J］. 求索，2001（6）.

［28］陈本锋. 新时代"工匠精神"的内涵特征辨析［J］. 广东开放大学学报，2020（4）.

［29］黄济. 关于劳动教育的认识和建议［J］. 江苏教育学院学报：社会科学版，2004（5）.

［30］黄燕. 新时代劳动精神的生成逻辑、核心内涵与弘扬路径［J］. 思想理论教育，2019（1）.

［31］陈昊武. 在新时代大力弘扬工匠精神［N］. 人民日报，2020-04-20.

［32］程建华，张秋. 生产劳动概念新说及其重要意义［J］. 当代经济研究，2000（10）.

［33］崔发周. 职业院校劳动教育的基本功能与有效形式［J］. 职教论坛，2020（8）.

［34］刘向兵，李珂，彭维锋. 深刻理解新时代加强劳动教育的重大意义与现实针对性［J］. 中国高等教育，2018（21）.

［35］李明. 系统观念下的灾害事件不确定性冲击和制度变迁［J］. 中国减灾，2021（1）.

［36］刘向兵. 用劳模精神、劳动精神、工匠精神凝聚新征程奋斗力量［J］. 红旗文稿，2021（1）.

［37］芦丽娟，王跃路. 对生产劳动范畴的再认识［J］. 经济论坛，2003（14）.

［38］罗苑云. 职业教育现代化背景下学生工匠精神培养路径探索［J］. 黑龙江教育学院学报，2018（9）.

［39］毛敏，张春洁，鲁泉麟. 大学生兼职中的法律问题及权益保障研究［J］. 产业与科技论坛，2020（23）.

［40］彭新武. "制造强国"呼唤工匠精神［N］. 人民日报，2020-12-01.

［41］崔海亮. 我国传统劳动教育的现代启示［N］. 中国社会科学报，2020-12-22.

［42］罗旭，刘华东，李睿宸. 工匠精神：谱写敬业报国的时代乐章［N］. 光明日报，2021-02-10.

［43］龚群. 工匠精神及其当代意义［N］. 光明日报，2021-01-18.

教学资源服务指南

扫描下方二维码，关注微信公众号"高教社极简通识"，学生可学习名校通识课，教师可学习教师培训课程、免费申请课件和样书、观看直播回放等。

名校通识课

点击导航栏中的"名校通识"，点击子菜单中的"课程专栏"，即可选择相应课程进行学习。

教师培训

点击导航栏中的"教师培训"，点击子菜单中的"培训课程"，即可选择相应课程进行学习。

教学资源服务指南

 课件申请

点击导航栏中的"教学服务",点击子菜单中的"课件申请",填写相关信息即可申请课件。

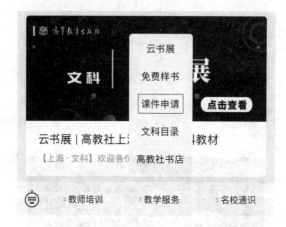

 样书申请

点击导航栏中的"教学服务",点击子菜单中的"免费样书",填写相关信息即可免费申请样书。

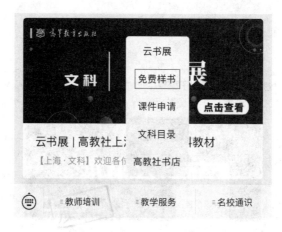